프라이드를 탄 돈키호테

THE PRIDE-RIDDEN DON QUIXOTE

프라이드를 탄 돈키호테

양승훈 지음

초판1쇄 2009년 7월 24일
발행처   SFC 출판부
총 판   하늘유통(031-947-7777)
인 쇄   (주)일립인쇄

137-040 서울특별시 서초구 반포4동 58-5 2층 SFC출판부
TEL (02)596-8493   FAX (02)596-5437

ISBN 978-89-93325-16-4   03230

값 11,500원
독자의 의견을 기다립니다.
www.sfcbooks.com

□잘못 만들어진 책은 언제든지 교환해 드립니다.

프라이드를 탄 **돈키호테**

(기독교와 과학에 대한 한 창조론자의 반성)

THE PRIDE-RIDDEN DON QUIXOTE

-Reflections of a Creationist on Christianity and Science

양승훈 지음

Paul S. YANG, Ph.D.

SFC

고 대천덕 신부님(Reuben Archer Torrey 3세, 1918-2002)을

추모하며,

원이삼 박사님(Wesley Wentworth, 1935-)께 드립니다.

성공회 사제인 대 신부님은

30여 년 전,

제게 과학과 신앙이 무관하지 않음을

처음으로 일깨워주셨고,

전문인 선교사인 원 박사님은

지난 30여 년 동안 끊임없는 질문과

마르지 않는 호기심으로

제게 기독교적 지성의 의미와 중요성을 일깨워 주셨습니다.

차례

추천사(전광식) 9
서문 14

I. 프라이드를 탄 돈키호테 20

프라이드를 탄 돈키호테 / 네 가지 이유 / 한국창조과학회를 떠나며 / 창조방법 논쟁 / 신천동설 비판

부록논문1 험프리스의 '신천동설' 비판 62
부록논문2 성경의 영웅족보와 창조론 연구 80

II. 과학적 비진리와 비과학적 진리 101

과학적 비진리와 비과학적 진리 / 과학 위에 계시는 하나님 / 현대 의술을 통한 신유 / 달의 기원

부록논문 성경해석과 과학 125

III. 성경은 과학 교과서인가? 151

성경은 최고의 과학 교과서? / 성경을 빙자한 이데올로기 / 성경의 남용과 오용 / 기적과 과학과 성경 / 베들레헴의 별

부록논문 성경은 과학 교과서인가? 176

IV. 학문적 교만과 자폐 193

학문적 교만과 자폐 / 아마추어리즘의 문제 / 세계관적 헌신 / 진화론적 해석? / 성의 진화와 세계관적 전제 / 양성생식을 통한 번식

부록논문 두 근본주의의 충돌 224

V. 학문과 이데올로기 238

학문과 이데올로기 / 거짓을 믿고 싶은 마음 / 무신론자의 용기 / 탐욕의 희생양 / 사실 주장과 진리 주장

부록논문 기독교와 과학 273

부록: 인터뷰 기사 – "대중적 캠페인에 목매지 말고, 연구에 집중해라" 302

주(註) 318

인명 색인 338

용어 색인 341

추천사

창조론의 종교개혁자

전광식(고신대학교 신학과 교수, 독수리중고등학교 이사장)

실존주의 신학자 폴 틸리히(Paul Tillich)는 자신의 사상편력과 인생족적에 대한 회고록으로 『경계에 서서』(Auf der Grenze)라는 책을 펴내었다. 이 책에서 그는 자신의 실존과 학문적 관심이 독일과 미국, 신학과 철학, 종교와 문화의 경계에 서 있다고 했다. 그에 의하면 경계란 분리의 장소이면서 동시에 통합의 장소인데, 그는 이 경계에서 상호대립적인 양자사이에서 갈등한 것이 아니라, 그것들을 변증법적으로 통합하려는 시도를 해 왔다고 토로하였다.

어쩌면 본서의 저자인 양승훈 박사도 그 삶과 학문에서 여러 가지 경계선상에 서 있다고 해도 과언이 아니다. 그는 기독교와 과학, 신앙과 학문, 이론적 연구와 실천적 사역, 한국과 캐나다의 경계에 서 있다. 이것은 그의 학문적 관심, 활동 분야, 그리고 삶의 영역에서의 양 측면들이다. 그 역시 이런 대조적인 양 측면을 통합하고 있는데, 그것을 변증법적 방식으로가 아니라 내적 기초와 사역적 외연으로 조화시키고 있다.

양 박사는 성경적 신학의 기초위에서 창조론이나 환경문제 같은 과학의 제 분야를 연구하고 있으며, 복음주의적 신앙의 기반 위에서 기독교 학문들을 기경하고 있으며, 깊은 연구를 통한 탄탄한 이론적 토대 위에서 세계관 운동의 개척자로서의 보폭을 넓히고 있으며, 한국적 정서와 열정을 가지고 캐나다와 온 세계를 향해서 사역하고 있다. 이번에 나온 이 저서도 이러한 경계선상에서의 자신의 관심사와 삶의 족적을 진지하게 풀어놓은 책이라고 할 수 있다.

본서를 관통하여 흐르는 중심화두는 창조론에 대한 반성과 그것에 대한 새로운 해석 및 정립이다. 하지만 이 화두에 대한 관심을 놓치지 않으면서 저자가 논의의 과정에서 심도 있게 고찰하는 몇 가지 주제가 있다. 그것은 먼저 진리와의 관계에서 도대체 과학이 말하는 바는 무엇인지, 다음으로 과학과의 관계에서 단연코 성경이 가르치는 바가 무엇인지, 마지막으로 학문과의 관계에서 기필코 기독교가 제시하는 바가 무엇인지 등이다.

첫 번째 주제에 있어 저자는 우리가 접하는 학문세계에는 과학으로 위장한 비진리들이 널브러져 있음을 폭로하고, '과학적' 지식의 분명한 한계를 지적한다. 나아가 때로는 비과학적인 것으로 폄하되는 하나님의 진리들이 분명히 있으며, 하나님은 그 과학 위에 계심을 역설한다.

두 번째 주제를 두고 저자는 성경은 무오하지만 결코 과학 교과서나 학문 입문서가 아님을 지적하면서 성경에 대한 남용과 오용을 경고한다. 그는 성경은 죄와 구원에 관한 하나님의 계시의 말씀임을 고백한다.

세 번째 주제에 대해 저자는 바벨탑처럼 높아진 현대 학문의 교만과 자폐증을 질책하며 모든 학문을 사로잡아 예수 그리스도의 주권에 복종시켜야 함을 역설한다. 그리고 하나님을 아는 것이 그 무엇과도 비교할 수 없는 가장 고상한 것임을 고백한다.

본서에서 저자가 말하고자 하는 가장 중요한 메시지는 기존의 일부 창조론자들이 주창해온 6천년 우주연대론과 단일격변론은 맞지도, 옳지도 않은 주장이라는 점이다. 그에 의하면 이러한 주장은 과학적 지식에 관한 전문성 부족, 자기주장에 유리한 것만 취사선택하는 편향된 인용, 신학 지식의 결여와 그릇된 신학으로의 무장, 그리고 폐쇄된 사고를 통한 소통의 부재 등에서 비롯된 총체적인 오류라는 것이다. 따라서 그는 이러한 소위 '젊은 우주론'을 배격하고, 성경에 대한 재조명, 과학연구의 결과에 대한 양심적인 수용, 하나님의 창조세계에 대한 새로운 연구 등을 통하여 오래된 우주론과 다중격변론을 내세우면서 그것이야말로 성경을 제대로 해석한 바른 창조론이라고 주장한다.

그는 성경이 우주의 역사를 6천년이라고 선포한다고 주장하는 것은 하나님의 말씀을 조롱거리로 만들 수 있는 억견(臆見)이요 우견(愚見)이라고 질타한다. 무엇보다 이런 주장을 하는 자들이 창조론을 고수하면서도 연대론이나 격변론에서 그들과 다소 상이한 주장을 하는 사람들을 무턱대고 비창조론자로 몰고 가는 것은 잘못된 단정(斷定)이요 그릇된 단죄(斷罪)라고 말한다.

실로 양 박사는 일부 창조론자들의 기존 주장을 고수하지 않지만, 그래도 '무로부터의 창조'(*creatio ex nihilo*)를 믿는 엄연한 창세기적 창조론자다. 또한 그는 단일격변설과 젊은 지구론을 비판하지만 그래도 단 한 가지 주장에서라도 성경에서 빗나가지 않으려는 철저한 성경적 과학자이다. 그리고 그는 다중 격변설과 오래된 우주론을 표방하지만,

그래도 다른 주장에 대해 경청하는 명백히 열린 학자이다. 그는 학자적 주관은 갖고 있지만 자기 주장을 하나님의 말씀처럼 절대시하지 않는다. 같은 창조론자들이 같은 성경 위에 서서 서로를 향해 단죄하지 말고, 대화하고 소통하여 하나님의 진리를 찾고, 그것에 더 가까이 다가가자고 호소한다. 실로 그에게는 다른 이의 주장을 백안시하고 정죄하는 교만도, 다른 증거들을 가지고 있으면서 못본 체 하는 기만도, 자기 학문에 대한 깊은 반성을 게을리하거나 회피하는 태만도 없다. 이런 의미에서 그는 학자로서의 좋은 전범(典範)이 되고 있다.

이렇게 양 박사는 한국의 창조론자들 사이에서 창조론의 새로운 패러다임을 제시하고 있는 '창조론의 코페르니쿠스' 요 '21세기의 갈릴레오'이다. 아니 그릇된 신학과 비양심적 태도, 그리고 편협한 독단적 교권주의에 빠진 중세 로마 천주교회에 비한다면, 그는 '창조론의 종교개혁자' 요 '창조론의 루터와 칼빈'이다.

그가 쓴 이 책은 성경적 창조론에 대한 루터의 『95개조 선언』이요, 칼빈의 『기독교 강요』이다. 그러면서도 스스로에게서 다 떨쳐 버리지 못한 무지와 불성실, 아집과 교만에 대해 하나님 앞에 진심으로 회개하고 있으므로, 이것은 과학과 학문에 있어서의 어거스틴의 『고백록』이다. 물론 본서는 그 내용에 있어 과거의 변설을 던져버리고 오래된 우주론과 다중격변론을 설파하고 있으므로, 일종의 학문적 참회록이며 창조론의 양심선언서이다.

하지만 저자는 자기 홀로 독백만 하고 고독한 투쟁만하는 돈키호테가 아니다. 그는 하나님의 나라를 위한 형제적 유대와 동지적 연대도 생각하고, 영적 주적(主敵) 개념에 있어서도 혼미하지 않다. 그도 나처럼 문화와 학문 속에서 영적 전쟁의 대리전이 일어나고 있음을 간파한다. 과학영역에서의 영적 주적은 분명 같은 창조론 위에 서 있는 형제들이 아니라 세속적 진화론이요 세속과학이다. 따라서 땅 위에 사는 모든 하나님의 백성들은 형제의식으로 연대하여, 밖으로는 하나님을 대적하여 높아진 세속과학과 세속문명의 우상들을 대적하는 공동전선을 구축하며, 안으로는 성경 위에서 열린 마음으로 서로의 주장에 귀 기울이며 동반자로서 진리의 길을 함께 모색해 가야 할 것이다.

  이런 모든 지적 깨달음과 영적 통찰들 그리고 구체적인 주제들에 대한 양 박사의 답변들은 저 옛날 사막의 은수자들이 취한 침묵의 수행에서 온 것도, 또는 불자(佛子)들이 득도로 간주하는 찰나의 각(覺)에서 비롯된 것도 아니다. 다만 성경과 세계관, 과학과 학문에 대한 오랜 적공(積功)의 자연스런 결실이다. 양 박사를 이따금씩 만나보면, 그는 가히 『계원필경』(桂苑筆耕)의 자서(自序)에서 최치원이 말한 '인백기천'(人百己千)의 학인(學人)임을 알 수 있다. 세상 사람들이 백의 노력을 기울일 때 그는 천의 정열을 쏟는다. 나도 그렇게 하려고 하지만, 그는 분명 펜으로 거친 학문의 대지를 갈고 붓으로 진리의 언덕배기를 기경하려는 자이다. 그리고 무엇보다 한해가 멀다하고 쉬지 않고 나오는 그의 지적 해산(解産)은 그가 이러한 땅갈기에서 한시도 게으르거나 새참을 탐하여 쉬지 않는다는 증빙이라 할 수 있다. 다음에는 그가 어떤 옥동자를 잉태할지 사뭇 궁금해진다. 그것은 생각만 해도 흐뭇한, 행복한 궁금증이다.

서문

본서는 지난 수년 간 과학과 기독교의 관계에 대해, 특히 창조론 연구와 관련된 여러 주제들에 대해 생각하면서 쓴 글들을 모은 것입니다. 일부는 이미 이전 수필집에 포함되었던 글들이고, 일부는 학술지 「창조론 오픈 포럼」에 게재된 논문들입니다.

본서에 포함된 글들은 저의 지적 여정에서, 특히 창조론 연구에서 가장 많은 변화를 경험하던 시기에 쓴 것들입니다. 그래서 1987년부터 시작된 창조과학에 대한 회의와 부담, 특히 1997년부터 근래까지 지속된 지적 방황과 고민이 녹아있는 글들이 많습니다. 저는 2008년 8월, 30여 년간 몸담아왔던 창조과학 운동에서 떠났고(쫓겨났다는 표현이 적절하겠지만), "창조론 오픈 포럼"이라는 학술 모임을 새롭게 시작했습니다.

하지만 그런 외형적인 변화보다도 더 큰 변화는 제가 창조과학의 핵심 주장이라 할 수 있는 6천년 지구/우주 연대와 단일격변설로부터 돌아섰다는 것입니다. 젊은 우주론과 단일격변설이 성경과 지구역사를 해석하는 데 심각한 문제가 있음을 발견한 것입니다. 그렇게 오랫동안

금과옥조처럼 믿어왔던 모델이 연구를 하면 할수록 속절없이 무너지는 것을 경험하면서 저는 학문 활동 자체에 대한 깊은 절망과 회의를 경험하기도 했습니다. 이러지도 저러지도 못하는 어정쩡한 상태에서 수년을 보내면서 제가 왜 이런 불필요해 보이는 고민을 해야 하는지조차 알 수가 없었습니다.

하지만 그 사망의 음침한 골짜기는 영원하지 않았습니다. 특히 캐나다에 와서 밴쿠버기독교세계관대학원(VIEW)의 일을 하면서, 그리고 보수적 복음주의 신학교인 캐나다연합신학대학원(ACTS)에서 근무하며 가르치게 된 것은 성경에 대한 새로운 관점은 물론, 성경과 과학의 바른 관계에 대해 이해하는 데 큰 도움이 되었습니다. 오래 전에 위튼대학에서 대학원 학생으로 신학을 배웠지만, 그 때는 미처 생각하지 못했던 바를 지난 수년간 팀티칭으로, 혹은 단독으로 성경해석학 과목을 가르치면서 깨닫게 되었습니다. 비록 개론 수준의 대학원 강의지만, 성경해석학 강의는 그 동안 제가 희미하게 알고 있었던 성경과 과학의 관계를 확실하게 정립하는데 큰 도움이 되었습니다.

본서는 근본주의적인 젊은 지구/우주론 대신 오랜 우주론을 지지하고 있습니다. 그리고 노아의 홍수라는 단일격변설로 지구를 설명하기보다 지구 역사를 크고 작은 격변의 역사로 해석하는 소위 다중격변모델(Multiple Catastrophism)로 설명하는 것이 과학적으로나 성경적으로 더 타당하다는 입장을 제시하고 있습니다. 이것은 학문을 직업으로 삼고 있는 제게 커다란 패러다임의 전환이라고 할 수 있습니다. 이 모델을 고안하면서 저는 성경과 과학의 관계에 대해 근본주의적 시각에서 복음주의적 시각으로 전환하게 되었습니다. 성경의 영감성과 권위를 받아들이면서도 성경으로부터 직접적인 과학 혹은 역사 데이터를 끄집어 낼 수 있다고 믿는 입장으로부터 떠났습니다. 그러다 보니 어떤 분들은 제가 성경을 믿지 않는 것처럼 오해하기도 하고 6일 창조론을 믿지 않는다고 생각하기도 하지만, 그렇지 않습니다. 오히려 저는 오랜 우주와 다중격변에 대한 확신을 가지면서도 이전보다 더 분명하게 말씀과 창조에 대한 확신을 갖게 되었습니다.

성경은 6일 창조를 선포하지만 어디에서도 젊은 지구를 선포하지는 않습니다. 6일 창조를 젊은 지구와 동일시하는 것은 구약학자들 중에서도 극소수 의견에 불과합니다. 물론 그렇다고 성경이 오랜 지구를 선포하는 것도 아닙니다. 저는 지구/우주의 연대나 지층 형성에 대한 연구는 해당 분야 전문 학자들의 연구에 맡겨두어야 할 사항이라고 생각합니다. 성경은 지질학이나 천문학 교과서가 아니기 때문입니다. 오랜 지구/우주와 진화론을 결부시키기 시작한 것은 성경적, 과학적, 교회사적 근거가 별로 없는 비교적 최근의 현상입니다. 성경이 지구/우주의 역사를 6천년이라고 선포한다고 주장하는 것은 (그 열정과 동기는 순수할지 모르나) 복음을 조롱거리로 만들고 말씀의 권위를 무너뜨릴 수 있습니다. 이 개명천지에 천동설 수준의 주장을 기독교의 이름으로, 마치 성경이 그것을 가르치고 있는 것처럼 주장하는 것이 안타까워 이 책을 냅니다.

본서에는 크게 두 종류의 글이 실려 있습니다. 한 종류는 과학과 기독교, 좀 더 구체적으로 창조론 논쟁과 관련된 개인적인 묵상들입니다. 묵상 글들은 대체로 길이가 짧고 각주도 별로 없으며, 내용도 누구나 이해할 수 있는 평이한 글들입니다. 하지만 다른 한 종류는 창조론과 관련된 다소 학문적인 논문들입니다. 묵상 글들에 비해 논문은 낮춤말로 쓰는 것이 자연스러운 것 같아 원문 그대로 두었습니다. 논문들은 전체 37편의 글 중에 6편에 불과하지만, 길고 내용이 무거워 어떤 분들에게는 다소 부담이 될 겁니다. 그런 분들은 읽지 않고 넘어가도 큰 문제가 없습니다.

본서의 글들은 편의상 5개의 카테고리로 나누어져 있지만, 따로따로 쓴 글들을 모은 것이기 때문에 반드시 처음부터 읽을 필요는 없으며, 때로 다소 중복되는 내용들도 있음을 양해해 주시기 바랍니다. 대부분의 글들은 기독교 신자들을 염두에 두고 쓴 글이지만, "두 근본주의의 충돌"은 세속 잡지인 *Scientific American*(한국어판)의 요청으로 쓴 글임을 염두에 두시기 바랍니다. 좀 더 창조론 논쟁에 대해 심각하게 생각하는 분들은 처음부터 끝까지 정독하시면서 창조론 연구의 지적 여정에 동참해 주시기를 부탁드립니다. 형편이 되시면 본서를 읽으신 후 이메일(VIEWmanse@gmail.com)을 통해 실명으로 피드백해 주신다면 더욱 감사하겠습니다. 칭찬이든 비판이든 신앙적이고 학문적인 진지함이 묻어있는 피드백이라면 어떤 것이라도 환영합니다.

본서에 실린 글들로 인해 부담을 느끼시는 분들도 계시리라 생각합니다. 저의 견해에 동의할 수 없기 때문이기도 하겠지만 저의 부족한 인격과 다듬어지지 않은 글로 인해 마음에 부담을 갖는 분들도 계실 것입니다. 그럴 경우 전자야 어찌할 수 없지만 후자라면 용서하시기 바랍니다. 나아가 제가 그랬던 것처럼 그런 경험들이 오히려 오해의 가능성이 없는, 소통의 어려움이 없는 천국에 대한 소망을 더 크게 만드는 계기가 되기를 바랍니다. 지금은 "우리는 부분적으로 알고 부분적으로 예언하니 온전한 것이 올 때에는 부분적으로 하던 것이 폐하"여 질 것입니다(고전 13:9-10). "주께서 나를 아신 것 같이 내가 온전히 알게 될 때는 더 이상 어찌할 수 없는 고민으로 밤을 하얗게 지새우지 않게 될 것입니다(고전 13:12).

우리 모두 연약한 육신을 입고 살면서 끊임없이 부분적인 지식 때문에 고통을 당하지만, 그러나 그런 가운데서도 말씀에 대한 확신과 진리에 대한 열정을 포기하지 않기를 바랍니다. 때로 잠깐 오해를 받고 고통을 당하더라도 사랑 안에서 서로 진리를 말하기 위해 노력하며, 범사에 예수 그리스도의 장성한 분량에까지 자라가기를 소원합니다: "오직 사랑 안에서 참된 것을 하여 범사에 그에게까지 자랄지라 그는 머리니 곧 그리스도라"(엡 4:15).

끝으로 대부분의 책들이 그렇듯이 책이 나오기까지는 여러 분들의 숨은 노력들이 있습니다. 우선 본서를 읽고 날카로운 비평에 참여해주신 20여명의 VIEW 원우들에게 감사드립니다. 비록 VIEW의 SCS503 "Origin Theories in the Bible, Science and History" 강의의 일부이긴 하지만, 다양한 신앙적, 교단적 배경, 신학과 의학 등 다양한 전문적 배경을 가진 원우들의 솔직한 반응은 각 장 마지막 부분의 "반성과 토의를 위한 질문" 문항을 만드는데 큰 도움이 되었습니다. 이 문항들은 본서를 신학교나 기독교 대학 등에서 교재나 부교재로 사용할 때 도움이 되리라 생각합니다.

또한 교정에 참여해 준 저의 맏이 범모, 제자 이삼열, 이원도 목사님, 박정태, 석순주, 홍순덕 자매님, 특히 베테랑 기자출신답게 이 잡듯이 표현과 문체를 다듬어준 김영규 권사님께 감사드립니다. 색인 작업을 도와준 둘째 아들 창모와 부담을 느끼면서도 늘 저의 글에 대해 날카롭고도 충성된 검열관이 되어준 아내 박진경 자매께도 사랑과 감사의 마음을 전합니다. 그리고 부족한 글에 대해 과분한 추천사를 써주신 고신대 전광식 교수님께도 감사드립니다. 마지막으로 경제적으로 어려운 시기에 상당한 부담을 안아야 하는 본서를 출판해 주신 SFC 출판부와 편집부 직원들께 감사드립니다.

말씀을 사랑하는 동학제위들과의 소통을 통해 진리에 한 걸음 더 나아가기를 바라면서….

2009년 7월
VIEW 국제센터 내
명철의 집에서

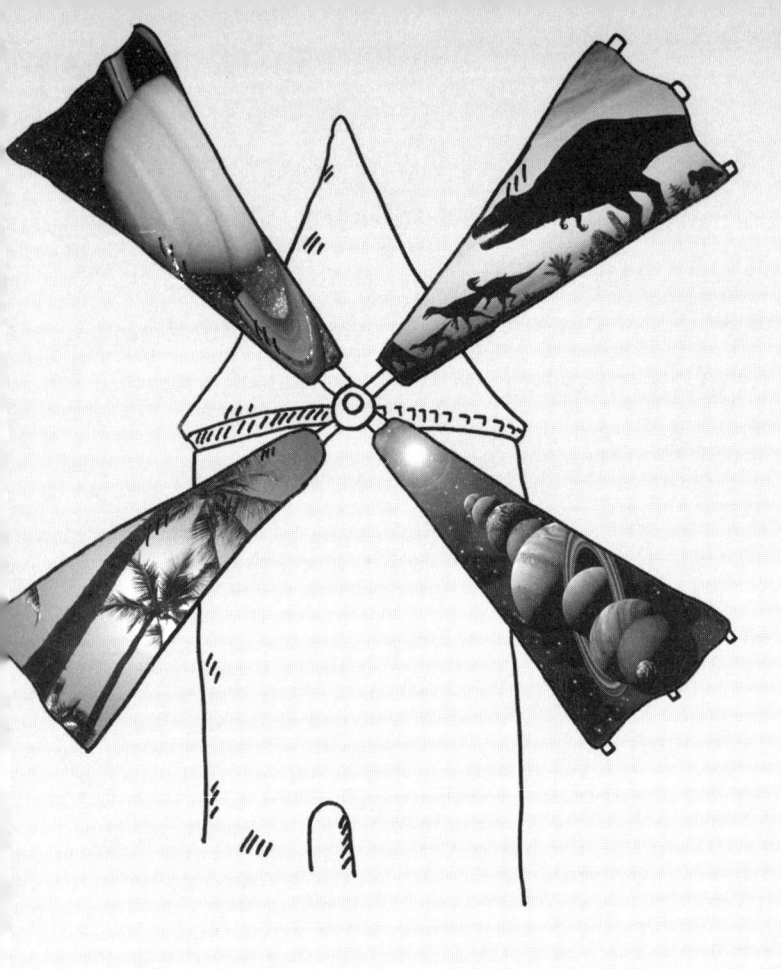

I. 프라이드를 탄 돈키호테

부록논문1: 험프리스의 '신천동설' 비판

부록논문2: 성경의 영웅족보와 창조론 연구

프라이드를 탄 돈키호테[1]

저는 2003년을 전후해서 이전에 제가 주장하던 창조론의 입장 중에서 중요한 부분을 수정했습니다. 수정하기 전의 주장은 두 가지로 요약할 수 있는데, 첫째는 지구나 우주의 나이가 6천년이라는 주장이었고, 둘째는 노아의 홍수가 지구상의 대부분의 지층(고생대에서 신생대까지)을 형성했다는 주장이었습니다(이하 이 두 주장을 합쳐서 6천년/대홍수설이라 하겠습니다). 말할 필요도 없이 이것은 제 개인적인 연구를 통해 내린 결론이 아니라 주로 미국 창조과학연구소(Institute for Creation Research, ICR)와 AiG(Answers in Genesis)라는 근본주의 단체의 주장을 그대로 받아들인 것이었습니다.

1. 진리가 너희를…

사실 30여 년 전, 처음으로 6천년/대홍수설을 접했을 때, 저는 그 선명성과 진투성에 매료되어 이 이론이 과학적으로는 물론 성경적으로 얼마나 심각한 문제가 있는지 잘 몰랐습니다. 그러나 그 후 물리학 연구에 더하여 신학이나 과학사 등 인문학 훈련을 받으면서 이 주장에 문제가 있음을 어렴풋이 깨닫게 되었습니다. 그러다가 10여 년 전, 저는 물리학에서 창조론 연구로 완전히 전환하면서 지질학이나 천문학의 최근 연구에 좀 더 깊은 관심을 갖게 되었습니다. 그리고 공부를 하면 할수록 6천년/대홍수설의 주장은 점점 더 많은 문제에 부딪치게 되었습니다. 특히 야외 지질탐사를 하면서 이 가설은 성경해석은 물론 현재의 지구를 설명하는 데 심각한 하자가 있음을 알게 되었습니다.

물론 저도 처음에는 자연의 여러 현상들과 과학적 증거들을 어떻게든 6천년/대홍수설의 틀 속에서 해석해 보려고 무진 애를 썼습니다. 그래서 그 분야의 문헌이라면 닥치는 대로 읽고, 그 분야의 행사가 있다면 불원천리(不遠千里)하고 쫓아다녔습니다. 하지만 시간이 지날수록, 특히 많은 탐사여행을 할수록, 그리고 여러 복음주의 계열의 전문학자들의 연구 결과들을 접할수록, 이 이론의 문제점은 점점 더 분명해졌습니다. 연구를 하면 할수록, 이 이론으로는 설명할 수 없는 현상들이 쌓여 갔습니다.

수많은 날밤을 고민하다가 저는 결국 6천년/대홍수설은 과학적으로는 물론, 성경적으로도 지킬 수 없는 도그마라는 결론에 이르게 되었습니다. '구속복'(strait-jacket)과 같은 그 이론을 벗어버리고 나니 그렇게 오랫동안 저를 괴롭히던 과학과 성경해석의 핵심적인 문제들이 상당부분 해결되었습니다. 마치 오랫동안 소화불량으로 고통당하던 사람이 소화제를 먹은 느낌이라고나 할까요. "진리가 너희를 자유케 하리라"는 말이 이런 것을 이름은 아닐지….

2. '문밖에' 나가면

저는 작년에도 캐나다 록키산맥과 인근 앨버타주의 공룡박물관, 미국 옐로우스톤에 탐사를 다녀왔습니다. 그런데 어디를 가도 단일 격변으로는 설명할 수 없는 증거들이 너무 많았습니다. 한 예로 앨버타주의 공룡박물관 인근에서는 같은 지역에서 석탄과 석유가 채굴됩니다[지금 석탄 광산은 대부분 폐광되었지만]. 일반적으로 석탄은 정글이 급격히 매몰되어 형성되었다는 육지 기원이, 석유는 해양생물들이 급격히 매몰되어 형성되었다는 해양 기원이 받아들여지고 있습니다. 그런데 어떻게 같은 곳, 다른 지층에서 석탄과 석유가 함께 발굴될 수 있을까요? 한 번의 노아홍수로 형성되었다고요? 지구 연대가 오래냐 젊으냐를 두고 논쟁할 필요도 없이 이 주장은 전혀 말이 안 되지요. 사실 창조와 격변의 흔적을 가장 선명하게 볼 수 있는 북미주의 서부와 서북부 지형을 꼼꼼히 살펴보면, 어느 것 하나 6천년/대홍수설로 시원하게 설명할 수 있는 곳은 없습니다.

제가 살고 있는 밴쿠버 바로 아래에 있는 워싱턴 중, 동부의 거대한 현무암 지대도 6천년/대홍수설로는 도무지 설명할 수 없는 곳입니다. 이곳에는 수백 m 두께의 현무암이 수십 개의 지층으로 쌓여있습니다. 현무암은 마그마가 지표면이나 지표면 얕은 곳에서 식은 것인데, 이곳 현무암층들은 절대로 한꺼번에 형성된 것이 아닙니다. 층마다 현무암 결정[주상절리(柱狀節理)]의 크기가 모두 다른 것으로 보아 냉각속도도 달랐고, 층마다 색깔이 다른 것으로 보아 냉각될 때 주변 대기 조성도 달랐으며, 수많은 암석층이 선명한 경계를 이룬 것으로 보아 마그마가 한꺼번에 분출된 것이 아니라 상당한(수십 년 혹은 수백 년의) 간격을 두고 한 층씩 쌓인 것이 분명하며, 전체 현무암 넓이가 수천 제곱 km에 이르는 것으로 보아 짧은 시간 동안 냉각된 것이 결코 아닙니다.

혹 마그마가 10개월 반 동안의 대홍수 때 물 속에서 갑작스럽게 식었을 거라고 생각할 수도 있겠지요. 하지만 그럴 경우에는 지금과 같은 거대한 현무암 결정이 아니라 작은 베개 용암 덩어리들이 형성되어야 합니다. 노아의 홍수로 캄브리아기 이후의 모든 지층이 쌓였다는 것은 '문 밖에'만 나가봐도(야외 지질탐사를 가면) 말이 안 된다는 것을 금방 알 수 있습니다. 그 단단한 현무암층이 깎여 수백 m 깊이의 컬럼비아 계곡을 만든 것은 주류 지질학의 신격변론자들이 말하는 것처럼 수십 차례 반복된 격렬한 빙하 홍수가 아니면 다른 방법으로는 설명하기 어렵습니다.

〈그림1-1〉 워싱턴주 동남부에 위치한 팔로우스 폭포: 격변이 아니고는 설명할 수 없는 예이다.

거대한 현무암 계곡 사이에서 물이 쏟아지고 있는 캐나다 BC주 스파하츠 폭포(Spahats Falls)나 워싱턴주 팔로우스 폭포(Palouse Falls)도 6천년/대홍수설로는 도무지 설명할 수 없습니다. 이들 폭포의 양쪽 기슭에 시루떡처럼 쌓인 다양한 크기의 현무암 결정들과 다양한 색깔은 한 번의 대홍수만으로는 어떤 상상력을 동원해도 추론해 낼 길이 없습니다. 지층들의 경계가 분명한 것으로 보아 각 지층들은 서로 다른 시기에 분출된 마그마로부터 형성되었고, 색깔이 다른 것으로 보아 서로 다른 환경에서 냉각되었으며, 결정들의 크기가 다른 것으로 보아 서로 다른 속도로 식은 것이 분명합니다.

미국 캘리포니아에 있는 요세미티(Yosemite)의 거대한 화강암괴 역시 6천년/대홍수설로는 전혀 설명할 수 없습니다. 화강암은 지하 깊은 곳에서 마그마가 천천히 식으면서 형성되는 심성암인데, 그 엄청난 화강암괴는 냉각되는 데만도 백만 년 단위의 시간이 필요하기 때문입니다. 게다가 오늘날 우리가 보는 화강암들은 지하 깊은 곳에서 형성된 후, 지각 운동으로 인해 지표면으로 융기된 것으로 알려져 있습니다. 그렇다면 지각이 융기되는 기간은 차치하고 화강암 덩어리가 마그마로부터 냉각되는 시간만 생각해도 6천년 운운하는 것은 말이 안 됩니다.

작년에 옐로우스톤(Yellowstone) 탐사여행을 하면서도 6천년/대홍수설로는 도무지 설명할 수 없는 것들이 많았습니다. 옐로우스톤은 세계 최대의 거대한 홍적세 칼데라(화산 폭발로 인한 원형 함몰 지역)인데, 한 차례가 아니라 수십 차례의 대규모 화산 폭발과 함몰로 이루어진 곳으로 알려져 있습니다. 비록 다른 지질학적 과정에 비해 옐로우스톤에서의 지질학적 과정은 '격변적으로' 일어났다고 하지만, 그래도 6천년/대홍수설로는 설명할 수 없습니다. 하다못해 대홍수설로는 북쪽 순환로를 따라 옐로우스톤강 양쪽 기슭의 두꺼운 홍수 퇴적층 위에 있는 주상절리가 뚜렷한 두꺼운 현무암층의 존재도 설명할 길이 없습니다.

3. 연대 문제

6천년/대홍수설은 지질학적 증거만을 설명할 수 없는 것이 아닙니다. 천문학이나 우주론에 가면 더 큰 문제가 기다리고 있습니다. 사실 현대 천문학에서는 6천년 운운하면 천동설 지지자 내지 정신병자 취급을 받습니다. 지난 100여 년 간 전문 과학자들이 산더미처럼 쌓아놓은 관측 자료들을 깡그리 무시해야 하기 때문입니다. 허블 망원경(Hubble Space Telescope)을 위시하여 수많은 관측기구들을 통해 지금도 눈으로 '보고 있는' 현상들을 부정해야 합니다. 현재의 증거로부터 과거를 유추하는 지질학과는 달리 천문학은 지구로부터 다양한 거리에 있는 천체들을 연구하기 때문에(먼 곳에서 오는 별 빛은 오래 된 것이므로) 과거로부터 현재까지를 동시에 연구할 수 있는 물리학의 한 분야임을 염두에 두어야 합니다.

연대측정, 특히 현대 지질학이나 천문학에서 절대연대측정법으로 가장 널리 받아들이고 있는 방사성 동위원소 연대측정은 어떻습니까? 연대측정과 관련해서는 할 얘기가 많지만 핵심만 말씀 드리면, 방사성 동위원소 연대측정이 드물게 부정확한 경우가 있긴 하지만 그런 경우는 대체로 2% 미만입니다. 2% 미만의 부정확한 데이터도 중요한 의미가 있는 것이라면 왜 그런 결과가 나오는지가 잘 밝혀져 있습니다. 그러므로 2% 미만의 부정확한 데이터를 과장해서 모든 방사능 연대가 부정확한 듯이 말하는 것은 일종의 부정직입니다. 흔히 방사능 연대를 비판하는 사람들이 지적하고 있는 3가지 가정들, 즉 초기조건 불확실성 문제, 붕괴속도의 가변성 문제, 지구 역사에서 중간에 이물질의 이입 등의 가능성에 대해서는 동시연대측정법을 비롯한 다양한 상호검증을 통해 보정되고 있습니다.

제가 다중격변의 증거로 제시하고 있는 수많은 지표면의 운석공들(혹은 혜성공들)도 6천년 지구 역사와는 양립할 수가 없습니다. 지난 2008년 1월호 「천문학」(Astronomy) 잡지에 의하면 현재 전 세계적으로 179개의 운석공이 발견, 확정되었으며, 아직 확정되지는 않았지만 그럴 듯한 (probable) 곳이 111개에 이르고 있습니다. 그 외에 운석공 가능성을 염두에 두고 조사하고 있는 충돌구조들도 수백 개에 이르고 있습니다. 현재 확정된 운석공들 중 한 대륙을 멸종시킬 수 있는 직경 30km 이상 되는 운석공만도 28개에 이르며, 전 지구적 멸종을 가져올 수 있는 직경 100km 이상 되는 운석공도 5개나 됩니다. 그리고 이들 운석공들의 충돌 연대도 모두 다릅니다.

〈그림1-2〉 미국 애리조나 주에 있는 베링거 운석공

일부에서는 제가 『창조와 격변』이라는 책에서 제시한 다중격변모델을 비판하면서 다른 방법으로도 운석공들을 설명할 수 있다고 주장합니다. 하지만 아직까지 그 다른 방법이 무엇인지는 아무도 구체적인 증거를 제시하지 못하고 있습니다. 현재 운석공의 확인을 위해서는 NASA 과학자들을 비롯한 최고의 전문가들이 참여하고 있습니다. 또한 NASA에서는 운석 충돌로 인한 피해와 충격을 예측하기 위한 다양한 모의실험도 진행하고 있습니다. 그리고 이러한 연구에서 운석공의 연대와 충격의 정도는 다른 여러 현상들과 잘 일치하고 있음이 확인되고 있습니다.

저는 요즘도 미국 창조과학연구소(Institute for Creation Research: ICR)나 AiG(Answers in Genesis) 등 지구와 우주의 연대를 6천년이라고 주장하는 사람들의 문헌들을 살펴보는데 많은 시간을 할애하고 있습니다. 그러면서 지금도 혹시나 정말 이 주장이 옳은 건 아닐까, 때로는 아니 옳으면 얼마나 좋을까 하는 마음을 갖기도 합니다. 그러나 공부를 하면 할수록, 탐사를 하면 할수록 6천년/대홍수설은 선입견을 가지고 하나님의 말씀과 자연의 증거들을 왜곡하는 것이라는 확신만 갖게 됩니다.

4. 몰텐슨의 독선

2007년 여름, 저는 오랜 지구 지지자들을 비난하는 몰텐슨(Terry Mortenson)이라는 사람의 책과 강의(DVD)를 공부하면서 더욱 그런 생각을 하게 되었습니다. AiG 강사이자 과학사(지질학사)를 공부한 몰텐슨은 위튼, 칼빈, 메시아 대학 등 북미주 복음주의 기독교대학 연합체(CCCU)에 속한 110개 대부분의 기독교대학들이 성경의 무오성을 부정하고 진화론과 타협했다고 비난했습니다. 이유는 그들이 자신이 주장하는 6천년/대홍수설을 받아들이지 않기 때문이었습니다.

6천년/대홍수설 지지자들은 기독교 대학들만이 아니라 19세기의 가장 영향력 있는 신학자이자 다윈 진화론을 가장 탁월하게 반박했던 핫지(Charles Hodge)도, 탁월한 보수주의 장로교 신학자였던 워필드(B.B. Warfield)도, 20세기의 가장 탁월한 구약학자이자 고든–콘웰의 총장이었던 카이저(Walter Kaiser)도, 트리니티 신학교의 보수적인 구약학자 아처(Gleason Archer)도 6천년/대홍수설을 믿지 않는다는 이유로 타협자라고 비난합니다. 뿐만 아니라 우리에게 잘 알려진 쉐퍼(Francis Schaeffer)도, 가장 탁월한 복음주의 신학자라는 옥스퍼드대학의 맥그래스(Alister McGrath)도, 위튼대학 교수로 있다가 지금은 하버드대학 교수가 된 교회사학자 마크 놀(Mark Noll)도, 뛰어난 복음주의 변증가인 가이슬러(Norman Geisler)도, 유명한 작가이자 철학자인 윌라드(Dallas Willard)도 모두 오랜 우주 연대를 지지한다는 이유로 진화론과 타협했다고 비난합니다.

몰텐슨은 강의에서 근본주의자들의 투사적 교회관을 대변이라도 하듯 성경이란 사람이 "세상을 떠나기 전에 배워야 할 싸움 지침서"(BIBLE: Battle Ideas Before Leaving Earth)라고 풀이합니다. 아무리 신학교를 졸업했다고 해도 전문 신학자도, 과학자도 아닌 역사학도가 과학과 신학의 전문 연구자들을 마구잡이로 비판하는 것은 바른 태도라고 볼 수 없습니다. 적과 싸우는 것은 좋지만 피아를 구별하지 못하고 싸우는 것은 차라리 싸우지 않음만 못할 수 있습니다. 분별력이 없는 용기라면 차라리 용기가 없는 편이 나을 수 있다는 말이지요. 조타수가 시원찮다면 엔진 출력이라도 약해야 자기 배도, 남의 배도 덜 부서질 것입니다.

5. 프라이드를 탄 돈키호테

우리는 과거에 대해, 특히 인간의 직접적인 관찰이 불가능한 까마득한 과거의 일들에 대해서는 간접적인 증거들에 의존할 수밖에 없습니다. 우주가 6천년 되었는지, 137억년 되었는지는 아무도 경험해보지 않았습니다. 하지만 지금까지의 여러 증거들을 종합해 볼 때, 하나님께서 태초에 대폭발의 과정을 통해 우주를 창조하셨을 가능성이 가장 높습니다. 물론 하나님께서 6천년 전에 오래 된 듯이 보이는 우주를 창조하셨을 가능성도 배제할 수 없지만, 시간에 묶여 있는 인간은 오래 된 우주와 오래 된 듯이 보이는 우주를 구별할 수 없습니다.

여러 과학적 증거들과 신실하신 하나님의 성품을 생각해 볼 때, 적어도 우주는 "오래 전에 갑작스럽게 시작된 듯이 보인다"고 말하는 것이 정확합니다. 만일 아직까지 우주가 젊다고 주장하는 사람이 있다면, 아니 "젊은 듯이 보인다"고 주장하는 사람이 있다면 이는 다른 사람들의 연구 결과를 모르고 있든지, 아니면 알면서도 의도적으로 무시하든지 둘 중 하나라고 할 수 있습니다.

근래에 몇몇 분들이 제게 대해서 이런 저런 오해를 하고 있는 것을 알고 있습니다. 하지만 저는 창조를 믿으며, 성경의 무오성과 창세기를 '있는 그대로' 믿는 사람입니다. 다만 어떤 것도 해석되지 않는 진리는 있을 수 없다고 생각합니다. 어떤 사람들은 문자적 해석은 성경을 있는 그대로 믿는 것이고 다른 해석들은 진리를 타협한 것이라고 주장하는데, 이것은 해석학의 기초를 잘 몰라서 하는 얘기입니다. 저는 문자적 해석도 하나의 해석으로서의 가치는 있다고 생각합니다.

또한 저는 제 해석 역시 틀릴 가능성이 있다고 생각합니다. 다만 6천년/대홍수설의 해석은 틀릴 가능성이 아주 높고, 제 해석은 맞을 가능성이 높다고 생각할 뿐입니다. 누군가가 반대되는, 설득력 있는 논리와 증거를 제시한다면 저는 언제라도 제 해석을 폐기 처분할 준비가 되어 있습니다. 제가 제일 심각하게 생각하는 것은 "내 주장은 틀릴 수 없고, 내 해석은 도무지 잘못될 수 없다"는 경직된 태도입니다. 이는 주장의 진위를 떠나 그 자세 자체가 비기독교적이고 비성경적이라고 할 수 있습니다.

끝으로 저는 6천년/대홍수설 지지자들이 단 한번이라도 혹 전문 과학자들의 주장이 맞을지도 모른다는, 아니 어쩌면 내 해석과 주장이 틀렸을 수도 있다는 점을 인정한다면 얼마나 좋을까 하는 생각을 해봅니다. 사실 그런 마음 때문에 2007년 여름부터 복음주의권 내의 신학자와 과학자들이 만날 수 있는 "창조론 오픈 포럼"을 시작하게 되었습니다. 자신의 이론에 대한 잠정성과 자신의 해석에 대한 오류 가능성을 열어두는 것은 연구하는 모든 사람들의 기본적인 자세입니다. 물론 실제로 그렇게 하는 것은 매우 어렵다는 것을 압니다. 그리고 그것을 이해하지 못하는 바도 아닙니다. 이전에 바로 제가 6천년/대홍수설을 사도신경처럼 신봉하면서 돈키호테처럼 어설프게 '창'을 꼬나 매고 온 세상을 쫓아다니면서 많은 사람들을 찔렀으니까요. 그 때는 로시난테가 아니라 프라이드를 타고 다녔습니다. 제가 저 자신을 돈키호테에 비유하는 데는 몇 가지 이유가 있습니다.

네 가지 이유

저는 2006년 7월, 『창조와 격변』(예영)이라는 책을 출판한 이후 창조론 논쟁 속에 빠져들게 되었습니다. 진화론자들과의 논쟁보다도 다른 창조론자들과의 논쟁에 휘말리고 있는 것입니다. 그러면서 이런 저런 해프닝도 일어나고 있습니다. 미국에 있는 어떤 한국인 창조과학자는 제가 제시한 다중격변론을 다른 이단적 주장들과 함께 부수는 만화를 그려 발표하기도 하고, 서울 인근에 있는 어느 교회는 제가 창조과학에 찬성하지 않는다는 이유 때문에 집회 강사로 초청하지 않겠다는 결정을 했다고 합니다.

1981년에 시작된 한국에서의 창조과학 운동은 일정 부분 한국교회에 도움을 준 측면이 있습니다. 특히 지적 콤플렉스에 시달리던 한국교회에서 성경의 과학적 변증을 주도한 창조과학 운동은 가뭄의 단비와 같았습니다. 그리고 교단과 관계없이 한국교회의 근본주의적 분위기는 창조과학의 전성기를 여는 기초가 된 것으로 보입니다. 사람들은 급속한 과학 기술의 발전과 더불어 이 시대의 새로운 제사장으로 부상한 과학자들이 무너지고 있는 성직자들의 통합적 권위를 재건할 수 있다고 믿었습니다.

하지만 안타깝게도 창조과학의 2대 기둥이라고 할 수 있는 대홍수설과 젊은 지구론은 틀렸을 가능성이 매우 높습니다. 단 한 차례의 홍수로 인해 지구상의 대부분의 지층과 화석이 형성되었으며, 또한 대부분의 지표면의 모습이 결정되었다는 주장은 과학적 증거들과 일치하지 않는 점이 너무 많습니다. 지구와 우주가 6천년 전에 창조되었다는 주장 역시 틀렸음이 분명한 것으로 보입니다. 그럼에도 수많은 성도들이나 목회자들이 6천년/대홍수론을 받아들이고 있습니다.

그러면 왜 이렇게 틀린 이론을 많은 사람들이 지지할까요? 그것은 다른 사람들을 볼 필요 없이 저 자신에게 물어보는 질문이기도 합니다. 1980년, "80 세계복음화 대성회"의 일환으로 개최되었던 창조과학 세미나에서 미국 창조과학자들로부터 처음 단일격변설을 소개 받은 이후, 제가 이 이론이 완전히 틀렸음을 확신할 때까지 20년 이상의 세월이 걸렸으니까요. 어떻게 과학을 공부한다는 사람이, 그것도 기초과학인 물리학을 공부하는 사람이 그렇게 오랫동안 틀린 이론을 금과옥조(金科玉條)처럼 믿고 있었을까요? 명백한 오류지만 모른 척하고 지내는 것이 틀렸음을 계속 주장함으로써 교회 내에 분란을 일으키는 것보다 나아서 그랬을까요? 여기에는 크게 4가지 정도의 이유를 생각해 볼 수 있습니다.

1. 전문성 부족

첫째 이유는 창조과학을 전업으로 연구하는 사람들이 별로 없기 때문입니다. 대부분의 창조과학자들은 자신의 전문 분야에서는 전문가이지만, 창조과학과 관련하여 직접적인 연구를 하는 분들은 별로 없습니다. 그렇기 때문에 어떤 새로운 주장이 제기되더라도 학자적인 치밀함을 가지고 연구하거나 평가하지 못합니다. 기원 논쟁의 대부분의 이슈들이 기초과학 분야에 속한 것들인데, 이 분야에서 제대로 연구하기 위해서는 오랜 훈련이 필수적입니다. 꼭 학교에서 해당 분야의 석, 박사를 하지 않았더라도 혼자서라도 부지런히 공부하지 않으면 이해할 수가 없습니다.

근래 북미주에 있는 두어 분이 인터넷을 통해 저의 글에 반론을 제기하면서 창조과학 분야에도 전문가들이 많다고 주장했습니다. 그리고 다른 전문가라는 분들의 글을 퍼서 올려놨습니다. 하지만 반론을 올렸던 한 분은 경영학을 전공한 분이며, 다른 한 분은 자동차 정비업을 하는 분이었습니다. 그 분들이 퍼온 글의 저자들도 역시 그 분야의 전문가들은 아니었습니다. 이것은 창조과학에 참여하는 분들이 전문가가 아니라는 의미가 아닙니다. 창조과학자들 중에는 자신의 전문 분야에서 탁월한 전문성을 가진 분들이 많습니다만, 그것은 창조과학과 관련된 전문성이 아닙니다. 그러면 해당 분야에서 전문성이 부족한 것이 왜 문제가 될까요?

전문성이 부족하면 자신이 전문적인 연구를 하지 않음은 물론, 학문적이지 않은 문헌을 인용할 수밖에 없기 때문입니다. 2008년 8월, 저의 제명 문제를 논의하면서 한국창조과학회 이사회가 열렸는데, 그 때 회의록과 더불어 우주와 지구가 젊다는 것을 보여주는 문헌들이 20여개 첨부되어 임원들에게 배포되었습니다. 우연히 저도 그 문건을 볼 기회가 있었는데 흥미로운 것은 그 문헌들 중에 학술적인 가치가 있는 것들이 하나도 없다는 사실이었습니다. 뿐만 아니라 그 글을 쓴 분들 중에 지구나 우주 연대를 전문적으로 연구하는 분들이 한 사람도 없었으며, 그 글들을 모은 분도 서울 인근 어느 대학 웹디자인학과 교수였습니다.

이것은 비단 우주나 지구 연대에만 국한된 문제가 아닙니다. 창조과학자들은 대폭발이론을 그렇게 심하게 비판하지만, 정작 대폭발이론, 흔히 표준모델(Standard Model)로 알려져 있는 이 이론을 전공하는 분들은 없습니다. 다시 말해 초기 우주론을 전공하는 분들이 한 사람도 없다는 말입니다. 해당 과학 분야에서 전문성이 없는 분들이 또 다른 비전문가들이 쓴 대중서적들을 근거로 고도의 전문성이 요구되는 논쟁에 참여하니 온갖 문제가 생기는 것입니다.

제가 2006년 『창조와 격변』에서 제시했던 다중격변론에 대해서도 몇몇 창조과학자들이 비판했지만, 아쉽게도 정작 이 이론을 제대로 공부하고 비판하는 사람은 없었습니다. 어떤 사람은 다중격변모델을 비판하면서 대규모 운석이 떨어지면서 남긴 증거들이 화산폭발 때 만들어지는 증거들과 비슷하다는 주장을 하며 운석 충돌 자체를 부정하기도 합니다. 심지어 모리스(Henry M. Morris)는 달 표면의 수많은 운석 충돌 자국들을 사탄과의 영적 전쟁의 흔적이라고 해석하기도 했습니다. 그리고 중생대와 신생대의 경계에 있는 K-T 경계면의 멸종도 부정합니다. K-T 경계면이 운석 충돌에 의한 것인지, 화산폭발에 의한 것인지는 더 많은 연구가 필요하겠지만, K-T 경계면 멸종이나 수많은 운석이 지구와 충돌한 흔적은 해석이 아니라 과학적 사실입니다.

비록 제가 제시한 이론이기는 하지만, 저 역시 다중격변설이 100% 맞다고 주장하는 것은 아닙니다. 다만 이 이론이 적어도 지금까지는 동일과정설이나 단일격변설(대홍수설)에 비해서는 맞을 가능성이 높을 뿐이라고 생각합니다. 반증주의자들의 표현을 빈다면, 다중격변설은 더 나은 이론이 나와서 오류가 입증될 때까지 생각해 볼 수 있는 잠정적인 이론이라고 할 수 있습니다.

저는 1997년, 한국 대학을 사임하고 밴쿠버로 올 때까지만 해도 창조과학 연구에 저의 남은 생애를 걸기로 작정했습니다. 그리고 그 때까지 창조과학의 2대 기둥이라고 할 수 있는 젊은 지구/우주와 대홍수 개념을 다시 검토하기 시작했습니다. 어떤 의미에서는 다시 검토하기 시작했다기보다 그것들이 맞음을 좀 더 확실하게 증명하기 위해 다른 문헌들을 조사하면서 동시에 야외 탐사를 시작한 것입니다. 그런데 놀랍게도 전업으로 창조과학을 연구하면서 파헤치면 파헤칠수록 창조과학 모델로서는 설명할 수 없는 증거가 너무 많고 분명했습니다.

창조과학에서 특히 많은 오해가 난무하는 분야는 창조과학자들 중에서 전공하는 사람들이 거의 없는 천문학과 우주론 분야입니다. 창조과학에서는 현대 우주론의 표준모델이라고 하는 대폭발이론이나 별이나 은하의 나이를 전공하고 있는 학자들이 (제가 아는 한) 없습니다. 대폭발이론 등 우주의 기원을 연구하는 초기 우주론 연구는 천문학에 대한 지식은 물론이려니와 상당한 이론물리학적 배경이 있어야 하기 때문에 전공자가 아니면 현재의 이론을 정확하게 이해하는 것조차 쉽지 않습니다. 저는 대폭발이론이 맞고 틀리고를 떠나 그 이론을 제대로 이해하지 못하면서 비판하는 것은 학자적 자세가 아니라고 생각합니다.

대폭발이론의 연구는 고사하고 이를 제대로 이해조차 못하고 있는 아마추어들이 학문적이지 않은 문헌들을 근거로 대폭발이론을 마치 사탄의 이론인 양 매도하는 것은 바른 자세가 아닙니다. 한 예로 대폭발이론을 비판할 요량으로, 이는 제재소가 폭발해서 저택이 만들어질 가능성이나, 수 백 만 개의 비행기 부품 더미가 폭발해서 747 점보기가 조립될 가능성보다 낮다고 운운하는 사람은 이 이론의 기초 개념조차 이해하지 못하는 분이라고 보면 됩니다. 초기 우주론을 전공하는 학자들은, 현재 대폭발이론에는 너무 많은 증거들이 축적되어서 부정하고 싶어도 부정할 수 없다고 말합니다. 물론 대폭발이론의 세부적인 분야에는 여전히 해결되지 않은 여러 문제들이 있지만 적어도 현재까지는 대폭발이론보다 천문학 분야의 이론적 증거나 관측상의 증거들을 더 잘 설명할 수 있는 이론이 없음은 분명합니다.[2]

2. 편향된 인용

둘째 이유는 편향된 문헌 인용 때문입니다. 즉 다른 사람들의 연구 결과나 말을 문맥에 맞지 않게 인용하거나 필요한 문헌만 선별적으로 인용하는 '생략에 의한 속임'(deception by ommission) 때문입니다. 자신에게 유리한 데이터들만 선별적으로 인용하고 싶은 것은 타락한 인간의 본성이라고 할 수 있습니다. 진화론자들도 그런 잘못을 범하는 경우가 많지만, 안타깝게도 창조과학자들 중에서도 그런 경우가 많습니다. 특히 지구나 우주 연대 문제를 다룬 창조과학자들의 문헌에는 의도적으로 데이터를 왜곡한 경우가 많습니다.

예를 들어 20세기 창조과학 운동의 선구자인 모리스(Henry M. Morris)가 윗콤(John C. Whitcomb, Jr.)과 공저한 『창세기 대홍수』(The Genesis Flood)는 "수백만 년 전에 사라진 바다"(the sea which vanished so many million years ago)라는 구절을 "여러 해 전에 사라진 바다"(the sea which vanished so many years ago)로 인용하고 있습니다.[3]

방사능 연대측정법은 어떻습니까? 방사능 연대측정은 드물게 틀린 결과가 나오기는 하지만, 98% 이상 정확한 것으로 알려져 있습니다. 그런데 미국의 창조과학 대중강사 중의 한 사람이자 전직 과학교사였던 호빈드(Kent Hovind)는 방사성동위원소 연대측정이 받아들여지는 유일한 이유는 많은 사람들이 지지하기 때문이라는 터무니없는 얘기를 하고 다닙니다. 물론 호빈드 자신은 한 번도 방사능 연대를 연구한 적이 없는 사람입니다. 신, 불신을 막론하고 자신이 한 번도 진지하게 연구하지 않은 분야에서 전문 과학자들의 연구 결과를 모두 엉터리라고 주장하는 것은 과학자들에 대한 인격 모독이기 이전에 피조세계의 법칙을 창조하신 하나님을 대적하는 일이라고 할 수 있습니다.

저 역시 아마추어로서 미국 창조과학자들의 문헌만을 접할 때는 방사성동위원소 연대측정은 마귀가 만든 것이라고 믿었습니다. 미국에서 유학하는 동안 위스콘신 대학(University of Wisconsisn-Madison) 과학사학과에서 방사성 연대측정법의 하나인 탄소연대측정의 역사를 석사 논문 주제로 선택한 가장 큰 이유도 탄소연대측정이 엉터리라는 것을 증명하기 위해서였습니다. 하지만 논문을 작성하면서 방사성 연대측정 분야

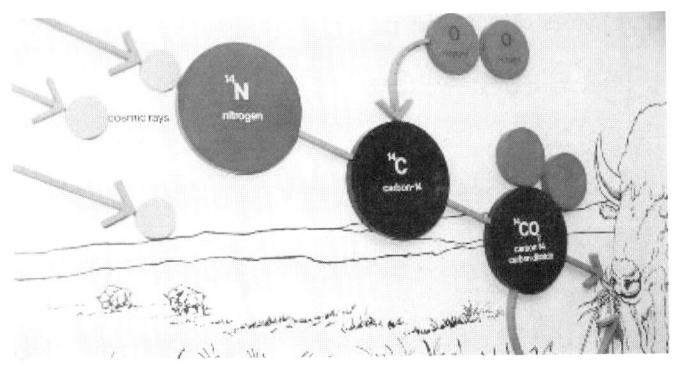

〈그림1-3〉 우주선에 의해 대기 중의 질소가 방사능을 띤 C-14로 변하고 이것이 대기 중의 산소와 결합하여 14CO2를 형성한다. 그 후 동물의 호흡이나 식물의 광합성작용을 통해 체내에 축적된다.

의 문헌들을 읽으면 읽을수록 제가 그 분야에 대해 너무 아는 게 없었음을 알게 되었습니다.

지질학 분야에 가도 답답하기는 마찬가지입니다. 사실 한 차례의 노아의 대홍수만으로 지구의 모든 지층과 화석, 그리고 각종 지형들이 형성되었다는 주장은 매우 단순하고 성경적인 듯이 보입니다. 하지만 이 단일격변설이 터무니없음을 증명하기 위해서는 오랜 연구가 필요하지 않습니다. 최소한의 지질학 상식을 가지고 제가 살고 있는 동네 인근에 나가서 하루만 돌아다니면 충분합니다. 어떤 반대되는 증거가 있더라도 나는 단일격변설만을 믿겠노라고 신앙고백을 한 사람이 아니라면, 하나님이 남겨놓으신 지구 역사에 대한 뚜렷한 증거를 확인할 수 있을 것입니다. 노아의 홍수는 분명하게 일어났지만, 창조과학에서 말하는 노아의 홍수는 아니라는 것이 증거에 충실한 결론이라고 할 수 있습니다.

빛의 속도가 변한다는 주장도 한 예라고 할 수 있습니다. 창조과학에서는 백억 광년 이상 떨어진 별빛을 지구에서 볼 수 있다는 사실을 젊은 우주의 틀에서 설명하기 위해 과거에는 광속이 무지하게 빨랐지만 시간이 지나면서 점점 느려지고 있다고 주장합니다. 그리고 그 증거로 먼 거리에 있는 퀘이사(quasar) 스펙트럼의 다중선 분석에 기초한 다른 사람들의 연구 결과를 인용하고 있습니다. 하지만 정말 빛의 속도가 늦어지고 있음이 증명되었을까요?

실제로 창조과학에서 인용하고 있는 해당 논문의 저자들은 과거에 빛의 속도가 더 빨랐다는 증거를 제시하고 있습니다. 하지만 과거 우주에서 빛의 속도가 변했다고 해도 그것은 현재 속도의 백만분의 일 정도로 거의 무시할 수 있는 수준이며, 더군다나 이 또한 관측오차 이내에 있는 수치이기 때문에 큰 의미가 있는 결과는 아니라고 주장합니다. 그러므로 이 결과는 오히려 젊은 우주론에 심각하게 반대되는 증거인데도 아전인수(我田引水) 격으로 데이터를 잘못 인용하고 있는 것입니다.[4]

3. 편향된 신학

셋째 이유는 편향된 신학 때문입니다. 대부분의 신학자들은 창조과학이 근본주의 운동이라는 데 이의를 제기하지 않습니다. 근본주의 신학의 특징은 반지성주의적이며 전투적이라는 데 있습니다. 창조과학이 그렇게 많은 과학적 자료들을 제시하면서도 정작 성경을 과학적으로 변증하는 데 반지성적이라는 말을 듣는 것에 대해 잘 이해가 되지 않는 분들도 있을 것입니다.

저는 오래 전 미국에서 공부하는 동안 어떤 창조과학자와 창조연대에 대해 장시간 전화로 논의한 적이 있었습니다. 그 분은 미국창조과학연구소(ICR)의 연구만으로 충분하고 우리는 그 주장을 어떻게 전하는가의 문제만 남았다고 말했습니다. 그 분은 더 이상의 연구는 필요하지 않다고 강력하게 주장했습니다. 그러면서 그 분은 제게 더 이상 많은 공부를 하지 말라고 했습니다.

근본주의의 근본적인 문제는 반성의 부재입니다. 자신이 옳다고 생각하는 바가 있으면 다른 사람들이 뭐라고 하든 돌진합니다. 창조론 논의에 있어서 현재의 혼란은 자신의 주장이 신학적으로 어떤 함의가 있는지 충분히 반성하지 않은 채 신학적 기초가 없는 과학자와 공학자들이 너무 멀리 갔기 때문입니다. 과학자들과 공학자들의 단순함이 문제를 키웠다고나 할까요? 아직까지 그런 정관을 유지하고 있는지는 잘 모르겠지만, 초기 한국창조과학회 정관에는 정회원이 되려면 이공계 분야에서 적어도 석사학위 이상을 가져야 한다는 조항이 있었습니다. 그러니 창세기를 전공하는 구약학자들은 정회원이 될 수 없었고, 창조과학에 대한 신학적 반성은 애초부터 힘들었습니다. 이런 상황은 미국창조과학회도 비슷합니다.

근본주의 신학이 단순한 과학자와 공학자들의 손에서 더욱 더 전투적이고 선명성 있게 다듬어진 것이 현재의 창조과학이라 할 수 있습니다. 많은 신학적 반성을 필요로 하는 문제를 신학적 훈련을 받지 않은 분들이 다룸으로 인해 좌충우돌하는 현재의 상황으로 발전된 것입니다. 다시 말해 현 창조과학의 문제는 신학이나 과학사, 과학철학자 등 인문학 분야의 학자들이 참여하지 않고, 과학자와 공학자들 중심의 운동이어서 문제가 더 커졌습니다.

일반적으로 과학을 공부하는 사람들은 반성의 여지가 없는 자연을 대상으로 연구하기 때문에 신학자들처럼 생각이 그렇게 깊지 못합니다. 때로는 신앙생활에서 그런 단순 사고가 유익할 때가 있음을 인정합니다. 그러나 그런 단순 사고를 가진 분들이 창조/진화와 같이 신앙적, 이념적 함의가 강하게 내재된 분야의 지도자로 참여하게 되면 문제가 심각해집니다. 신학적 반성 능력, 다시 말해 신학적 소양이 부족한 분들이 강한 신학적 함의를 내포하고 있는 논쟁에 뛰어들게 되면 옹기전에 황소가 뛰어든 격이 되는 것입니다.

그러면 신학적 소양이 부족하다는 것은 어떻게 드러날까요? 신학적 훈련을 받지 못한 분들은 자신의 과학적 주장이 어떤 신학적 입장을 대변하고 있는지 잘 모릅니다. 한 예로 창조과학자들은 성경 문자주의 입장을 견지하면서도 자신들은 성경 문자주의자가 아니라고 말합니다. 근본주의적 주장을 하면서도 자신은 근본주의자가 아니라고 주장합니다. 성경을 과학 교과서처럼 사용하면서도 자신은 성경을 과학 교과서로 보지 않는다고 주장합니다. 이념적 자기 정체성(self-identification)이 확립되지 않았다는 말이지요.

우리가 어떤 사람을 근본주의자라고 부를 때는 그 사람이 자기 입으로 자신을 근본주의자라고 말하기 때문이 아닙니다. 그의 주장과 태도가 근본주의적이기 때문입니다. 그러므로 창조과학자들은 아무리 자신을 근본주의자, 혹은 성경 문자주의자가 아니라고 해도 신학자들은 그들이 주장하는 바를 근본주의, 혹은 성경 문자주의로 부릅니다. 그러므로 다른 사람들 앞에서 가르치는 사람들은 먼저 자기가 주장하는 바가 무엇인지 정확하게 파악해야 합니다. 만일 자신이 스스로의 신학적 정체성을 파악하는 것이 어렵다면, 전문 신학자나 과학철학자들의 도움을 받을 필요가 있습니다.

많은 분들이, 그것도 훌륭한 대학에서 박사학위를 받고 다른 분야에서 탁월한 연구 업적을 내는 분들이 창조론 분야에서는 터무니없는 주장을 성경적이라고 말하는 것을 보는 것은 정말 큰 고통입니다. 어폐가 많지만 갈릴레오의 심경을 헤아려 보기도 합니다. 지구가 움직이는 것이 분명한데도 어디에 그런 성경 구절이 있느냐고 갈릴레오를 비판, 정죄했던 당시 로마 대학 교수들과 교황청 이단심문소(The Holy Office) 도미니칸 배심원들이 생각나기도 합니다. 당시 천동설주의자들은 성경을 내세워 갈릴레오를 정죄했지만, 실제로 이들은 아리스토텔레스의 주장에 근거해서 갈릴레오를 정죄하고 비판했습니다. 오늘날도 창조과학이 천동설과 같은 오류를 범하고 있는 것은 아닌지 심각하게 생각해 봐야 합니다. 외형적으로는 성경 구절을 많이 인용하지만, 실제로는 잘못된 이데올로기나 잘못된 신학에 근거한 것은 아닌지….

흥미로운 것은 지금도 일부 근본주의자들 중에는 천동설을 주장하는 사람들이 있다는 것입니다. 이들이 운영하는 웹사이트도 있고, 천동설을 주장하는 책도 펴내고 있습니다. 그런데 놀라운 것은 이들의 글을 보면 하나 같이 성경 구절을 장황하게 늘어놓는다는 사실입니다. 천동설을 주장하는 어떤 근본주의 기독교 단체가 운영하는 홈페이지에는 지구가 움직이지 않고 태양이 움직이는 것을 보여준다는 성경 구절이 67개나 제시되어 있습니다!![5]

4. 소통의 문제

넷째 이유는 소통의 문제 때문입니다. 저는 저와 다른 생각을 하는 것을 비판하는 것이 아닙니다. 얼마든지 저와 다를 수 있고 또한 얼마든지 제가 제시한 모델이나 이론의 오류를 지적할 수도 있습니다. 그렇기 때문에 만나서 겸손하게 논의하는 것이 필요하다는 것이지요. 누구라도 완전히 주관으로부터 벗어날 수 없지만 그래도 편견과 아집, 독선과 교만에 빠지지 않도록 기도하면서 진지하게 하나님 말씀과 그분이 만드신 피조세계의 증거들을 함께 연구한다면 진리의 성령께서 바르게 인도해 주시리라 믿습니다. 그런 사람들은 서로 생각이 다르더라도 기쁘게 대화할 수 있으며, 서로로부터 배울 수 있을 것입니다.

"창조론 오픈 포럼"은 바로 그런 목적을 위해 만들어진 모임입니다. 오픈 포럼이기 때문에 당연히 창조과학자들에게도 오픈되어 있습니다. 지금은 초기 단계라 모든 사람들에게 오픈할 수는 없지만, 적어도 성경을 정확무오한 하나님의 말씀으로 받아들이는 복음주의적 신앙을 견지하고 있는 분이라면 누구나 초청합니다. 그래서 철이 철을 날카롭게 하듯 서로의 의견을 겸손하게 개진하고, 논의함으로 하나님의 피조세계에 대한 선한 청지기로 구비되는 계기가 되기를 기대합니다. 그러면 저의 입장에 동의하지는 않을지라도 제가 왜 단일격변에서 다중격변으로 입장을 바꿀 수밖에 없었는지를 이해하실 수 있을 것입니다.

한국창조과학회를 떠나며[6]

1981년 1월 24일은 저의 결혼식 날이었습니다. 원래는 결혼 예정일이 1월 31일이었지만, 제가 결혼 일자를 잡은 후에 한국창조과학회에서 창립총회 일자를 그 날로 정했기 때문에 도리 없이 일주일을 앞당긴 것이지요. 부랴부랴 신혼여행을 다녀와서 피곤한 중에 여의도 전경련 회관에서 열린 창립총회를 준비할 수밖에 없었습니다. 그리고 이어 창조과학회와 관련된 많은 일들이 일어났습니다.

지금은 전설이 된 『진화는 과학적 사실인가?』를 편집하기 위해 박사과정 학생이 을지로 출판 골목의 허름한 여관방에서 출판업자와 며칠 밤낮을 지새우던 일, 애써 외주를 주어서 제작한 창조과학회 로고가 진화를 연상케 한다는 지적에 따라 지금의 로고로 다시 뜯어고쳤던 일, 잘 알아듣지도 못하는 주일학교 꼬마들을 대상으로 첫 창조과학 강연을 시작한 이래 국내외에서 1천여 회에 이르는 창조과학 강연을 쫓아다니던 일, 그리고 수많은 원고들…. 20대 중반부터 50대 중반에 이르기까지 저의 삶의 중요한 부분을 차지하고 있었던 창조과학운동을 이제 '공식적으로' 떠나야 할 때가 된 것 같습니다.

몇몇 분들은 아시겠지만, 저는 근래 "창조론 오픈 포럼"(이하 창조론 포럼)을 개최하고, 『창조와 격변』(예영, 2006) 출간을 통해 우주/지구가 6천년보다 훨씬 더 오래 되었을 수 있으며, 노아의 홍수 이전, 인류가 창조되기 전에도 전 지구적 격변이 여러 차례 있었다는 다중격변 창조론을 제시한 것으로 인해 지난 8월 말까지 한국창조과학회로부터 탈퇴하지 않으면 제명하겠다는 통보를 받았습니다. 저의 주장들이 창조과학회에 '매우 부정적인 영향'을 끼쳤을 뿐 아니라 창조과학회의 명예를 '크게 손상' 시켰다는 것이 그 이유였습니다. 정말 창조과학회에 해를 끼쳤는지, 그리고 그것이 하나님의 교회에 해가 되었는지 여부는 제가 판단하지 않겠습니다.

사실 이 제명 통보는 두어 주 전에 이메일로 받은 것 같은데 긴 여행을 마치고 돌아오니 창조과학회 회장 명의의 우편물이 학교에 도착해 있더군요. 하지만 방한 중에 이미 간접적으로 들었기 때문에 이와 관련하여 창조과학회 지도자들과 만나서 대화하기를 수차례 요청했지만 아쉽게도 받아들여지지 않았습니다. 언젠가 이 문제와 관련해서 좀 더 자세히 나눌 기회가 있겠지만, 20대 중반이었던 1980년 8월, 창립준비위원회 모임으로부터 시작하여 30여 년 가까이 관여해 왔던 창조과학회를 탈퇴하면서 이 논쟁의 핵심을 창조연대 및 다중격변 창조론에 관련된 저의 입장과 "창조론 오픈 포럼"에 대한 취지로 나누어 말씀드릴까 합니다.

첫째, 창조연대가 오래되었을 수 있다는 주장은 신학적으로 전혀 새로운 주장이 아니며, 성경의 무오성을 믿는 복음주의 진영의 대부분의 구약학자들이 지지하고 있는 성경해석입니다. 그러므로 6천년 우주/지구 나이만이 성경이 가르치는 것이요, 이와 다른 해석들은 모두 성경의 진리를 타협한 것이라고 주장하는 것은 옳지 않습니다. 오랜 창조연대를 지지하는 사람들을 자유주의자라거나 진화론과 타협한 것이라고 매도하는 것은 일종의 '학문적 마녀사냥'이라고 할 수 있습니다.

둘째, 창조연대가 오래되었을 수 있다는 주장은 신, 불신을 막론하고 거의 모든 전문 과학자들이 받아들이고 있는 이론입니다. 오히려 6천년 우주/지구 연대는 근본주의 진영의 극소수 의견이며, 이를 지지하는 사람들은 대부분 연대를 전공하는 학자들이 아닙니다. 이러한 아마추어 과학운동은 비단 한국만의 현상이 아니고, 창조과학의 진원지인 미국이나 다른 나라에서도 마찬가지입니다. 연대측정 분야에서 정상적인 연구활동을 하면서(peer-reviewed 학술지에 논문을 게재하면서) 우주/지구 연대를 6천년이라고 주장하는 그리스도인 과학자는 거의 없습니다. 이것은 오랜 연대의 과학적 증거가 그 만큼 압도적이고 분명함을 의미합니다.

셋째, 제가 『창조와 격변』에서 제시한 다중격변 창조론은 수많은 증거들에 기초하여 세운 하나의 가설입니다. 학문을 직업으로 하는 사람이 자신의 연구를 기초로 새로운 이론과 모델을 제시하는 것은 자연스런 일입니다. 당연히 이 이론에 학문적인 비판이나 반론을 제기하는 것도 환영합니다. 하지만 그 비판이나 반론은 논문이나 그 외 학문적인 글로서, 신뢰할 수 있는 증거에 기초해서 제기되어야지 일방적인 비난 성명이나 신뢰하기 어려운 비학문적 문헌이나 증거를 기초로 제기되어서는 안 됩니다. 다중격변 창조론 역시 다른 학문 이론들처럼 명백히 반증되거나 더 나은 이론이 나오면 폐기처분할 것입니다.

넷째, 이러한 저의 입장에도 불구하고 "창조론 포럼"은 오랜 창조연대를 주장하려는 모임이 아닙니다. 저의 개인적인 견해와는 무관하게 "창조론 포럼"은 각 분야의 복음주의 전문 과학자, 신학자들의 다양한 견해들을 나누자는 것이 근본 취지입니다. 지난 반세기동안 전 세계적으로 복음주의 진영의 전문 신학자와 과학자들의 창조론 연구결과들이 산더미처럼 발표되었지만, 아쉽게도 한국교회에는 극소수 근본주의 진영의 견해만이 소개되었습니다. 그래서 건전한 여러 창조론 논의들을 균형 있게 한국교회에 소개하는 것이 필요하다는 생각 때문에 "창조론 포럼"을 시작한 것입니다. 당연히 "창조론 포럼"은 여러 창조론 운동들 중의 하나인 창조과학에 대해서도 열려 있으며, 실제로 지난 세 차례의 "창조론 포럼"에서 발표된 논문들 중에는 창조과학 입장을 지지하는 논문들도 있습니다.

다섯째, "창조론 포럼"은 한국 교회가 지적인 황무지가 되어서는 안 된다는 안타까운 마음 때문에 시작된 것입니다. 솔직히 말씀드리면 신, 불신을 막론하고 전문 과학자들은 창조과학의 핵심이랄 수 있는 6천년 우주/지구 연대와 모든 지층과 화석이 1년 미만의 대홍수로 인해 형성되었다는 단일격변설을 천동설 내지 평면 지구설과 비슷한 수준의 이론으로 간주하고 있습니다. 만일 앞으로도 지금처럼 전문 학회나 학회지가 아니라 일반 성도들을 대상으로 대중적 캠페인에만 의존하는 과학운동이 한국교회를 휩쓴다면, 한국교회는 지적인 게토(ghetto)가 될 것이고, 기독교 신앙을 받아들이는 것은 곧 '지적 자살'이라는 기독교에 대한 오랜 편견을 불러일으킬 것이 분명합니다. 그리고 그 결과는 전도나 복음의 변증에 치명적인 영향을 미치게 될 것입니다. 더 이상 소중한 복음이 폄훼(貶毁)되고 하나님의 말씀인 성경이 조롱받는 일이 계속되어서는 안 될 것입니다.

끝으로 저는 창조과학회를 떠나지만 창조론운동을 떠나는 것은 아닙니다. 어쩌면 이제 좀 더 자유롭게 창조론운동에 매진할 수 있을 것이며, 함께 창조론운동으로 젊음을 불태웠던 여러 친구들과 더 가깝게 일할 수 있을 것입니다. 물론 6천년 우주/지구 연대와 단일격변설이 신학적, 과학적 문제는 물론이고 왜 그렇게 하나님나라를 확장하는 데 큰 걸림돌이 되는지 아직도 잘 이해하지 못하는 친구들이 있음을 압니다. 하지만 틀린 주장보다 더 큰 문제가 되는 것은 다른 주장들에 대해 아예 마음의 빗장을 걸어 잠그는 것입니다. 창조과학회 안에 있든지, 밖에 있든지 상관없이 성령님께서 오셔서 우리의 마음을 여시고 우리의 눈의 비늘을 벗기셔서 성경말씀과 창조세계의 비밀을 밝히 깨닫게 하시기를 기원합니다. "그러나 진리의 성령이 오시면 그가 너희를 모든 진리 가운데로 인도하시리니…"(요 16:13). 우리 모두 이 약속의 말씀을 붙잡고 "오직 사랑 안에서 참된 것을 하여 범사에 그에게까지"(엡 4:15) 자라가기를 소원합니다.

창조방법 논쟁

지난 수백 년 동안 우주와 그 가운데 있는 생명체들이 어떻게 존재하게 되었는가에 대해 기독학자들과 세속학자들 사이에 날카로운 의견 대립이 계속되어 왔습니다. 그러나 이런 의견의 대립은 비단 신자와 불신자 사이에서만 존재하는 것이 아니라 신자들 사이에서도 존재합니다. 이것은 하나님의 창조를 믿는 창조론자들 내부에도 다양한 의견이 있음을 의미합니다. 특히 20세기, 창조과학의 등장과 더불어 시작된 복음주의 진영 내에서 창조론 논쟁은 심각한 분열과 다툼으로 치닫고 있습니다. 그래서 혹자는 세속학자들 사이에 존재하는 기원에 대한 의견의 차이나 다양성보다 기독학자들 사이에 존재하는 기원에 관한 의견의 차이가 더 크고 다양하다고도 말합니다. 왜 같은 성경과 같은 창조주를 믿는 기독학자들 사이에도 그렇게 다양한 의견들이 존재할까요?

이것은 일차적으로 성경이 하나님의 창조방법이나 기간에 대해 구체적인 언급을 하고 있지 않기 때문입니다. 흔히 하나님이 무에서 창조하셨다고 하는 것은 창조의 방법이 아니라 창조주에 초점이 맞추어져 있는 말입니다. 하나님이 "말씀하시니 … 그대로 되었다"는 언급은 창조 기간이나 방법이 아니라 하나님의 전능하심을 표현하는 말입니다. "태초에 하나님이 천지를 창조하시니라"는 언급도 하나님이 천지를 창조하셨다는 사실 그 자체를 선포하는 것이지, 하나님이 언제, 얼마 동안, 어떻게 창조하셨는지를 말하는 것이 아닙니다.

한 예로 "종교개혁자 칼빈이 『기독교 강요』를 썼다"라는 말을 생각해 볼까요? 이 문장을 말로 표현하는 데는 5초 이내의 시간이 소요됩니다. 그렇다고 해서 칼빈이 5초 이내에 이 책을 썼다고 생각하는 사람은 없을 것입니다. 마찬가지로 창세기 1:1을 5초 이내에 말할 수 있다고 해서 하나님이 5초 이내에 천지를 창조하셨다고 해석할 필요는 없습니다. 이 두 문장의 차이는 칼빈은 유한한 인간이어서 5초 이내에 책을 쓸 수 없지만, 하나님은 5초보다 훨씬 짧은 기간으로부터 훨씬 긴 기간까지 자신이 원하시는 기간 동안에 천지를 창조하실 수 있다는 점입니다.

우리는 "종교개혁자 칼빈이 …"로부터 책의 저자가 누군지, 책의 제목이 무엇인지 추론하는 것은 가능하겠지만, 칼빈이 어떤 방법으로, 얼마의 기간 동안 그 책을 썼는지는 알 수 없습니다. 마찬가지로 "태초에 하나님이 …"로부터는 누가, 언제(구체적인 연도가 아니라 태초에) 천지를 창조했는지는 알 수 있지만, 창조의 기간이나 방법에 대해서는 알 수 없습니다. 성경이 분명하게 말하고 있지 않기 때문에 사람들은 제2의 성경이라고 하는 자연의 증거로부터 창조의 방법에 대한 다양한 주장을 제시하는 것이지요. 이런 주장들을 창조방법에 관한 해석들을 기준으로 해서 살펴보면, 크게 다음 3가지로 분류할 수 있습니다.

첫째, 하나님이 자연적인 방법으로 우주와 그 가운데 생명을 창조하셨다는 주장입니다. 이들은 현대 과학의 주장들을 모두 받아들이며, 하나님께서는 현대 과학이 말하고 있는 바와 같은 과정을 통해 창조하셨다고 믿습니다. 위스콘신대학(University of Wisconsin-Madison)의 과학사가 넘버스(Ronald L. Numbers) 교수의 책 제목이 보여주듯이 '자연법칙에 의한 창조'(Creation by Natural Laws)를 믿는 자들입니다.

이 이론을 받아들이는 대표적인 사람들을 '유신론적 진화론자'들이라 합니다. 이들은 하나님이 대폭발이라는 과학적인 법칙을 따라 우주를 창조하셨고, 화학진화의 과정을 통해 최초의 생명체가 출현하게 하셨으며, 자연선택이라는 자연의 법칙을 따라 현재와 같은 다양한 생명세계를 창조하셨다고 주장합니다. 이들은 우주와 그 가운데 있는 모든 생명체의 존재들도 모두 자연적인 법칙으로 설명합니다. 결국 이들의 주장은 창조주를 인정한다는 점을 제외한다면 자연주의자들의 주장과 동일합니다.

둘째, 하나님이 자연적인 방법과 초자연적인 방법을 둘 다 사용하셔서 창조하셨다는 주장입니다. 이 이론을 따르는 사람들은 현대의 과학으로 설명할 수 있는 영역은 자연적인 방법으로, 그렇지 못한 영역은 초자연적인 방법으로 설명합니다. 그러나 이들은 자연적인 방법이든, 초자연적인 방법이든 모두 하나님의 창조방법이라는 것에 동의합니다. 그리고 초자연적 설명의 영역은 과학이 발달함에 따라 점점 줄어갈 것이고, 자연적 설명의 영역은 점차 증가할 것이지만 아무리 과학이 발달하더라도 초자연적인 영역이 완전히 사라지고 자연적인 영역만 남지는 않을 것이라 생각합니다. 예를 들어 대폭발이론에 대한 증거가 아무리 많이 쌓이더라도 대폭발을 일으킨 최초의 물질(아일렘)의 기원은 원리적으로 과학적 설명이 불가능하다는 것입니다.

창조론들 가운데 진행적 창조론이나 지적설계론이 모두 여기에 해당한다고 할 수 있습니다. 18세기 영국에서 유행했던 자연신학적 접근도 여기에 해당한다고 볼 수 있습니다. 그런데 이 주장에는 하나님이 어디까지 초자연적인 방법으로 창조하셨고, 어디서부터 자연법칙을 따라 창조하셨는지를 판단하는 것이 쉽지 않다는 문제가 있습니다. 또 자연신학의 귀결인 간격의 하나님(God-of-the-Gaps) 개념은 하나님의 창조와 섭리를 설명하는 데 신학적인 문제를 동반합니다. 만일 인간이 이해할 수 없는 현상에만 하나님이 관여하셨다고 한다면, 하나님은 온 우주의 창조주가 아니라 우리가 이해할 수 없는 영역만의 하나님이라는 신론의 문제가 생깁니다.

셋째, 하나님이 초자연적인 방법으로 창조하셨다는 주장입니다. 이들은 하나님이 우주와 그 가운데 생명체를 창조하실 때 우리가 이해할 수 없는 초자연적인 방법을 사용하셨다고 주장합니다. 예를 들면 이들은 지구 역사에서 유일한 전 지구적 격변은 초자연적인 노아의 홍수이며, 이로 인해 전 세계 대부분의 지층과 화석이 형성되었다고 주장합니다. 그리고 지구를 포함한 우주의 창조가 1만년 이내에 하나님의 초자연적 창조에 의해 일어났다고 봅니다. 이들은 현대 천문학에서 제시하고 있는 달이나 지구, 태양계나 은하계 형성이론도 받아들이지 않습니다. 현대 우주론의 표준모델인 대폭발이론도 부정합니다. 현대 과학에서 절대연대측정법으로 자리 잡고 있는 방사성 동위원소 연대측정법도 받아들이지 않습니다.

이 이론의 대표적인 지지자들은 창조과학자들입니다. 이들은 성경의 문자적 해석에 근거하여 현대 과학을 평가하며, 전문 과학자들의 주장을 받아들이지 않습니다. 이들은 대체로 현대 주류 과학계에서 제시하는 것들을 반성경적이라고 비판하며 거부한다는 점에서 반과학주의 내지 맹신주의라는 비난을 받을 소지가 있습니다. 물론 이들도 나름대로 과학적인 주장이 없는 것은 아닙니다. 그러나 이들의 핵심 주장들은 대체로 아마추어 과학의 수준을 넘지 못하고 있으며, 실제로 이 주장을 하는 사람들은 대부분 아마추어들입니다. 이들은 성경이 과학 교과서는 아니라고 주장하면서도 성경에서 과학적인 내용들을 도출할 수 있다고 믿습니다. 그래서 성경의 권위를 인정하는 복음주의 과학자들조차 창조과학을 '나쁜 과학'(bad science)이라고 비판합니다.

위의 세 입장들 중에서 어느 주장이 더 자연을 바르게 연구하고 성경을 정확하게 해석하는 입장인지는 계속 연구해야 할 과제입니다. 그러나 한 가지 기억해야 할 것은 이들이 방법은 조금씩 다를지라도 모두 창조주 하나님과 성경의 권위를 인정하는 복음주의 계열의 창조론자들이라는 사실입니다(유신론적 진화론자들 중에는 복음주의자들이 아닌 사람들도 있지만). 큰 줄기는 같으나 세부적인 창조방법론의 차이가 있는 것이지요. 이것은 우리들에게 창조론 논쟁에 관하여 몇 가지 시사점을 제시합니다.

첫째, 현재 우주의 창조와 운행을 설명하는 자연의 법칙도, 기적이나 초자연적인 사건도 하나님이 만드신 것이고 하나님께 의존되어 있다는 점입니다. 그러므로 자연의 법칙을 따른 창조를 초자연적인 창조와 대립의 개념으로 봐서는 안 됩니다. 이는 다만 하나님이 일하시는 방법의 차이이며 때로는 피조세계를 이해하는 데 보완적인 역할을 할 수도 있습니다.

둘째, 하나님이 자연의 법칙을 따라 만물을 창조하셨더라도 하나님은 자연의 법칙에 매여 있는 분이 아니라 도리어 자연의 법칙이 하나님께 의존해 있음을 받아들이는 것입니다. 만일 하나님조차 순응해야 하는 자연 법칙이 있다면, 혹은 하나님보다 선재하는 어떤 우주의 질서가 있다면 하나님은 성경에서 말하는 전지전능하신 분이 아니라 플라톤이 말하는 데미우르고스(Demiurgos)[7]에 불과할 것입니다.

셋째, 하나님은 우주를 대부분 자신이 제정하신 과학적 법칙에 따라 운행하시며 드물게 초자연적인 방법으로 역사하신다는 사실입니다. 이것은 예수님의 탄생과 성육신, 부활과 재림 등 인간의 구원과 관련된 일들이 아닌 자연의 운행과 관련된 경우에는 더더욱 그러합니다. 하나님은 출애굽 하던 이스라엘 백성이 아말렉과 전쟁할 때나 히스기야가 목숨을 건 기도를 할 때를 제외하고는 지구의 자전이나 태양계를 뉴턴의 운동법칙이나 중력법칙, 케플러의 행성운동법칙에 의해 운행하신 것으로 생각됩니다.

결론적으로 창조론의 가장 큰 문제는 서로 다른 창조방법론이 아닙니다. 현대 창조론의 가장 큰 적은 하나님을 비롯한 모든 초자연적인 것을 부정하거나 이들을 자연적인 방법으로만 설명하려는 자연주의입니다. 우주를 인과율의 폐쇄체계 내에서 돌아가는 하나의 거대한 기계로 보는 자연주의적 세계관에서는 더 이상 어떤 초월적인 것이 개입할 여지가 없습니다. 하지만 자연주의는 전지전능하지 못한 인간이 주장하기에는 너무 교만한 주장이요, 빈약한 데이터에 기초한 과도한 외삽입니다.

예를 들면 이제 겨우 유전 기작을 이해하기 시작하면서 마치 생명의 본질을 완전히 이해하고 마음대로 생명을 만들 수 있는 것처럼 큰 소리 치는 것은 주제 파악을 하지 못한 인간의 교만이라고 할 수 있습니다. 우주 연구에서 겨우 첫 발을 디뎌놓고 있는 인간이 광활한 우주를 닫힌 물질계로만 파악하는 것은 지적인 교만을 넘어 불경죄라고 할 수 있습니다. 인간은 마음대로 자연주의적 관점에서 스스로 존재했음을 주장하기에는 너무 빈약한 존재 기반을 갖고 있습니다. 그러므로 자연주의의 도전에 비해 창조방법을 두고 티격태격하는 것은 적전분열(敵前分裂)이라고밖에 할 수 없습니다.

신천동설 비판

창조 방법에 대한 논쟁 못지않게 기가 막힌 일을 우주의 구조 논쟁에서도 볼 수 있습니다. 저는 요즘 미국 창조과학 지도자 중의 한 사람인 험프리스(Russell Humphreys)라는 사람이 제시하는 우주론을 살펴보고 있습니다. 비록 그가 많은 책이나 논문을 발표한 것은 아니지만, 창조과학자들 중에 물리학자가 많지 않고 더군다나 천문학이나 우주론 분야에 전문가들이 별로 없다 보니, 그의 어처구니없는 우주론이 많은 사람들에게 영향을 미치고 있습니다.

험프리스는 자신의 우주론이 성경에서 나온 것이라고 주장하면서 일종의 천동설을 주장하고 있습니다. 그는 지구가 우주의 중심에 있으며, 우주는 이러한 지구를 중심으로 해서 동심구 구조를 지닌 채 회전한다고 주장합니다. 그는 자신의 우주론의 기초로서 시편 147:4-5를 제시합니다: "그가 별들의 수효를 세시고 그것들을 다 이름대로 부르시는도다 우리 주는 위대하시며 능력이 많으시며 그의 지혜가 무궁하시도다."

이 구절에서 험프리스는 별은 수효를 셀 수(countable) 있기 때문에 유한하지만, 우리 하나님은 지혜가 무궁하다(infinite)고 말합니다. 별은 수효를 셀 수 있기 때문에 유한하며, 따라서 우주는 유한하다는 이 사실로부터 그는 소위 유한한 '섬'(Island) 우주론을 제시합니다. 그는 우주가 '섬'이라면 우주는 질량중심과 중력중심을 갖게 되며, 그러면 시계는 어느 곳에 두는가에 따라 속도가 달라진다고 말합니다. 즉 우주의 중심에 있는 지구에서는 일반상대성이론에서 예측하는 것처럼 중력이 강하기 때문에 시간이 천천히 흘러서 6일이 지나는 동안 중력이 약한 우주의 변방에서는 100억년 이상이 경과되었다고 주장합니다.

험프리스는 현대 천문학에서 잘 증명된 먼 은하로부터 오는 별빛의 적색편이를 도플러효과로 해석하는 것을 부정합니다. 그는 이것을 우주공간의 늘어남(stretching)에 의한 것이라고 주장하면서, 이의 근거로 "그는 땅 위 궁창에 앉으시나니 땅에 사는 사람들은 메뚜기 같으니라 그가 하늘을 차일같이 펴셨으며 거주할 천막 같이 치셨고"(사 40:22), "여호와께서 그의 권능으로 땅을 지으셨고 그의 지혜로 세계를 세우셨고 그의 명철로 하늘을 펴셨으며"(렘 10:12) 등의 성경구절들을 제시하고 있습니다. 그는 "하늘을 차일같이 펴셨으며"라는 말이나 "하늘을 펴셨으며"가 일반상대론에서 말하는 우주공간의 늘어남을 의미한다고 주장합니다. 그는 이 외에도 구약의 17개 구절이 자신의 이론을 지지한다고 주장합니다.

그러면 험프리스의 우주론의 문제는 무엇일까요? 그는 '신천동설'과 관련하여 "이 이론은 성경으로부터 직접 나온 것이다"라고 반복해서 말하지만, 성경은 어디에서도 그가 주장하는 우주론을 얘기하고 있지 않습니다. 그는 또한 자신의 이론을 두고 "이 이론의 기본적인 것들은 과학적으로 건전하다"고 말하지만, 그의 이론은 물리학의 상식에 맞지 않습니다. 지구가 우주의 중심에 있다면 그의 주장과는 반대로 지구의 중력이 가장 작아서 지구에서 시간이 가장 빨리 가고 도리어 변방의 중력이 크기 때문에 먼 은하들에서 시간이 천천히 가야하기 때문입니다.

험프리스는 성경이 우주를 '섬'으로 본다는 가정에서 출발하지만, 성경은 어디에서도 우주가 '섬'이라고 말하지 않습니다. 그는 "하나님은 상대성이론을 사용해서 우리로 하여금 젊은 우주를 볼 수 있게 하신다. 지구 위에 있는 시계는 (창조주간의) 넷째 날 동안 매우 천천히 갔다"고 하지만, 우리는 하나님께서 그렇게 하셨다는 것을 성경에서 찾을 수가 없습니다. 그의 '신천동설'은 성경적으로나 과학적으로 근거가 별로 없는, 단지 그의 젊은 우주론에서 나온 상상일 뿐입니다.

험프리스의 '신천동설'은 6천년 우주 역사를 증명하기 위한 젊은 우주론자들의 또 하나의 몸부림이라고 할 수 있습니다. 하지만 험프리스의 우주론은 성경적으로나, 과학적으로 바르지 않습니다. 그의 오류는 결코 그가 물리학을 덜 배워서가 아니라, 그의 잘못된 신학, 좀 더 구체적으로 성경에 대한 잘못된 관점 때문이라고 할 수 있습니다. 그는 과학적 '의도'가 없이 기록된 성경 구절을 가지고 너무 멀리 갔으며 자기 마음대로 '소설'을 썼습니다. 이런 주장들을 기독교의 이름으로 성경을 인용하면서 반복하게 되면, 기독교를 '개독교'라고 비난하는 안티들의 입을 다물게 할 방법이 없습니다. 젊은 우주에 대한 열정이 성경에 대한 열정으로 둔갑하면, 진리의 성령께서 우리들에게 주신 기본적인 분별력을 상실하게 됩니다. 왜 험프리스의 '신천동설'이 그렇게 문제가 되는지는 좀 더 자세히 알아볼 필요가 있습니다.

부록논문1
험프리스의 '신천동설' 비판[1]

1. 배경

젊은 우주와 지구를 주장하는 사람들은 우주의 크기 때문에 늘 어려움에 직면한다. 이들은 늘 "성경은 지구의 나이에 관해 틀린 것인가?"라고 되묻는다.[2] 지구에서 관측되는 천체들 중에는 100억 광년 이상 떨어진 것들이 많이 있는데, 우주가 6천년 밖에 되지 않았다면 그런 천체들이 어떻게 지구에서 보이는가를 설명할 수 없다. 우주론이 젊은 지구를 주장하는 사람들에게 큰 도전이라는 사실은 험프리스 자신도 인정하고 있다.[3] 그래서 젊은 우주를 주장하는 사람들은 어떻게든 우주의 크기를 6천년에 맞추기 위해 몇 가지 모델들을 제시했다.

첫째, 그들은 천체까지의 거리 측정이 잘못되었다고 주장했다. 이들은 모든 천체들은 지구로부터 6천 광년 이내에 있는데, 천문학자들이 거리 측정을 잘못해서 멀리 떨어져 있는 것처럼 주장하는 것이라고 했다. 그러나 천체까지 거리를 측정하는 다양한 방법들이 고안되고, 이들로부터 얻은 결과들을 상호 비교함으로써 거리 측정 오차가 줄어들면서 이런 주장은 힘을 잃게 되었다.

둘째, 6천년을 고수하기 위해 광속이 느려지고 있다는 주장을 하는 사람도 있었다. 과거에는 광속이 지금보다 훨씬 더 빨랐으나 근래에 와서 느려졌기 때문에 지금의 광속으로 천체까지의 거리를 측정해서는 안 된다는 것이었다. 하지만 광속이 느려지고 있다는 증거가 없고, 또한 광속이 단순한 빛의 속도로 끝나는 것이 아니라 우주를 구성하는 보편상수임이 제기되면서 이 주장도 더 이상 설득력이 없게 되었다.

셋째, 젊은 우주를 주장하기 위해 하나님이 먼 곳의 천체들을 창조하실 때 오는 빛까지 동시에 창조했다는 주장을 제시했다. 그렇다면 지구에서 보이는 먼 천체의 별빛은 모두 그 천체로부터 출발한 것이 아닌, 그 천체와는 독립적인 것이 된다. 하지만 이 주장은 그 자체가 너무 어색하고 인위적이라는 느낌이 든다. 또한 지난 30여 년 간 새롭게 빛을 발하기 시작하는 신성 혹은 초신성들이 많이 발견되면서 이 주장 역시 설득력이 없게 되었다.

이처럼 젊은 우주를 지지하는 증거들이 하나씩 부정되자 젊은 우주를 지지하는 사람들은 또 다른 증거들을 찾아 나섰는데, 그 중 하나가 바로 미국창조과학연구소(Institute for Creation Research) 물리학자 험프리스(Russell Humphreys)의 이론이다.[4] 험프리스는 물리학자로서 광속을 비롯하여 천체들로부터 오는 빛과 관련된 반론으로는 젊은 우주를 방어할 수 없다는 것을 알았다. 그래서 그는 일찌감치 "빛의 속도는 공간의 매질에 의해 고정되기 때문에 빛 그 자체는 해답이 될 수 없다"고 결론지었다.⁵⁾ 그래서 그는 '섬' 우주(Island Universe) 가설, 혹은 '성경적 우주론'(Biblical Cosmology)이란 것을 제시했다.

섬우주론을 제시한 험프리스는 6천년/대홍수설의 선두 기관이라고 할 수 있는 미국 창조과학연구소(Institute for Creation Research)의 교수이고, 그의 DVD는 세계 최대의 창조과학조직이라고 할 수 있는 AiG(Answers in Genesis)에서 지원, 제작, 배포한 것이므로 적어도 미국 창조과학자들의 공식적인 우주론이라 할 만하다. 그는 대학에서 우주론을 전공한 학자는 아니지만 그래도 제대로 물리학 훈련을 받은 사람으로서 독창적인 우주론을 제시하고 있는 최초의 창조과학자라고 할 수 있다. 그러면 섬우주론은 어떤 이론인가?

2. 섬우주론과 양자화된 적색편이

섬우주론에서는 현대 우주론의 대표라고 할 수 있는 대폭발이론의 중심적인 주장들을 모두 부정한다. 대폭발이론에서는 태초부터 지금까지 우주에는 중심도 주변도 없으며, 대폭발은 물질과 함께 팽창해 가는 공간을 창조하기 때문에 온 우주는 물질로 가득 차 있다고 생각한다. 우리가 아무리 멀리 가더라도 결코 빈 공간을 발견할 수 없는데, 이는 우주의 중심이 없기 때문이라는 것이다.⁶⁾

험프리스는 중심도, 주변도 없다는 대폭발이론을 비판하면서 스스로 성경적 우주론이라고 부르는 우주론을 제시한다. 천체들의 분포를 균일하게 본다면, 즉 지구를 중심으로 흩어져 있는 물질들의 분포를 3차원적인 대칭으로 본다면 우주는 하나의 구와 같은 모양이 되는데,

험프리스는 이것을 '섬' 우주라고 부른다. 험프리스는 우주는 일종의 '섬'과 같고, 지구는 우주의 중심 혹은 중심 근처에 있으며, 우주는 이 지구를 축(중심)으로 동심구의 구조를 하면서 돌고 있다고 주장한다.[7] 지구가 우주의 중심에 있다는 주장은 1970년대에 보고된 소위 양자화된 적색편이(Quantized Redshift)에 근거하고 있다. 그러면 여기서 양자화된 적색편이에 대해 간단히 살펴보자.

먼 은하들로부터 지구에 도달하는 빛들은 분광분석기로 분석할 수 있다. 그리고 이 때 먼 은하에서 오는 빛일수록 긴 파장 쪽으로, 즉 붉은 색 쪽으로 치우쳐 있는데, 이것을 '적색편이'(Redshift)라 부른다.[8] 미국 천문학자 허블(Edwin Powell Hubble)과 휴메이슨(Milton L. Humason)은 자신들과 이전 사람들의 데이터들을 기초로 이러한 적색편이를 별빛의 '도플러 효과'(Doppler Effect)에 의한 것으로 해석하고, 은하까지의 거리와 적색편이의 정도가 대략 비례한다는 사실을 발견했다. 이것은 오늘날 허블 법칙으로 알려져 있다.[9]

'도플러 효과'란 정지 광원(파원)이 발하는 빛에 비해 광원과 관찰자가 가까워질 때는 광원 파장이 더 짧게 보이고(blue shift), 멀어질 때는 광원 파장이 더 길게 보이는 것을 의미한다. 허블 법칙에 의하면 지구에서 멀리 떨어진 은하일수록 더욱 더 빨리 멀어지고, 따라서 적색편이가 크게 나타난다. 이러한 허블 법칙은 과거로 거슬러 올라가면 모든 우주의 질량들이 한 곳에 모여 있다가 대폭발을 일으켰던 때가 있었을 것이라는 자연스런 결론에 이르기 때문에 현대 대폭발이론의 기초가 되었다. 그 후 대폭발이론은 많은 천문학자들의 관측과 연구를 통해 다듬어지면서 현대 우주론의 표준모델로 자리를 잡게 되었다.

험프리스가 섬우주론을 주장하게 된 것은 1973년 티프트(William G. Tifft)가 적색편이가 거리에 따라 불연속적 분포를 보인다는 소위 양자화된 적색편이 가능성을 제기한 것에 기초한다.[10] 티프트는 여러 은하들의 스펙트럼을 분석한 결과 이들의 적색편이가 일정한 간격으로 양자화되어 있음을 발견했다. 즉 적색편이들은 0.024%를 단위로 0.024%, 0.048%, 0.072%, 0.096% 등 일정한 간격으로 불연속적으로 분포하고 있는데, 이를 지구로부터의 거리로 환산하여 험프리스는 우주가 310만, 620만, 930만, 1240만 광년 등의 직경을 갖는, 〈그림1-5〉와 같은 거대한 동심구적 분포를 하고 있다는 나름대로의 결론을 내렸다.

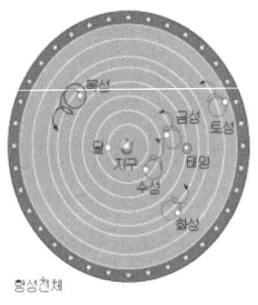

〈그림1-5〉 프톨레마이오스의 천동설. 우주 중심에 지구가 있으며 그 주위를 모든 천체들이 회전한다. 항성은 가장 바깥쪽에 있고 1일 1회전 한다. 각 행성은 주전원 주위를 회전하며, 각 주전원의 중심은 지구를 중심으로 한 원주 위를 돈다.

험프리스는 이러한 동심구들이 지구를 중심으로, 혹은 지구를 축으로 회전하고 있다고 주장한다. 과거 아리스토텔레스나 프톨레마이오스가 지구를 중심으로 태양을 비롯한 모든 천체들이 회전한다고 주장한 천동설과 크게 다르지 않다. 지금까지 제시한 험프리스의 주장을 현대 우주론의 주장들과 비교, 요약하면 다음과 같다.

첫째, 험프리스는 은하로부터 오는 빛의 적색편이를 도플러 효과로 해석하는 것을 부정한다. 허블은 적색편이를 도플러 효과로 해석함으로써 우주가 팽창하고 있다는 주장을 했으며, 여기에 근거하여 현대의 대폭발이론이 출현하게 된 것을 생각한다면, 험프리스의 주장은 현대 천문학이 제시하는 우주 형성 이론의 근간을 부정한다고 할 수 있다. 실제로 험프리스는 대폭발이론을 '속임수'(gimmick)라고 비판한다.[11]

둘째, 험프리스는 지구에서 바라보는 우주가 등방적이고(isotropic) 균일하다는(homogeneous) 관측 결과들을 다르게 해석한다. 지구에서 바라보는 우주는 망원경으로 보거나 흑체복사파의 분포를 볼 때 등방적이고 균일하다. 우주가 공간적으로 등방적이고 균일하다는 것을 기초로 현대 우주론에서는 "우주에서 우리의 지위는 어디서나 특별히 구분되지 않는다"는 소위 코페르니쿠스 원리(Copernican Principle) 혹은 우주론적 원리(Cosmological Principle)가 등장한다.[12] 이 원리에 의하면 "우리는 우주에서 특별한 위치에 있지 않다".[13]

험프리스는 코페르니쿠스 원리에 대해 강력하게 반발한다. 그가 제시한 '섬' 우주 혹은 '군도'(Archipelago) 우주 개념에 의하면 결국 우주에는 물질의 중심과 주변이 있는데, 이것은 지구를 특별한 지위에 놓기 위한 가정이라고 할 수 있다. 그는 "코페르니쿠스 원리는 임의적이고 진화론적이며 유물론적이다"라고 비판한다. 대폭발이론에서는 우주의 중심(center)과 주변(edge)이 없다고 하지만, 험프리스는 지구가 우주의 중심에 있다고 주장한다.[14]

험프리스는 만일 "[우주의] 중심이 있으면 중력이 중요하게 된다"고 말한다. 그리고 우주가 중심을 갖게 되면 '섬' 우주에는 질량중심을 향하는 대규모 중력장을 갖게 되고, 그 중력장 중심에 있는 지구에서는 시간이 천천히 간다고 말한다. 그는 아인슈타인(Albert Einstein)의 일반상대론을 적용하면서 성경적 우주에서는 중력효과를 고려해야 한다고 말한다.[15] 실제로 아인슈타인은 1916년에 발표한 일반상대성이론에서 강한 중력장 내에서 시간 지체(Gravitational time dilation)가 일어남을 예측했다.

험프리스는 과거로 거슬러 올라갈수록, 그래서 지구 주변의 물질의 밀도가 높아질수록 우주의 중심에 있는 지구의 중력장이 강했을 것이라고 가정한다. 그리고 중력장이 강할수록 시간이 천천히 진행한다는 일반상대성 이론을 전용해서 우주가 탄생된 직후 지구에서의 시간은 매우 천천히 갔을 것이라고 주장한다. 결국 우주의 중심인 지구에서 144시간(6일)이 경과하는 동안 우주의 변방이라고 할 수 있는, 중력이 약한 먼 우주(deep space)에서의 시간은 100억년 이상의 세월이 경과했을 것이라고 본다.

험프리스는 이에 대한 실험적 근거로서 지구상에서 고도가 다른 곳에 있는, 즉 중력의 세기가 다른 곳에 있는 시계의 속도가 다름을 제시한다. 그는 〈그림1-6〉과 같이 영국 그리니치 천문대의 원자시계와 콜로라도 볼더에 있는 미국국립표준국(National Institute of Standards and Technology)의 원자시계를 비교한다. 실제로 그리니치 천문대의 표준시계는 NIST 표준시계에 비해 고도가 낮은 곳에 있기 때문에 중력이 더 강한 곳에 있고, 따라서 시간이 더 천천히 간다. 일반상대성 이론에서 중력에 의한 시간 지체 현상은 잘 알려져 있으며, 과학적으로도 잘 증명된 사실이다.

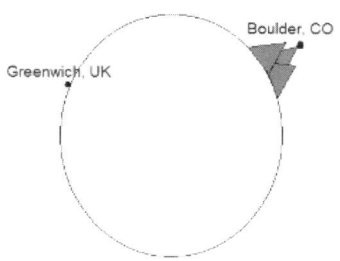

〈그림1-6〉 영국 그리니치 천문대의 원자시계는 미국 콜로라도 볼더에 있는 표준국에 비해 낮은 곳에 있기 때문에 중력이 더 크고 따라서 시간이 천천히 진행한다.

3. '신천동설'의 오류

그러면 '신천동설', 즉 험프리스 모델의 문제는 무엇인가? 지금까지 젊은 우주를 지지하기 위해 도입된 몇몇 주장들은 대부분 아마추어들에 의해 제기된 것에 비해 '신천동설'은 제대로 물리학 훈련을 받은 사람이 제기했다는 점이 다르다. 그래서 일반인들이 쉽게 이해하기 어려운 일반상대론이나 중력장 내에서의 시간 지체(遲滯) 등의 개념을 사용한다. 하지만 험프리스의 모델은 다음과 같은 심각한 문제가 있다.

첫째, 과연 우주에서 은하들의 분포가 양자화되어 있으며, 그로 인해 우주를 동심구적 구조로 볼 수 있을까 하는 점이다. 우선 양자화된 적색편이(Quantized redshift)를 제시했던 티프트조차 자신의 연구로부터 동심구적 우주구조를 제시한 것이 아니라 단지 은하들의 떨기로 해석했음을 기억해야 한다. 게다가 근래 준항성들(Quasars)의 적색편이를 연구한 학자들은 적색편이의 양자화 정도가 단순한 은하들의 떨기에 의해 예측된 것 이상이 아니라는 결론을 내리고 있다. 그래서 천문학자들은 티프트가 보고한 적색편이의 양자화는 우주의 빈 공간과 은하들의 필라멘트 형태의 분포로 인해 생기는 효과를 반영할 뿐, 그 이상이 아니라고 말한다.[16] 하지만 험프리스는 후속적인 다른 많은 연구 결과들은 일체 인용하지 않는다.

둘째, 험프리스의 주장대로 지구상의 고도에 따른 중력장의 차이에 대한 비유가 그대로 우주에도 적용될까 하는 점이다. '신천동설'에서 가장 심각한 문제는 험프리스가 주장하는 대로 은하들이 지구를 중심으로 하는 동심구적 분포를 하고 있다고 가정해도 이 모델의 출발점인 중력장의 분포 계산이 틀렸다는 점이다. 험프리스는 우주가 지구를 중심으로 물질들이(은하들이) 구대칭을 이루고 있다고 가정한다. 우주를 속이 찬 구와 같이 생각할 수 있으며, 이것은 〈그림1-7〉과 같이 표시할 수 있다고 한다.

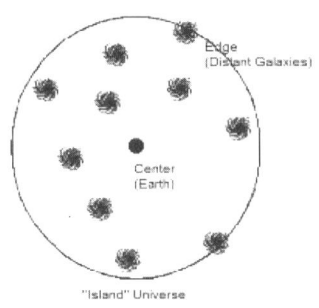

〈그림1-7〉 험프리스의 '섬' 우주

알려진 바에 의하면, 우리 은하계에는 1000억 개 이상의 태양과 같은 별이 있다. 그리고 우주에는 이러한 은하계가 다시 1000억 개 이상 있다고 알려져 있으며, 더 많은 은하들이 있는지는 현재의 관측기구로서는 확인할 수 없다. 이러한 은하들의 분포를 생각한다면, 우주는 험프리스가 주장하고 있는 '섬'이라고도 볼 수 있으며, 지구에 비해 물질의 밀도가 낮은 속이 찬 구(球)로 볼 수도 있다. 하지만 '섬' 우주론을 받아들인다고 해도 우주의 중심 가까이에 있는 지구에서의 중력이 가장 강하다는 험프리스의 주장은 맞지 않는다. 지구가 있는 '섬' 우주의 중심에서 중력장을 계산하기 위해 먼저 〈그림1-8〉과 같은 직경 R, 총질량 M인 구를 생각해보자.[17]

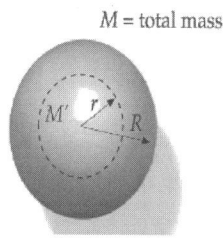

〈그림1-8〉 총질량 M인, 속이 찬 구

먼저 r 〉 R의 경우, 뉴턴의 중력법칙에 따라 간단하게 중력장의 세기 g는

$$g = -GM/r^2 \qquad r 〉 R \qquad (1)$$

으로 표시할 수 있다. 즉 〈그림1-9〉에서 볼 수 있는 것처럼, 구 바깥에서는 거리가 멀어질수록 중력장은 거리의 제곱에 반비례한다.

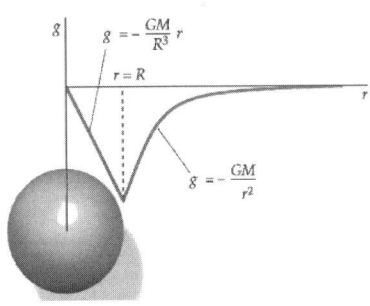

〈그림1-9〉 속이 찬 구에서 중력장의 분포. 중력장은 구 표면에서 최대가 되고 구 중심에서의 중력장은 무한히 먼 곳의 중력장처럼 영(零)이다.

그러나 〈그림1-8〉에서와 같이 r 〈 R인 경우에는 반경 r 이내의 질량을 M′ 라고 한다면, r에서의 중력장에 기여하는 질량은 M′ 뿐이다. r 보다 바깥에 있는 질량들에 의한 중력장은 서로 상쇄되기 때문이다. 이 때 r에서의 중력장은 M′ 가 구의 중심에 점질량(point mass)으로 모여 있는 것과 같은 중력장을 만든다. r 이내에 있는 질량 M′ 와 전체 질량 M의 관계는

$$M' = M \times [(4/3)\pi r^3]/[(4/3)\pi R^3]$$
$$= Mr^3/R^3$$

으로 주어지며, M′ 만이 중력장에 기여한다면, r에서의 중력장은

$$g = -GM'/r^2$$
$$= -G(Mr^3/R^3)/r^2$$
$$= -(GM/R^3)r \quad r < R \quad (2)$$

로 주어진다. 식 (2)에서 r을 제외한 다른 요소들은 상수이기 때문에 r < R의 영역에서 중력장은 중심으로부터의 거리에 비례한다. 그러므로 만일 지구가 우주의 중심이나 중심 가까이 있다면, 〈그림1-9〉에서 볼 수 있는 바와 같이 r이 영(零)이 될 것이므로 지구 중력장 역시 영(零)이 된다. 그러므로 '신천동설'에서 '섬' 우주의 중심에 있다는 지구에서의 중력장은 '섬' 우주의 변방으로부터 무한히 멀리 떨어진 지점(r→∞)의 중력장과 같이 영(零)이며, 따라서 이로 인한 시간 지체는 일어나지 않는다.

험프리스는 지금도 우주의 중심에 있는 시계는 우주의 변방에 있는 시계들에 비해 (있다면) 2% 정도 늦게 간다고 주장한다. 물론 이것도 별 근거가 없는 순수한 추측이다. 그리니치 표준시계가 NIST 표준시계보다 느린 것으로부터 '섬' 우주의 변방(먼 은하들)에 있는 시계에 비해 중심(지구)에 있는 시계가 느리게 갈 것이라고 본 것은 험프리스 우주론의 결정적인 오류라고 할 수 있다.

험프리스가 중력에 의한 시간 지체의 예로 든 그리니치 표준시계와 NIST 표준시계의 비교는 분명히 지구 표면 바깥, 즉 r > R 영역에서의 일이므로 식 (1)을 적용해야 한다. 해발 1,500m 고지에 있었던 NIST의 원자시계가 해수면 높이에 있었던 그리니치 천문대 원자시계에 비해 그만큼 지구중심으로부터 멀리 떨어져 있었고(r이 컸고), 그만큼 NIST

에서의 중력장 세기는 그리니치에 비해 그만큼 더 작기 때문에 시계는 더 빨리 간다.

반면에 '신천동설'의 주장은 우주 내, 즉 r 〈 R 영역에서의 일이므로 식 (2)를 적용해야 한다. 그러면 험프리스의 주장과는 정 반대로 우주 중심(지구)에서의 중력장이 가장 작고, 우주 주변(먼 은하들)에서의 중력장이 가장 강하다. 따라서 중력에 의한 시간 지체가 일어난다면 우주 주변(먼 은하들)에서는 시간이 천천히 가고 우주 중심(지구)에서는 오랜 시간이 경과해야 한다. 물론 이것도 험프리스가 주장하는 '섬' 우주론이 맞다고 가정할 때의 얘기이다. 결국 '신천동설'에 근거한 젊은 우주론은 선입견에 의한 잘못된 중력장 계산이 빚어낸 해프닝이라고 할 수 있다!![18]

4. '신천동설'의 성경해석

험프리스의 문제는 다만 물리학에만 국한되지 않는다. 기본적으로 그의 문제는 성경에 대한 그의 잘못된 해석으로부터 출발한다. 험프리스는 자신의 우주론은 성경에서 나온 것이라고 주장하면서 시편 147:4-5을 제시한다. "그가 별들의 수효를 세시고 그것들을 다 이름대로 부르시는도다 우리 주는 위대하시며 능력이 많으시며 그의 지혜가 무궁하시도다." 과연 이 구절은 험프리스의 우주론을 지지하는가?

이 구절에서 험프리스는 별은 수효를 셀 수(countable) 있기 때문에 유한한 것이지만, 우리 하나님은 지혜가 무궁하다(infinite)고 말한다. 별은 수효를 셀 수 있기 때문에 유한하며, 따라서 우주는 유한하다는 사실로부터 그는 소위 유한한 '섬' 우주론을 제시한다. 그는 우주가 '섬'이라면 우주는 질량중심과 중력중심을 갖게 되며, 그러면 시계는 어느 곳에 두는가에 따라 속도가 달라질 수밖에 없다고 말한다.[19]

그는 중심도, 주변도 없는 대폭발이론은 비성경적이라고 비판한다. 그는 만일 우주가 유한하다면 우주에는 중심과 주변이 있어야 한다고 주장한다. 그리고 유한한 우주가 팽창한다면 시계의 속도는 우주의 중심과 경계에서 매우 달랐을 것임에 틀림없다고 말한다. 그는 "이러한 새로운 이론은 성경적 기초로부터 출발한다"고 말하면서 성경은 과학적으로 신뢰할 만하다고 주장한다.[20] 과연 험프리스의 우주론은 성경에서 출발하는가?

험프리스는 현대 천문학에서 잘 증명된 먼 은하로부터 오는 별빛의 적색편이를 도플러 효과로 해석하는 것을 부정한다. 그리고 그는 이것을 우주공간의 늘어남(stretching)에 의한 것이라고 주장하면서 이의 근거로 몇몇 성경구절을 제시한다. 예를 들면 "그는 땅 위 궁창에 앉으시나니 땅에 사는 사람들은 메뚜기 같으니라 그가 하늘을 차일 같이 펴셨으며 거주할 천막 같이 치셨고"(사 40:22), "여호와께서 그의 권능으로 땅을 지으셨고 그의 지혜로 세계를 세우셨고 그의 명철로 하늘을 펴셨으며"(렘 10:12) 등이다.

험프리스는 이사야서에서 "하늘을 차일같이 펴셨으며"라는 말이나 예레미야서에서 "하늘을 펴셨으며"가 일반상대론에서 말하는 우주공간의 늘어남을 의미한다고 주장한다. 그는 우주가 팽창하기 때문에 별빛의 적색편이가 일어난다는 주류 학계의 의견을 정면으로 부정한다. 그리고 대신 공간이 늘어나기 때문에 공간을 진행하는 빛의 파장도 함께 늘어나 적색편이가 일어난다고 하면서 이것은 성경이 말하는 바라고 강조한다. 그는 이 구절들 외에도 구약의 17개의 구절이 이를 지지한다고 주장한다.[21]

그는 우주가 작았을 때 우주의 중심, 즉 지구에 있는 시계는 매우 느리게 갔다고 주장하면서, "지구에서의 엿새 동안 먼 우주에서는 수십억 년이 흘렀다"고 말한다. 그는 "먼 은하들로부터의 빛도 우리들에게 도달할 수 있었으며 먼 천체들은 '오래된 듯이' 보인다"고 하면서 "아담이 우주를 바라보았을 때 그것의 나이는 지구표준시간으로 단지 엿새였다"고 주장한다. 그리고 이는 출애굽기 20:11의 말씀과 일치한다고 주장한다: "이는 엿새 동안에 나 여호와가 하늘과 땅과 바다와 그 가운데 모든 것을 만들고 일곱째 날에 쉬었음이라 그러므로 나 여호와가 안식일을 복되게 하여 그 날을 거룩하게 하였느니라."[22]

험프리스는 '신천동설'과 관련하여 "이 이론은 성경으로부터 직접 나온 것이다"라고 반복해서 말하지만, 성경은 어디에서도 그가 말하는 '신천동설'을 얘기하고 있지 않다. 그는 또한 자신의 '신천동설'을 두고 "이 이론의 기본적인 것들은 과학적으로 건전하다"고 말하지만, 그의 이론은 물리학의 기본 상식에 맞지 않는다. 그는 "우리가 아는 모든 과학으로부터 볼 때 이런 결론들은 피할 수가 없다"고 말하지만, 정상적으로 물리학을 배운 사람들은 아무리 노력을 해도 험프리스가 말한 결론에 이를 수가 없다.[23]

험프리스는 성경이 우주를 '섬'으로 본다는 가정에서 출발한다고 하지만, 성경은 어디에서도 우주가 '섬'이라고 말하지 않는다. 그는 우주가 하나의 '섬'이라면 중심부와 변두리에서 중력의 크기가 달랐을 것이라고 보고, 일반상대론에서 말하는 중력장에 의한 시간 지체 개념을 도입하지만, 어느 것도 성경이나 과학과는 무관하다. 그는 "하나님은 상대론을 사용해서 우리로 하여금 젊은 우주를 볼 수 있게 하신다. 지구 위에 있는 시계는 [창조주간] 넷째 날 동안 매우 천천히 갔다"고 하지만, 우리는 하나님께서 그렇게 하셨다는 것을 어디에서도 찾을 수가 없다. 그의 '신천동설'은 성경적으로나 과학적으로 아무런 근거가 없는, 그의 젊은 우주론 편견에서 나온 상상일 뿐이다.[24]

험프리스가 '섬' 우주론이나 일반상대론, 우주의 중심과 변두리 등을 도입하는 유일한 이유는 6천년 우주에 맞추기 위한 것이다. 성경을 이해하기 위한 과학적 연구가 아니라면 과학은 잘못된 것이라고 보는 험프리스의 견해는 잘못된 과학관은 물론 그의 성경관도 잘못된 것임을 보여준다.

5. 험프리스의 터무니없는 우주론

이 외에도 험프리스는 "… 하나님은 창세기 대홍수 때와 초기 창조주간 동안 핵붕괴를 가속화 시켰을 것이다"라는 등 아무런 근거가 없는 주장을 앵무새처럼 반복한다.[25] 창세기 대홍수 기간이나 창조주간 초기에 핵붕괴가 빨랐을 것이라고 가정하는 것은 과학적으로는 물론 성경적으로도 아무런 근거가 없다. 이런 주장들의 가장 강력한 근거는 지구의 역사를 6천년에 끼어 맞추기 위한 열정뿐이다.

험프리스의 우주론은 지구와 우주가 6천년 되었다는 젊은 우주론의 딜레마를 타개하기 위한 야심적인 제안이었다. 하지만 그의 이론은 물리학의 원리에서부터 틀렸다. 그는 처음 적색편이의 양자화를 제시했던 학자보다 훨씬 더 과도한 해석을 했고, 적색편이의 양자화는 단순히 은하들의 다발로 인한 효과 이상이 아니라는 훨씬 더 많은 추후 관측결과들을 의도적으로 무시했다. 이러한 험프리스의 오류는 결코 그가 물리학을 덜 배워서 그런 것이 아니라 그의 잘못된 신학, 좀 더 구체적으로 성경에 대한 잘못된 관점 때문이었다고 할 수 있다. 이런 주장들을 기독교의 이름으로, 성경을 인용하면서 반복하게 되면 하나님의 말씀은 '내가복음'이 되고 기독교를 '개독교'라고 비난하는 안티들의 입을 다물게 할 방법이 없게 된다.

험프리스와 더불어 「별빛과 시간」(Starlight and Time)이라는 DVD를 제작하는 데 인터뷰 상대로 참여한 바움가드너(John Baumgardner) 역시 지구 물리학자로서 기본적인 물리학 훈련을 받은 사람이었지만, 이 프로젝트가 진행되는 동안 '신천동설'의 근거를 이루고 있는 물리학적 오류를 지적하지 않았다. 젊은 우주에 대한 열정이 성경에 대한 열정으로 둔갑하면서 진리의 성령께서 우리들에게 주신 기본적인 분별력을 상실했다고 생각된다.

결론적으로 본 논문에서 살펴본 '신천동설'은 6천년 우주 역사를 증명하기 위한 젊은 우주론자들의 또 하나의 몸부림이라고밖에 할 수 없다. 험프리스의 우주론은 성경적으로나 과학적으로 바르지 않다. 그는 과학적 '의도'가 없이 기록된 성경 구절을 가지고 너무 멀리 갔으며, 자기 마음대로 '소설'을 썼다. 본인도 그런 생각을 했는지 스스로 자신의 '신천동설'을 가리켜 '터무니없는 우주론' 혹은 '미친 우주론'(Crazy

Cosmology)이라고 했다. 그러면서도 그는 자신의 우주론이야말로 성경적 우주론이라고 주장했다. 그의 주장의 절반은 맞지만 절반은 틀렸다. 그의 우주론이 자신의 말대로 '터무니없는 우주론'인 것은 분명하지만, 성경적 우주론과는 거리가 멀다.[26]

부록논문2
성경의 영웅족보와 창조론 연구[1]

우주론 논쟁과 흡사한 논쟁을 인류 연대 논쟁에서도 볼 수 있다. 창조과학자들은 인류의 연대를 6천년이라고 하면서 이것은 성경이 선언하고 있는 바라고 주장한다. 그리고 성경의 족보가 그것을 지지한다고 주장한다. 하지만 과연 그럴까?

1. 들면서

유대인들은 족보를 중시하기 때문에 어떤 사람을 언급할 때는 그 사람의 아버지, 할아버지 등 직계 혹은 방계의 몇 대를 언급하는 관습이 있다. 이것은 특히 구약에서 흔히 볼 수 있는데 예를 들면 "하나님의 성전을 맡은 자 아사랴이니 그는 힐기야의 아들이요 므술람의 손자요 사독의 증손이요 므라욧의 현손이요 아히둡의 오대손이며"(대상 9:11), "… 또 아맛새이니 그는 아사렐의 아들이요 아흐새의 손자요 므실레못의 증손이요 임멜의 현손이며"(느 11:13) 등이다.[2]

이처럼 간단한 '신원확인용' 족보에 더하여 예수 그리스도의 경우에는 신구약 성경 몇몇 곳에서 아예 긴 족보를 기록하고 있다. 한 예로 마태는 (수많은 사람들을 졸게 만들 위험이 있음에도 불구하고) 긴 족보를 바로 복음서 첫 부분에 삽입했다. 누가복음을 기록한 의사 누가 역시 전혀 기억도 할 수 없는 수많은 사람들의 이름을 누가복음 3장의 족보에 길게 삽입했다. 생물학적 아버지가 없었던 예수님을 유대인들이나 그 시대 사람들에게 소개하기 위해 복음서 기자들은 의도적으로 긴 족보를 복음서의 첫 부분에 삽입한 것으로 보인다.

성경의 족보에 대한 연구는 창조론 논쟁의 핵심인 창조연대와 관련해서도 매우 중요하다. 영국의 어셔(James Ussher) 주교는 구약성경의 맛소라 사본(Masoretic text)에 있는 족보를 근거로 천지창조는 주전 4004년, 노아의 홍수는 주전 2348년(천지창조 이후 1656년)에 일어났다고 주장했다.[3] 이것은 성경에 기록된 족보에 빠진 인물이 없다는 가정에 기초한 것이었다. 과연 성경에 기록된 족보를 근거로 천지창조와 노아 홍수에 대한 연대를 산정하는 것이 타당한가?

본 논문에서는 그 동안 성경에 나타난 족보를 비교해 보면 몇 몇 빠진 세대가 있다는 일반적인 주장에서 한 걸음 더 나아가 빠진 세대가 기록된 세대보다 훨씬 더 많다는, 아니 오히려 성경에 기록된 인물들은 일부에 불과함을 제시하고자 한다. 또한 성경 기자들이 기록하고 있는 족보의 인물들은 범인들이 아니라 후대 사람들의 기억에 남을만한 큰 인물들, 즉 '영웅들'만 기록했으며, 따라서 성경에 기록된 족보를 근거로 천지창조나 노아 홍수와 같은 연대를 산정하는 것은 바르지 않음을 제시한다.

대	눅 3장 (향년)	마 1장	창 5,10-12장	대상 1-10장
1	아담(930)		아담	아담
2	셋(912)		셋	셋
3	에노스(905)		에노스	에노스
4	게난(70)		게난	게난
5	마할랄렐(895)		마할랄렐	마할랄렐
6	야렛(962)		야렛	야렛
7	에녹(365)		에녹	에녹
8	므두셀라(969)		므두셀라	므두셀라
9	라멕(777)		라멕	라멕
10	노아(950)		노아	노아
11	셈		셈(창 10)	셈
12	아르박삿		아르박삿	아르박삿
13	가이난			
14	살라		셀라	셀라
15	헤버		에벨	에벨
16	벨렉		벨렉	벨렉
17	르우		르우	르우
18	스룩		스룩	스룩
19	나홀		나홀	나홀
20	데라		데라	데라
21	아브라함	아브라함	아브라함	아브라함
22	이삭	이삭		이삭
23	야곱	야곱		야곱
24	유다	유다		유다
25	베레스	베레스		베레스
26	헤스론	헤스론		헤스론
27				람
28	아미나답	아미나답		암미나답
29	나손	나손		나손
30	살몬	살몬		살마
31	보아스	보아스		보아스
32	오벳	오벳		오벳
33	이새	이새		이새
34	다윗	다윗		다윗(대상 3)
35	나단	솔로몬		솔로몬
36	맛다다	르호보암		르호보암
37	멘나	아비야		아비야
38	멜레아	아사		아사
39	엘리아김	여호사밧		여호사밧
40	요남	오람		요람
41	요셉			아하시야
42	유다			요아스
43	시므온			아마샤

대	눅 3장 (향년)	마 1장	창 5,10-12장	대상 1-10장
44	레위	웃시아		요담
45	맛닷	요담		아하스
46	요림	아하스		히스기야
47	엘리	히스기야		므낫세
48	예수	므낫세		아몬
49	에르	아몬		요시야
50	엘마담	요시야		여호야김
51	고삼			여고냐
52	앗디	여고냐		시드기야
53	멜기			브나야
54	네리			
55	스알디엘	스알디엘		스룹바벨
56	스룹바벨	스룹바벨		
57	레사	아비훗		
58	요아난	엘리아김		
59	요사	앗소르		
60	요섹	사독		
61	서머인	아킴		
62	맛다디아	엘리웃		
63	마앗	엘르아살		
64	낙개	맛단		
65	에슬리	야곱		
66	나훔			
67	아모스			
68	맛다디아			
69	요셉			
70	안나			
71	멜기			
72	레위			
73	맛닷			
74	헬리			
75	요셉	요셉		
76	예수	예수		

〈표1〉 성경에 나타난 예수님의 족보

※ 누가복음에 가장 긴 족보가 등장하고 또한 가장 많은 사람들의 이름이 언급되고 있으므로 이를 기준으로 대수(代數)를 매겼다. 그리고 이를 기준으로 일치하지 않는 족보는 이탤릭체로 표시했다.

2. 성경의 족보

앞의 〈표1〉은 성경에 나오는 예수 그리스도의 족보들을 정리한 것이다. 이 표로부터 볼 수 있는 중요한 사실은 히브리인들은 족보를 기계적으로 기록하기보다 필요에 따라 얼마든지 사람들을 생략한다는 점이다. 이것은 실수로 일부 세대를 빠뜨린 것이 아니라 성경기자의 기록 목적에 따라 의도적으로 한 세대 혹은 여러 세대들을 생략한다는 의미이다. 이것을 가장 극명하게 볼 수 있는 곳이 바로 누가복음 3장과 마태복음 1장, 창세기 5, 10-12장, 역대상 1-10장 등에 기록된 예수 그리스도의 족보이다.

(1) 상이한 족보 기록

마태복음 1장과 누가복음 3장에 기록된 예수님의 족보는 몇 가지 점에서 상이하다.

첫째, 마태는 족보를 아브라함으로부터 시작해서 예수님에 이르는 내림차순으로 기록하고 있는 반면, 누가는 예수님으로부터 시작해서 아담까지 오름차순으로 기록하고 있다는 점이다. 그래서 마태는 누가 누구를 '낳고' 라는 형태로 내려갔고, 누가는 누구의 '아들' 이란 형태로 올라갔다. 이것은 다만 기록 양식의 차이일 뿐 족보 자체는 다르지 않다.

둘째, 두 사람이 족보를 기록하는 순서와 인물들이 다른 것은 물론이거니와 총 대수(代數)도 상이하다. 마태는 아브라함으로부터 예수님까지의 족보를 42대로 잡고 있지만, 누가는 아담으로부터 예수님에 이르는 총 대수를 75대로 기록하고 있으며, 아브라함으로부터 예수님까지의 족보도 42대가 아니라 55대로 소개하고 있다.

셋째, 마태는 구약에 등장하는 많은 왕들과 영웅들의 이름을 열거하고 있는데 비해, 누가는 들어보지 못한 많은 사람들의 이름을 열거하고 있다. 즉 마태복음에 기록된 인물들은 대부분 구약성경에서 이미 중요하게 다루어지고 있는 사람들이지만, 누가복음에 기록된 인물들, 특히 다윗과 예수님의 아버지 요셉 사이에 있는 40명의 인물은 거의 들어보지 못한 인물들이다. 도대체 어떻게 한 예수님의 족보를 기록하면서 이렇게 다른 조상들을 기록할 수 있을까?

누가복음 3장의 족보는 마태복음 1장의 족보와 너무나 다르기 때문에 어떤 사람들은 전자의 족보는 예수님의 아버지 요셉의 족보이고, 후자의 족보는 예수님의 어머니 마리아의 족보라는 흥미로운 주장을 하기도 한다.[4] 이런 주장이 나오게 된 것은 마태복음의 족보에는 마리아와 같이 '정상적'이 아닌 방법으로 아이를 낳은 다말, 밧세바, 룻과 같은 여인이 있기 때문이라고 생각된다.

또한 어떤 사람은 요셉이 '헬리의 아들'(눅 3:23)이라는 것은 헬리의 친 아들이 아니라 '사위'였음을 의미한다고 주장한다. 이는 요셉의 아버지는 야곱이었기 때문이다(마 1:16). 그러나 만일 그렇게 된다면 앞에서 언급한 것과는 반대로 누가복음의 족보가 마리아의 족보가 되는 셈이다.[5]

과연 마태복음과 누가복음의 족보가 다른 이유가 두 족보 중 하나는 마리아의 족보이기 때문이라고 해석할 수 있을까? 이 해석의 어려움은 두 사람의 계보에 공통의 조상들이 있다는 점이다. 즉 두 사람 모두 아브라함으로부터 다윗까지는 동일한 족보를 제시하고 있고, 그 이후 예수님까지 내려오는 중간에도 스알디엘, 스룹바벨이 공통적으로 등장하고 있을 뿐 아니라, 한참 후에 등장하는 예수님의 육신의 아버지 요셉을 동일하게 기록하고 있는 것을 어떻게 설명할 수 있을까?

　마태와 누가의 족보기록에서 한 가지 공통점은 두 사람 다 자신이 소개하고 싶은 예수님의 모습을 고려해서 족보를 기록했다는 점이다. 왕으로서의 예수님을 소개하고자 했던 마태는 예수님의 왕통을 강조하기 위해 누가가 기록하지 않은 다윗으로부터 솔로몬, 르호보암을 거쳐 남쪽 유다의 여러 왕들의 이름을 열거하고 있고, 또 왕들은 아니라도 구약에 등장하는 여러 큰 인물들의 이름을 예수님의 족보에 삽입하고 있다.

　이에 비해 예수님의 인성을 강조하고자 했던 누가는 다윗까지는 동일하지만, 다윗 이후는 구약 성경에서 듣도 보도 못한 인물들을 기록하고 있다. 사람으로 오신 메시아 예수님을 강조하고자 했던 누가는 다윗 다음으로 솔로몬이 아닌 나단(나단 선지자가 아닌 것이 분명)을 기록하고 있으며, 그 이후 등장하는 맛다타, 멘나, 멜레아, 맛닷, 요림, 에르, 엘마담, 고삼, 앗디, 멜기 등등도 전혀 구약에서 알려지지 않은 사람들이다. 물론 누가가 예수님의 족보에 삽입하고 있는 요셉, 유다, 시므온, 레위 등도 열두 지파와 무관한 사람들이다.

(2) 영웅족보

　마태복음과 누가복음에 기록된 족보 뿐 아니라 구약의 족보들도 이들과 상당히 다르다. 이에 대해 좀 더 자세히 살펴보면 다음과 같다.

첫째, 족보기록이 매우 선택적임을 지적할 수 있다. 마태복음 1:8-9에는 "요람은 웃시야를 낳고 웃시야는 요담을 낳고"라고 기록되어 있다. 그러나 역대상 3:11-12을 보면 "그의 아들은 요람이요 그의 아들은 아하시야요 그의 아들은 요아스요 그의 아들은 아마샤요 그의 아들은 아사랴요 그의 아들은 요담이요"라고 기록하고 있다. 그런데 다음 두 구절을 보면 웃시야와 아사랴는 동일 인물임을 알 수 있다: "유다 온 백성이 아사랴를 그의 아버지 아마샤를 대신하여 왕으로 삼으니 그 때에 그의 나이가 십육 세라"(왕하 14:21); "유다 온 백성이 나이가 십육 세 된 웃시야를 세워 그의 아버지 아마샤를 대신하여 왕으로 삼으니"(대하 26:1). 따라서 마태는 그의 독자들이 요람이 웃시야의 고조 할아버지라는 것을 이미 알고 있다는 가정을 하고 요람 이후 아하시야, 요아스, 아마샤 등 세 사람을 생략한 것임을 알 수 있다. 또한 여고냐에서 스룹바벨에 이르는 족보를 보더라도 마태는 스알디엘만을 기록하고 있는데, 역대상에는 스알디엘은 없고 대신 시드기야와 브다야가 등장한다.

둘째, 족보에 사람들을 선택적으로 넣게 되니 당연히 성경기자에 따라 족보의 대수도 달라진다. 예를 들면 마태는 다윗으로부터 바벨론 이거까지 14대라고 기록하고 있지만(마 1:17), 실제로 다윗으로부터 바벨론으로 이거하는 유다 최후의 왕 시드기야까지는 14대가 아니라 22대이다. 마태복음 1장의 족보를 열왕기상·하에 기록된 유다왕 계보와 비교해 보면, 마태는 아하시아, 아달랴, 요아스, 아마샤, 여호아하스, 여호야김, 시드기야 등 7명의 왕들을 아예 기록조차 하지 않았음을 볼 수 있다.

성경 기자는 족보를 기록할 때 필요하다고 생각되는 인물들만 선별적으로 포함시켰다. 이는 성경의 족보에서는 기록자가 중요하지 않다고 생각하는 인물들을 생략하는 것이 매우 일반적이었음을 의미한다. 예를 들어 레위로부터 모세까지는 430여년의 세월이 흘렀지만, 출애굽기 6장이나 역대상 6장에서는 레위, 고핫, 아므람, 모세 등 4대만을 연결시키고 있다. 또 역대상 7장에서는 레위의 조카인 에브라임으로부터 모세를 이어 이스라엘 자손을 가나안 땅으로 인도한 여호수아까지를 10대로 기록하고 있다. 이로 미루어볼 때 성경은 생각보다 훨씬 더 많은 인물들을 족보에서 생략하고 있음을 볼 수 있다.

셋째, 성경 기자들마다 족보를 다르게 기록했음은 물론 성경 사본들마다의 족보도 제각각 다르다는 점을 들 수 있다. 그래서 사본에 따라 천지창조의 연대는 물론 노아 홍수의 연대 등 중요한 연대들도 다르다. 앞에서 노아 홍수를 주전 2348년으로 잡은 것은 어셔를 비롯한 영국 성경에서 제시한 연대일 뿐이다. 이에 반해 사마리아 오경(Samaritan Pentateuch)에서는 주전 2998년, 유대역사가 요세푸스는 주전 3146년, 헬라어로 번역된 최초의 구약성경 70인역(Septuagint)에서는 주전 3246년을 각각 노아 홍수의 연대로 잡고 있다.[6]

이처럼 사본들마다 홍수연대가 다른 것은 결국 연대 계산의 기초가 되었던 족보에 대한 견해가 달랐기 때문이라고 할 수 있다. 이것은 또 다른 측면에서 족보를 근거로 성경에 기록된 사건들의 연대를 계산하는 것이 얼마나 부정확할 수 있는가를 보여준다. 따라서 만일 영웅족보적 관점에서 성경의 족보를 해석한다면, 지금까지 족보에 근거한 모든 연대는 상당히 달라질 것이 분명하다.

넷째, 족보에서 동일한 인물이 분명한데도 발음을 조금씩 다르게 표기한 것도 눈에 띈다. 예를 들어 누가복음에서는 아박삿, 살라, 헤버로 표기한 사람을 창세기와 역대상에서는 각각 아르박삿, 셀라, 에벨로 표기하고, 또 누가복음과 마태복음에서는 아미나답, 살몬이라고 표기한 사람을 창세기에서는 암미나답, 살마라고 표기한다. 이러한 발음상의 차이는 한글만이 아니라 원어에서도 표기가 다름은 물론이다. 이처럼 같은 사람의 이름이 약간씩 다르게 표기된 것은 이러한 족보가 오랫동안 서로 다른 구전으로 내려오다가 기록자의 편집목적에 따라 다시 기록되었음을 시사한다.

지금까지의 논의를 종합해 보면 성경의 족보는 필요한 사람들, 특히 기록자가 생각할 때 의미 있는 인물이라고 생각되는 사람들만을 선별해서 기록하고 있음을 알 수 있다. 또한 성경의 족보 기록은 역사 교과서처럼 엄밀하게, 그리고 기계적으로 족보를 기록하고 있지 않음도 알 수 있다. 이처럼 의미 있고 중요한 인물들을 중심으로 기록된 족보를 아래에서는 '영웅족보'(Heroic Genealogy)라고 부르기로 한다.

이 영웅족보설에 의하면 인류의 창조연대나 노아의 홍수 연대는 지금까지 생각했던 것보다는 적어도 수 천 년 이상 더 오래되었을 수 있으며, 이것은 지질학 및 다른 분야의 증거들에 의해서도 지지된다. 이의 대표적인 예로는 한 때 미국창조과학연구소(ICR) 탄소연대측정 실험실 책임자였던 알스마(Gerald E. Aardsma) 박사의 연구 결과를 들 수 있다. 알스마는 흥미롭게도 탄소연대측정 장치의 초기 조정(initial calibration)과 관련하여 연구한 나무의 나이테 분석으로부터 노아의 대홍수 연대를 주전 12000년으로 제안했다. 이 연구로 인해 알스마 박사는 결국 젊은 지구를 신봉하는 ICR에서 쫓겨났지만, 그의 연구 결과는 노아의 홍수가 제4기 홍적세 최후의 빙하 홍수일 수 있다는 나의 주장과 시기적으로 일치한다.[7]

또한 비록 역사서라고는 할 수 없지만, 김성일씨가 쓴 『홍수 이후』도 유대인들의 족보에 많은 세대가 빠져있음을 가정하고 있다. 『홍수 이후』는 작가의 풍부한 상상력을 바탕으로 한 추리소설의 형태를 빌리고 있기는 하지만, 구약 성경 초반의 내용을 아주 그럴 듯하게 재구성한 작품이라 할 수 있다. 작가는 인류 초기의 문명과 이동을 자연스럽게 설명하기 위해서는 영웅족보 개념을 도입하지 않을 수 없음을 보여준다. 이런 점에서 『홍수 이후』는 또 다른 측면에서 영웅족보설의 가능성을 시사한다.[8]

3. 영웅족보의 의미

이러한 영웅족보 관점은 인간의 수명이 짧아진 아브라함 이후의 족보에서는 크게 문제가 되지 않는다. 인간의 수명이 짧아진 노아의 홍수 이후, 특히 아브라함 이후에는 빠진 세대가 여럿 있더라도 인류의 역사를 길게 잡을 필요가 없기 때문이다. 하지만 아담으로부터 노아에 이르는, 평균 912세를 살았던 족장시대의 족보에서 수많은 세대가 빠져 있다면 인류의 역사는 상당히 다르게 해석되어야 한다.

지금까지 살펴본 것처럼 족보에 빠진 인물이 없다고 본다면, 어셔가 계산한 아담의 창조로부터 노아의 홍수에 이르는 기간은 1656년이고,

현재의 달력을 기준으로 할 경우, 그 시기는 주전 2348년이 된다. 하지만 아담으로부터 노아에 이르는 족보에 등장하는 인물들이 다만 소수의 '영웅들'만 기록한 것이라면, 그 기간과 시기는 이보다 훨씬 더 길어져야 한다.

(1) 조상-후손 동일시 전통

성경의 족보에 소수의 '영웅들'만을 기록했다는 것은 할아버지가 손자를 낳았다고 기록하기도 하는 히브리인들의 족보 기록 관습으로 생각해 볼 때도 자연스러운 일이다. 실제로 히브리어로 아들 '벤'(בן)이란 단어는 '아들'이란 뜻일 뿐만 아니라 손자, 아니 몇 대 아래 후손을 나타낼 때도 사용된다. 만일 이러한 관행으로 인해 아담으로부터 노아에 이르는 족장 족보에 빠진 인물들이 많다면, 인류의 역사는 우리가 생각하는 것보다 훨씬 더 길어질 가능성이 있다.

물론 이러한 가설에 대해 몇 가지 반론을 상정할 수 없는 것은 아니다. 한 예로 아담으로부터 아브라함에 이르는 족보에 빠진 세대가 있다면 "누가 누구를 몇 세에 낳았다"는 구체적인 출생 연대가 있음을 어떻게 설명할 것인가 하는 의문을 상정해 볼 수 있다. 그러나 이것은 앞에서 언급한 바와 같이 아버지와 아들, 때로는 할아버지와 손자를 동일시하는 유대인들의 조상-후손 동일시 관행을 생각해 본다면 쉽게 설명할 수 있다. 즉 A가 B를 60세에, B가 C를 74세에, C가 D를 68세에, D가 F를 57세에 낳았다고 할 때 B, C,가 중요한 인물이 아니라면 성경 기자는 A가 D를 60세에 낳았다고 기록할 수 있는 것이다.

조상-자손 동일시 관행의 예를 들어보자. 역대상 3:17을 보면 스알디엘은 여고냐의 손자임이 분명하다. 그런데 여기서는 여고냐의 아들 스알디엘이라는 표현을 사용한다. 또한 바벨론왕 벨사살은 느부갓네살의 외손자였음에도 불구하고 성경은 그를 아들이라고 불렀다(단 5:22). 이런 관행이 고대 근동의 일반적인 족보 기록 관행이었는지는 분명하지 않으나, 성경 기자들의 일반적인 관행이었음은 분명한 것으로 보인다.

유대인들의 조상-자손 동일시 관습은 복음서에서도 볼 수 있다. 예수님은 자신의 권위에 도전하는 유대인들에게 "나와 아버지는 하나이니라"고 담대하게 도전하셨다(요 10:30). 비록 이 구절은 삼위일체론 등 신론적 차원에서 해석하는 것이 일반적이지만, 우리는 여기서 조상-자손 동일시라는 유대인들의 문화도 엿볼 수 있다. 자신이 바로 하나님 아버지와 동등한, 나아가 하나님이라는 의미이기 때문에 유대인들은 예수님을 신성모독으로 생각하며 죽이려고 했던 것이다.

또한 후손을 조상과 동일시하는 것 외에도 자식들을 기록할 때 먼저 기록되었다고 해서 꼭 장자라고 볼 수도 없다. 예를 들어 우리말 개역성경에는 동생이나 아우로 번역한 단어가 모두 아흐(אח)라는 히브리어인데 이것의 의미는 형제이다. 심지어 이 단어는 아브라함과 롯 사이에도 사용되었는데, 개역성경에서는 이를 '골육'이라고 번역하였다(창 13:8). 라반도 조카 롯을 가리켜 '골육'이라는 말을 사용했다(창 29:4).

그러면 이러한 영웅족보설이 갖는 함의는 무엇인가?

(2) 영웅족보와 고고학

영웅족보설은 고고학적 연구 결과들을 설명할 수 있게 한다. 노아의 홍수를 족보의 연속성이라는 가정에 기초하여 주전 2348년이라고 주장하는 것의 가장 큰 문제는 고고학적 증거들하고 전혀 맞지 않는다는 점이다. 지난 19세기 중반부터 본격적으로 성경과 관련된 고고학적 발굴이 이루어지면서 과거에 대한 지식이 폭발적으로 늘어나고 있다. 그러나 BC 2400년을 전후하여 인류 문명의 전 지구적 불연속이 있었다는 증거는 어디에도 없다. BC 2400년 이전에 이미 기록된 문헌들을 많이 남기고 있는 메소포타미아는 물론 중국, 인도, 이집트 등의 고대사에는 어디에도 노아의 홍수와 같은 전 지구적 재난이 언급되어 있지 않다

한 예로 내가 탐사여행을 다녀온 이스탄불 고고학박물관(Istanbul Archaeology Museum)을 생각해 보자. 터키에는 구석기시대로부터 현대에 이르기까지 전 시대에 걸친 인류의 유물이 풍부하게 발견되고 있으며, IAM에는 이러한 유물들이 시대에 따라 일목요연하게 전시되어 있다. 하지만 어디에도 주전 2000년부터 4000년 사이에 인류의 문명이 엄청난 불연속(파괴와 건설)을 경험했다는 흔적은 보이지 않는다. 이것은 노아의 홍수가 족보의 연속성 가정에 근거하여 계산한 연대보다 훨씬 이전에 일어났을 가능성이 높음을 시사한다.

지질학적 연구들을 보면 지질시대를 통하여 지구상에는 여러 차례의 기온 변화가 있었다. 신생대 제3기에는 중생대의 온난한 기후가 지속되다가 제3기 후반부터 추워지기 시작하여 제4기에는 4번의 빙하기와 3번의 간빙기가 있었다고 본다. 빙하기와 간빙기의 해수면은 약 100-130m 정도의 차이를 나타냈으며, 홍적세 후기에 대규모의 전 지구적 홍수가 있었다는 증거가 곳곳에 남아 있다. 그러므로 홍적세 최

후의 홍수가 노아의 홍수였다고 가정한다면 고고학적, 지질학적 증거와 성경의 기록은 대체로 일치한다고 볼 수 있다.[9]

이렇게 볼 때 가장 큰 문제는 홍수가 성경 족보를 근거로 한 연대와 일치하지 않는다는 점이다. 즉 홍적세 말기가 지금부터 약 12000년 전이었음을 생각한다면, 족보를 근거로 계산한 노아의 홍수 연대(지금부터 약 4400년 전)와는 맞지 않는다. 하지만 이 7000-8000년의 간격을 아담으로부터 노아까지 계보에 빠진 세대가 많기 때문이라고 해석한다면 큰 무리가 없을 것이다.

(3) 영웅족보와 선아담인류론

영웅족보설은 고고인류학의 연구결과들을 해석할 때도 도움이 될 수 있다. 한 예로 만일 인류의 역사를 현재 제시되고 있는 6천년보다 훨씬 길게 본다면, 초대교회 때부터 논쟁이 되어왔던 선아담인류 가설(Pre-Adamites Hypothesis)을 잠재울 수 있다. 그 동안 현생인류에 속하는 3-10만 년 전에 살았다고 하는 크로마뇽인이나 네안데르탈인 등은 여러 가지 특징으로 볼 때 오늘날 우리들과 크게 다르지 않다. 그런데 이러한 고생인류들의 연대가 아담의 연대보다 훨씬 더 오래 되었기 때문에 일부에서는 아담 이전에도 사람이 있었다는 소위 선아담인류론을 주장해 왔다.

대표적인 예로 영국의 복음주의자 스토트(John Stott)는 아담은 하나님의 형상을 따라 지음을 받은 첫 번째 인류일 뿐, 아담 이전에도 이미 인류가 있었다는 선아담인류론을 지지했다. 이러한 주장은 스토트 외에도 트리니티 신학교(TEDS)의 구약학 교수이자 NIV 성경 번역위원이었던 아처(Gleason Leonard Archer, Jr), 대천덕 신부의 할아버지인 토레이(R.A. Torrey) 박사 등 여러 복음주의 지도자들에 의해서도 제기된 바가 있다.

따라서 만일 인류의 연대를 오래 된 것으로 잡지 않고 또 선아담인류론도 받아들이지 않으면서 고생인류들의 존재를 설명하려 한다면, 다음 두 가지를 가정해야 한다. 하나는 크로마뇽인이나 네안데르탈인과 같은 고생인류들의 알려진 연대가 엉터리였다고 가정하는 것이다. 즉 몇 만 년 되었다고 말하는 고생인류들도 실제로는 6천년 이내의 것이라고 주장하는 것이다. 다른 하나는 크로마뇽인이나 네안데르탈인과 같은 고생인류들이 실제로는 사람이 아닌 원숭이였다고 가정하는 것이다.

하지만 이러한 두 가지 가정은 지금까지의 많은 과학적 연구 결과들과 상충된다. 지금까지 고생인류들의 유해는 한 두 개가 아니라 수백 구가 발굴되어 있으며, 이들의 연대측정은 다소의 오차는 있을 수 있지만 대체적으로 신뢰할만하다고 할 수 있다. 또한 이 고생인류의 두개골들이 인류와는 무관한, 원숭이들의 것이었다고 주장하는 것은 더더욱 받아들이기가 어렵다. 이들 유골들은 수없이 많이 발굴되었으며, 이들의 상태도 거의 완전하게 보존되어 있는 경우가 많기 때문에 유골들의 재구성이나 해석이 크게 잘못 되었다고 보기 어렵기 때문이다.

따라서 고생인류들의 유골에 대한 연대측정을 인정하면서 선아담인류론을 받아들이지 않기 위해서는 성경의 족보가 영웅족보로 이루어져 있음을 받아들이는 수밖에 없다. 영웅족보를 받아들인다면 인류의 기원은 10만 년 내지 20만 년 전으로 거슬러 올라갈 수 있다. 그렇다면 네안데르탈인이나 크로마뇽인 등 고생인류들도 아담의 후손이었다고 할 수 있다.

(4) 영웅족보와 가인의 아내

영웅족보설은 또 다른 몇몇 성경의 난제들을 해석하는 것을 도와주기도 한다. 많은 성경의 족보가 성경기자의 목적에 따라 선택적이라는 사실은 대수(代數) 기록에만 나타나는 것이 아니다. 같은 대에 속한 사람들이라도 구속사적 측면에서 중요하지 않은 사람들을 생략하는 것은 일반적이었다.

예를 들면 아담과 하와가 가인과 아벨과 셋만 낳은 것이 아니다. 비록 성경은 세 아들들의 이름만 언급하지만, 이 세 사람의 이름은 우리가 꼭 알아야 될 중요한 사건들 때문에 자세하게 언급된 것 뿐이다. 창세기 5:4에 의하면 아담과 하와는 이 외에도 많은 아들과 딸들을 생산했음이 분명하다. 전설에 의하면 이들은 55명의 아이들을 낳았다고 한다.

또한 가인과 아벨이 아담의 장남, 차남이 아니었을 수도 있다. 창세기 기자는 4:1에서 "아담이 그의 아내 하와와 동침하매 하와가 임신하여 가인을 낳고 이르되 내가 여호와로 말미암아 득남하였다 하니라"고 기록할 뿐, 가인이 아담의 맏아들이었다고는 명시하지 않는다.

성경에서 아담이 자녀를 생산한 나이를 기록한 것은 셋을 낳았을 때의 130세일 뿐이다(창 5:3). 셋을 낳았을 때 아담의 나이가 130세였다는 것은 무엇을 의미하는 것일까? 예를 들어 하나님께서 아담을 창조하셨을 때 70세의 어른으로 만들었다고 한다면(아담을 성년으로 창조했다고 보고), 그 이후 60년의 세월이 지났다는 의미일까? 아니면 하나님이 70세의 아담을 창조한 이후 130년이 지났다고 보아야 할까?

  후자의 경우가 맞다면 셋을 낳기까지 이미 아담과 하와는 60여명 이상의 자녀들을 생산했을 것이 분명하다. 말할 필요도 없이 그 자녀들이 다시 자녀들을 생산했다고 한다면, 아담은 셋을 낳을 때 이미 손자나 증손자를 둔, 적어도 500명 이상의 대가족(함께 살았을지는 모르겠지만)을 이루었을 것이다.[10]

  아담에게 가인 이전에 이미 다른 자녀들이 많았다고 보면, 가인이 아벨을 죽이고 하나님 앞에서 쫓겨날 때 두려워했던(창4:14) 이유나 가인이 아내를 어디에서 구했을까(창4:17) 등 성경의 난제들을 설명할 수 있다.

4. 맺는말

  지금까지 살펴본 것처럼 신구약 성경에 나타난 족보에는 기록자의 의도가 많이 반영되어 있다. 이 말은 필요하다면 성경기자들이 족보를 기록할 때, 한 대 혹은 여러 대를 건너뛸 수 있음을 의미한다. 이러한 관행은 아브라함 이후에는 인간의 수명이 짧기 때문에 몇 대를 생략한다고 해도 연대 자체가 크게 달라지지 않는다. 또한 아브라함 이후의 연대는 빠진 족보가 있다고 해도 성경 여러 곳에 족보가 기록되어 있기 때문에 이들을 비교하면 어느 정도 온전한 족보를 재구성할 수 있을 뿐 아니라, 아브라함부터는 성경 외의 문서를 통해 빠진 족보를 추적할 수도 있다.

  문제는 아담으로부터 노아의 홍수에 이르는 족보이다. 창세기 1장에서 11장에 이르는 이 기간의 족보에 대해서는 (고고학적 유물들은 많이 발견되지

㈕ 성경 이외의 문서가 거의 없다. 900세 이상을 살았던 아담으로부터 노아까지, 그리고 노아로부터 아브라함에 이르는 족보에서 생략된 인물이 많다면 인류의 연대는 지금까지 어셔의 연대에 기초하여 성경학자들이 생각해 왔던 것보다는 훨씬 더 길어질 것이 분명하다.

어떤 학자들은 노아 이전 족장들의 오랜 수명을 개인적인 수명으로 보지 않고 중간에 빠진 족보의 인물들의 수명을 모두 더한 것일 뿐이라는 주장을 하기도 한다. 하지만 이것은 노아가 600세 되던 해에 홍수가 난 것이나 노아 이후 셈, 함, 야벳 등 노아의 자녀들의 중간 연령을 고려해 본다면 맞지 않는다. 노아 홍수 이전에 살았던 족장들의 수명은 실제로 성경에 기록된 대로 길었을 것으로 생각된다. 족장들의 수명은 그대로였으나 '영웅' 족장들만을 기록했기 때문에 아담으로부터 노아에 이르는 기간은 실제로 훨씬 길었을 가능성이 있다.

이러한 논의로부터 우리는 다음 몇 가지 결론을 내릴 수 있을 것이다.

첫째, 유대인들의 족보 기록 관례로 볼 때 어셔 등과 같이 성경에 기록된 족보를 근거로 인류의 역사나 천지창조의 연대를 계산하는 것은 별 의미가 없다고 할 수 있다.

둘째, 유대인들의 족보 기록 관습을 생각한다면 성경기자들은 '영웅들' 만을 족보에 기록한 것으로 보인다. 특히 아담으로부터 노아에 이르는 초기 인류의 족보에서는 더욱 그러했던 것으로 보인다. 이렇게 하여 아담의 연대를 확장할 수 있다면, 6천년보다 훨씬 더 오래된 나이테를 활용한 연대측정이라든지, 탄소 연대측정법 등을 무리하게 배격할 필요가 없게 된다. 또한 네안데르탈인이나 크로마뇽인을 아담의 후손으로 보고, 선아담인류론처럼 구속론과 심각한 갈등을 일으킬 소지가 있는 이론에 매달리지 않아도 된다.

셋째, 영웅족보 가설은 적어도 부분적으로나마 에덴동산의 존재와 지질학적 연구 결과를 조화시킬 수 있다. 즉 에덴동산은 실재했으며, 에덴동산 시대는 신생대 제4기 홍적세의 간빙기 중의 하나였을 것으로 가정해 볼 수 있을 것이다. 일반적으로 간빙기 기간은 날씨가 온화하고 살기가 매우 좋은 시기로 알려져 있음을 고려한다면, 에덴동산은 마지막 간빙기 기간 동안 현재의 중동 지방 어딘가에 실제로 존재했던 장소였으리라 생각된다. 이런 가설을 연장한다면 노아의 홍수는 홍적세 마지막에 일어났던 최후의 빙하홍수로 해석할 수 있다. 간빙기와 빙하기를 반복하면서 해수면의 높이가 100-130m를 오르내린 증거들이 남아 있는데 아마 이러한 빙하홍수들 중의 하나가 노아의 홍수였으리라 해석할 수 있을 것이다.

하지만 이러한 결론들은 얼마든지 틀릴 수 있고, 다른 해석이 가능할 수도 있다. 과학적 연구들에도 오류가 있을 수 있고 성경해석에도 잘못된 해석이 있을 수 있기 때문이다. 내가 여기서 제시하는 것은 적어도 지금까지의 과학적 연구와 성경 족보에 대한 분석이 일치할 수 있는 최선의 방법을 찾아가기 위해 우리 모두 진지하게 노력해야 한다는 것이다. 과학을 진리와 동일시하는 것도 문제지만, 과학을 무조건 배격하는 것도 동일하게 문제가 된다. 과학적이라고 반드시 진리도 아니고 비과학적이라 해서 반드시 진리가 아닌 것도 아니기 때문이다.

[반성과 토의를 위한 질문]

1. 대홍수론, 즉 단일격변설을 주장하는 창조과학에서는 화석연료들이 노아의 홍수로 인해 형성되었다고 본다. 그렇다면 타락 이전의 지구는 인류가 살아가기에 충분한 준비가 되지 않은 상태라고 할 수 있지 않을까? 그럴 경우 인간의 타락 이전의 지구를 "보시기에 좋았더라"고 할 수 있을까? 훗날 인류가 살아가는데 가장 중요한 자원들을 준비한 사건이었다면, 과연 노아의 홍수를 인간의 죄로 인한 심판이라고 할 수 있을까?

2. 창조론 내부 논쟁이 전문가들이 아닌 일반 성도들에게, 혹은 전도에 어떤 의미가 있는가? 도움이 되는 경우와 걸림이 되는 경우, 그 이유에 대해 각각 말해 보자.

3. 다중격변설을 따라가다 보면 결국 주류 학자들의 주장대로 46억년의 지구나이와 140억년의 대폭발이론의 내용을 대부분 수용하게 된다. 그렇다면 신앙은 과학의 모든 내용에 다만 초월적인 하나님을 추가하는 것으로 전락하지 않을까?

4. 저자는 창조론 운동의 가장 큰 문제는 서로 다른 창조방법이나 연대가 아니라 모든 초자연적인 것을 부정하는 자연주의라고 말한다. 그렇다면 창조방법과 연대는 어떤 견해라도 받아들일 수 있다는 말인가?

5. 흔히 "신학은 답을 찾는 것이 아니라 답을 찾아가는 과정"이라고 말한다. 이것이 창조론 논쟁에 어떤 의미가 있으며, 논쟁을 해결하는데 어떤 도움을 줄 수 있는가?

II. 과학적 비진리와 비과학적 진리

부록논문: 성경해석과 과학

과학적 비진리와 비과학적 진리

 과학에서는 직접 경험하거나 관찰할 수 있는 것들을 연구의 대상으로 하며 과학자들은 반복적인 실험을 통해 이들을 정량화, 수식화합니다. 이러한 과학적 방법과 사고는 지난 400여 년 간 서구에서 눈부신 과학적 발전과 기술적 진보의 근간이 되었습니다. 이로 인해 서구는 오늘날 인류 문명의 헤게모니를 갖게 되었으며, 인류는 전무후무한 물질적 풍요를 누리게 되었습니다. 그래서 이제는 동서양을 막론하고 모든 사람들의 의식 속에 과학적 사고야말로 가장 믿을만하고 가장 우수한 사고라는 확신이 뿌리 깊게 자리 잡고 있습니다. 그리고 사람들은 서슴없이 현대를 가리켜 과학의 시대라고 말합니다. 이렇게 말하는 저변에는 과학이 매우 발달하여 우리들의 삶의 대부분의 영역이 과학의 영향을 받고 있다는 의미도 있지만, 또 다른 측면에서는 과학적 방법만이 유일하게 진리에 이를 수 있는 방법이며, 과학적 사실이라야말로 믿을만한 지식이라는 신념이 내포되어 있습니다.

 그러나 정말 과학적 방법만이 진리에 이르는 유일한 방법일까요? 브

레이크도 없이 질주하는 과학과 기술의 진보를 바라보면서 근대 이래 인류의 머리를 지배했던 과학적 사고에 대한 확신이 과연 바른 것인가라는 의문을 제기하지 않을 수 없습니다. 역사상 처음으로 인류의 공멸(共滅) 가능성을 보여주고 있는 핵무기의 출현, 생명나무를 지키고 있는 화염검(火焰劍) 바로 앞에까지 와 있다는 생명복제기술, 재생산할 수 없는 천연자원의 고갈, 인류의 목을 조이고 있는 심각한 환경오염 등은 모두 과학과 그것 위에 만개한 기술적 진보의 소산입니다. 또한 물질적 풍요 속에서 황폐해져 가는 인간의 정신적, 영적 상태도 과학과 기술의 어두운 그림자의 일부입니다. 과학의 부정적 측면을 돌아보면서 지금까지 우리들이 가졌던 과학을 통한 유토피아 건설, 특히 과학적 방법에 대한 무한한 신뢰를 재평가하지 않을 수 없습니다.

과학적 방법은 반성의 여지가 없는 무기물을 연구하거나 재현이 가능한 현상을 설명할 때는 대단한 위력을 갖지만, 사람을 대상으로 하는 교육학, 경제학, 경영학이나 인간의 내면세계를 다루는 심리학이나 문학, 음악, 미술 등의 분야에서는 제한된 소용만이 있을 뿐입니다. 심리학의 지식은 심리학적 방법을, 경영학의 지식은 경영학적 방법을, 예술의 지식은 예술적 방법을, 종교의 지식은 종교적 방법을 사용하여 얻습니다. 그런데 이런 모든 분야에서도 오로지 관측이나 경험 가능성, 재현 가능성, 수식화를 기본 가정으로 하는 과학적 방법만이 믿을만한 진리를 줄 수 있다고 생각한다면 분명히 잘못된 것입니다.

이 세상에는 과학적 방법으로는 증명이 되지 않는, 즉 과학적이지 않으면서도 진리인 것들이 얼마든지 있습니다. 과학적으로 설명할 수 없다고 기적을 부인한다면 오늘날 수 없이 일어나는 신유(神癒)를 어떻게 설명할까요? 과학적으로 증명되지 않는 심리학적, 문학적, 종교적 진리가 얼마든지 있을 수 있음을 생각한다면, '비과학적'이라는 말을 '오류'라는 말과 동일시하는 것이나 '과학적'이라는 말을 '진리'라는 말과 동일시하는 것은 잘못된 것이 분명합니다. 이 세상에는 과학적이지는 않지만 진리인 것들이 많으며, 반대로 과학적이면서도 오류인 것들 또한 많습니다. 진화의 과정은 과학적 방법으로 연구되고 있지만 진리가 아니며, 창조의 과정은 과학적 방법으로 연구될 수 없지만 진리입니다. 과학적 사실이란 과학적 방법으로 연구되었음을 의미하는 것이지, 결코 틀림이 없다는 의미가 아닙니다. 마찬가지로 비과학적 사실이라는 말도 과학적 방법으로 연구되지 않은 사실이라는 의미이지, 결코 틀렸다거나 부정확한 사실이라는 의미가 아닙니다.

과학적 방법으로 하나님의 존재를 증명할 수 없다고 하여 하나님이 계시지 않는다고 말하는 사람은 교만한 사람입니다. 아무리 고성능 전자현미경이라 해도 별을 관측할 수 없고, 아무리 대단한 허블망원경이라 해도 세포를 관찰할 수 없듯이 영적인 것은 그 나름대로의 감각과 방법에 의해서만 분변됩니다. 아무리 후각이 발달한 사람일지라도 코로 물체를 볼 수 없으며 눈으로 소리를 들을 수 없듯이, 종교적이거나 정신적인 영역에는 나름대로 독특한 지식획득의 방법이 있습니다. 과학적 방법은 과학적 진리를 찾는 데는 유용하지만, 다른 분야의 진리를 찾는 데는 제한된 유용함만 있을 뿐입니다. 따라서 오늘날 모든 지식을 과학적 지식으로 환원시키려는 과학 만능의 풍조를 경계해야 합니다. 과학적 지식은 분명한 한계가 있음을 기억해야 합니다.

물을 생각해 봅시다. 물을 H_2O라고 하면 물에 대한 모든 것을 다 말했다고 할 수 있을까요? 아마 실험실에서 물의 분자식을 연구하는 사람에게는 그럴지 모르지요. 하지만 H_2O라는 것은 물에 관한 과학적 지식일 뿐이지 물에 관해 모든 것을 말하지는 못합니다. 시인들이나 음악가들에게 물은 온갖 시상(詩想)이나 악상(樂想)을 제공하는 원천이고, 어부들에게 물은 생업의 터전입니다. 가없는 바닷가에 서서 떠나간 님을 기다리는 사람에게 물은 심술궂은 사랑의 방해꾼이기도 하지요. 폭염의 사막에서 타는 듯한 목마름으로 고통을 겪고 있는 사람이나 물에 빠져 죽어가고 있는 사람에게 물이 H_2O라는 과학적 지식은 극히 제한된 의미만 있을 뿐입니다.

뿐만 아니라 앞에서 언급한 것처럼 과학적 방법도 제한된 가치만을 갖습니다. 인간의 인격이나 도덕적 가치는 과학적 방법으로 분석하기가 어렵습니다. 루치아노 파바로티의 노래를 오실로스코우프로 주파수와 파형 분석을 한다면 그가 저보다 노래를 잘한다는 것을 증명할 길이 없습니다. 과학적 방법을 최상의 방법으로, 과학자를 새로운 제사장으로, 과학적 세계를 유토피아로 착각하는 것은 이 시대 인류가 직면하고 있는 큰 문제입니다. 과학이 아닌, 과학 위에 있는 것들이 얼마나 많은데….

과학 위에 계시는 하나님

리들(Mike Riddle)은 미국에서 유명한 창조론 대중 강사입니다. 그는 학부에서 수학을 공부했고 교육학으로 석사학위를 받은 후 25년 동안 마이크로 소프트사 등에서 컴퓨터 엔지니어로 일했습니다. 그는 한 때 미 해병대(USMC) 대위(Captain)로 근무하기도 했으며, 10종경기(decathlon) 부문의 미국 챔피언이기도 했습니다. 하지만 근래 20여년 간 리들은 미국 전역을 순회하는 창조론 대중강사로 활약하고 있으며, 현재는 워싱턴주에서 '트레이닝 ETC' 라는 단체를 만들어 대표로 일하고 있습니다.

그의 간단한 이력으로부터 알 수 있는 것처럼 리들은 지질학, 천문학, 생물학 등 창조의 과학적 변증과 직·간접으로 연관된 순수과학 분야에서 공식적인 훈련을 받은 적이 없는 엔지니어입니다. 일반적으로 단순히 사실이나 기능만 배우는 응용과학이나 공학 분야와는 달리 순수과학은 기초부터 제대로 공부를 하지 않으면 내용을 이해하는 것이 쉽지 않습니다. 그리고 그 분야에 대하여 제대로 공부를 하지 않은 사람일수록 단순하고, 용감하고, 강성인 경우가 많습니다. 그런 사람일수록 대중강연에서 상대편을 비판할 때 "그들은 사기를 치고 있다", "학교에서 배우는 것은 다 뻥이다"는 등 과격한 흑백논리적 주장을 합니다.

리들 역시 그 범주를 벗어나지 못하고 있는 것으로 보입니다. 그는 '생명의 기원'(The Origin of Life)이라는 자신의 DVD 강의에서 강하게 진화론을 비판합니다. 물론 자신이 직접 연구한 내용은 없고 여러 사람들의 책과 강의 내용을 재구성한 강의였습니다만, 그의 강의는 탁월한 언변과 적절한 자료 활용으로 생명의 기원에 대한 배경 지식이 전무한 청중들의 마음을 사로잡기에 충분했습니다. 그의 많은 강의 내용 중 진화에 대한 두어 가지 주장을 소개하면 다음과 같습니다.

그는 자연발생설을 현대적으로 발전시킨 화학진화론을 강하게 비판합니다. 화학진화론자들은 태초의 원시 지구에는 산소가 없었다고 가정합니다. 그리고 원시대기는 수소를 포함하고 있는 수소, 암모니아, 메탄, 수증기 등의 환원성 기체로만 이루어졌다고 가정합니다. 대기 중에 산소가 있으면 아무리 방전을 일으키더라도 생명체가 만들어질 수 없기 때문입니다. 하지만 산소가 없으면 생명체가 저절로 만들어질까요?

아닙니다. 대기 중에 산소가 없으면 또 다른 문제가 생깁니다. 즉 산소가 없으면 산소 분자가 분해되어 만들어지는 오존이 생길 수가 없고, 따라서 지구에 쏟아지는 자외선을 차폐할 수 있는 오존층이 만들어질 수 없습니다. 오존층은 지구의 생명체를 보호하는 중요한 메커니즘으로 이것이 없으면 지구상에 생명체가 살 수 없습니다. 즉 산소가 있으면 생명체가 만들어질 수 없고, 산소가 없으면 생명체가 유지될 수 없습니다. 그러므로 생명체는 하나님이 창조하지 않을 수가 없습니다. 이것이 리들이 주장하는 논리입니다.

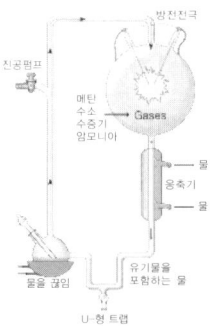

<그림2-1> 화학진화론자들은 환원성 대기의 전기 방전에 의해 무기물이 유기물로, 그리고 그 유기물이 단세포 생명체로 진화했다고 주장한다.

다음에는 물과 생명의 관계입니다. 화학진화론자들은 최초의 단세포 생명체는 물속에서 만들어졌을 것이라고 주장합니다. 물이 없으면 중합반응이 일어나지 않아서 아무리 번개 방전을 통해 아미노산이 만들어지더라도 그것들이 단백질을, 나아가 생명의 전단계라고 하는 미소구체(微小球體)를 만들 수 없기 때문입니다. 오늘날 과학자들이 화성이나 그 외 행성들로부터 생명체 존재 유무를 알기 위해 물의 존재를 찾으려고 노력하는 이유도 바로 여기에 있습니다. 물이 없다면 생명체가 발생할 가능성이 전무하고, 설사 만들어지더라도 생명체가 유지될 수 없기 때문입니다. 그러면 과연 물만 있으면 생명체가 존재할까요?

아닙니다. 물은 우리가 흔히 가수분해(hydrolysis)라고 부르는 화학반응을 일으킵니다. 생명의 기본 단위라고 하는 아미노산이 물속에 있게 되면 불과 수주일 이내에 거의 완전하게 가수분해 되어버립니다. 물은 생명체를 유지하기 위해서는 반드시 있어야 합니다. 하지만 최초의 생명체가 만들어지기 위해 물은 있어서도 안 되지만 없어서는 더더욱 안 되는 이상한 존재입니다. 그래서 과학적으로 생명의 기원은 설명하는 것이 불가하기 때문에 리들은 생명은 자연발생한 것이 아니고 하나님이 만드셨다고 주장합니다.

언뜻 보기에 리들의 주장은 별 문제가 없어 보입니다. 저 역시 자연적인 화학진화 과정으로는 생명의 기원을 설명할 수 없으며, 현재의 생명발생 이론은 틀린 것이 확실하다고 봅니다. 생명체는 하나님이 창조하신 것이 분명합니다. 하지만 그 생명체의 탄생을 현대 과학으로 설명할 수 없기 때문에 하나님이 만들었다는 리들의 주장에는 동의할 수 없습니다. 리들이 주장하는 바는 역사적으로 전형적인 '간격의 하나님' (God-of-the-Gaps) 개념입니다. 이는 과학적인 방법으로, 다시 말해 인간이 이해할 수 있는 방법으로 생명체의 존재를 설명하다가 설명할 수 없게 되면 그 논리적 간격을 메우시는 분이 바로 하나님이라는 주장입니다.

이러한 주장을 하는 사람은 암암리에 과학적인 법칙이나 방법은 자연에서 저절로 생겼거나 인간이 고안한 것이고, 하나님은 항상 인간이 설명할 수 없는 방법으로만 역사하신다는 것을 가정하고 있습니다. 하지만 이것은 하나님에 대한 바른 생각이 아닙니다. 하나님은 보이는 것이나 보이지 않는 모든 것을, 과학의 법칙으로 설명할 수 있는 것이나 그렇지 않은 것이나 모든 것을 창조하신 분입니다. 과학적인 법칙도 하나님이 만드셨기 때문에 우리는 다만 자연을 연구해서(research) 그것을 다시 찾아내는(re-search) 것뿐입니다. 어떤 현상을 과학적인 방법으로 설명할 수 없기 때문에 하나님이 하셨다는 주장은 언뜻 보기에 하나님을 굉장히 높이는 듯이 보이지만 실상은 그 반대입니다. '간격의 하나님' 개념은 하나님을 기적의 세계, 인간의 논리로 설명할 수 없는 영역에나 계시는 분으로 격하시키는 결과를 초래합니다.

기독교 세계관에서는 하나님을 인과율의 개방체계 내에서 역사하시는 분이라고 말합니다. 인과율이란 자연에 대한 모든 과학적 설명의 근본이 되는 논리이며, 하나님은 이에 따라 우주를 운행하십니다. 그러나 그 인과율조차도 하나님이 만드신 것이기 때문에 하나님은 인과율의 사슬에 매여계시지 않고 얼마든지 그것을 넘어 자유롭게 역사하실 수 있는 분입니다. 물리학의 몇 가지 예를 들어봅시다.

갈릴레오의 관성의 법칙도, 뉴턴의 운동법칙도, 케플러의 행성운동 법칙도 모두 하나님이 만드신 것입니다. 그래서 대부분의 경우 하나님은 그런 법칙들을 따라 우주를 운행하시지만, 하나님이 원하실 때는 얼마든지 그런 법칙들을 따르지 않을 수도 있는 것입니다. 그래서 이스라엘 백성들이 아말렉과 싸울 때, 하나님은 태양을 기브온 위에, 달을 아얄론 골짜기에 머물게 하실 수 있었던 것입니다(수 10:12). 부력의 법칙도 하나님이 만드셨지만, 때로는 그 법칙을 넘어서 물 위를 걸어갈 수도 있게 하시는 것입니다.

하나님은 화학반응과 관련된 모든 법칙을 만든 분이시고, 대부분의 경우 그 법칙을 따라 자연을 운행하시지만, 필요할 때는 그 법칙을 따르지 않고 역사하실 수도 있습니다. 그래서 마라의 쓴 물이 순식간에 마실 수 있는 단물로 바뀔 수 있었습니다. 가나 혼인잔치에서는 화학반응의 과정을 뛰어넘는, 물이 포도주로 바뀌는 역사가 일어났습니다. 어디 하나님께서 화학반응의 법칙만 창조하시고 다스리는 분입니까?

하나님은 모든 의학의 법칙을 만드신 분이기도 합니다. 그래서 대부분의 경우 하나님은 의학의 법칙에 따라, 즉 의사의 손을 빌려 병을 낫게 하시지만, 그렇다고 하나님이 그 법칙에 매여계시는 분은 아닙니다. 하나님은 대부분의 개안수술을 안과의사들의 손을 통해 이루시지만, 때로는 그런 과정을 따르지 않고 소경의 눈을 뜨게 하시기도 합니다. 또한 하나님은 뼈가 구부러진 사람을 대부분 정형외과적 치료를 통해 고치시지만, 때로는 수술을 하지 않고도 앉은뱅이를 벌떡 일어나게 하실 수 있습니다. 대부분은 그렇지 않지만 드물게 하나님은 모든 의학의 법칙을 뛰어 넘어 독사에게 물려도 아무렇지 않게도 하실 수 있고 심지어 죽은 사람이 벌떡 일어나게도 하십니다.

모든 과학법칙들은 하나님이 만드신 것입니다. 하지만 하나님께서 자신이 만든 과학법칙 속에 갇혀계시는 분이라고 생각한다면, 그것은 200여 년 전에 등장하여 유럽 기독교를 초토화시켰던, 자유주의 신학의 온상이 되었던 이신론적(理神論的) 신관을 받아들이는 것입니다. 그렇게 되면 하나님은 인과율의 개방체계가 아닌, 인과율의 폐쇄체계 내에서 역사하시는 분이 됩니다. 만일 그렇게 하나님을 이해한다면 이신론이 자연주의나 무신론으로 진행하는 것은 시간문제일 뿐입니다. 하나님은 인과율을 만드신 분이기 때문에 그것에 매여계시지 않고 개방체계 내에서 역사하시는 분입니다.

그러므로 하나님은 항상 과학적인 방법을 통해서만 역사하신다고 하는 것도 잘못이지만, 그 반대로 하나님은 항상 기적적인 방법으로, 즉 인간의 과학으로 설명할 수 없는 방법으로만 역사하신다고 믿는 것도 하나님을 잘못 이해한 것입니다. 하나님은 우리의 논리 체계 내에 갇혀 계시는 분이 아님을 받아들이는 것, 이것이 기독교가 철학일 수 없는 이유이고, 이것이 기독교가 과학이 될 수 없는 이유입니다. 기독교의 하나님, 성경이 보여주는 하나님은 전지전능하시며, 주권적이시면서 또한 인격적이시며, 우리 마음속에 계시면서 또한 이 우주를 초월해 계시며, 논리를 무시하지 않으시면서 또한 인간의 논리 속에 갇혀계시지 않는 분입니다. 하나님은 과학 안이나 바깥이 아닌, 과학을 만드시고 과학 위에 계시는 분입니다.

현대 의술을 통한 신유[1]

하나님은 의술에 매여계시지도 않지만 의술을 무시하지도 않습니다. 의술도 하나님이 사람들에게 주신 지혜이기 때문입니다. 저는 근래 하나님께서 현대 의술을 통해 얼마나 놀라운 역사를 할 수 있는가를 보여주는 사건을 본 적이 있습니다. 여기에 그 사건을 소개합니다.

밴쿠버기독교세계관대학원(VIEW)은 학생들의 숫자가 늘어나면서 그에 비례해 가족들의 숫자도 많아졌습니다. 재학생들이 대부분 결혼한 사람들이기 때문에 아이들의 숫자도 동일하게 늘어났습니다. 이 아이들 중 김종욱 목사님의 딸 혜송이는 뇌성마비의 중증 장애아였습니다. 혜송이는 태어나면서부터 심한 경기(驚氣)로 인해 밤낮을 가리지 않고 울었습니다. 백일이 지나면 나아지겠지, 조금 더 자라면 나아지겠지 하던 것이 1년이 가고 2년이 다 되어도 혜송이는 여전히 울기만 했습니다. 단지 우는 것 만이라면 그래도 괜찮겠는데 고개도 제대로 가누지 못했고, 걷지도 못했습니다. 다른 애들 같으면 벌써 걸어 다닐 시기에 혜송이는 여전히 걷지도 못한 채 엄마 등에서 아빠 등으로, 할머니 등으로 이렇게 옮겨가며 하루하루를 지내고 있었습니다.

두 돌이 되고, 세 돌이 되어 키는 점점 자라는데도 혜송이는 여전히 고개를 가누지 못했습니다. 혜송이의 불규칙적인 심한 발작 증세와 더불어 오는 경기(驚氣) 또한 조금도 줄어들지 않았습니다. 더구나 쉽게 지치고 짜증이 심해서 손을 잡고 겨우 몇 분 걷다가도 언제 넘어질지 몰라 거의 시한폭탄과도 같았습니다. 혜송이는 자는 시간을 제외하곤 늘 누군가의 돌봄이 없인 생활이 불가능했습니다. 이렇게 김 목사님 내외는 혜송이를 꼬박 3년 이상을 업어서 키웠습니다. 부모님은 아이의 장래에 대한 염려보다는 육체적인 고달픔과 힘겨움에 하루가 어떻게 지나가는지도 몰랐습니다.

그러는 동안 김 목사님 부부는 혜송이의 병명을 알기 위해서 병원을 찾아다니기 시작했습니다. 서울에 있는 병원에서도 진찰을 받아보았지만 병명은 여전히 오리무중이었습니다. 의사들이 나름대로 복합적 뇌성마비일 거라는 짐작을 할 뿐이었습니다. 뇌성마비는 별 다른 치료법이 없고 그저 꾸준한 물리치료만이 최상의 치료법이라고 했습니다. 그러나 혜송이는 잦은 경기와 발작과 기복이 심해서 물리 치료조차 제대로 받지 못한 채 세월만 흘렀습니다. 인간의 힘으로는 더 이상 어떻게 할 수가 없었습니다. 혜송이를 치료하기 위한 김 목사님 내외의 노력은 눈물겨웠습니다. 한방, 양방, 기도원 방문 등 온갖 방법을 다 해 봤지만 백약이 무효였습니다.

그러던 어느 여름, 김 목사님은 제가 책임을 맡고 있는 밴쿠버기독교 세계관대학원(VIEW)에 유학을 왔습니다. 김 목사님 부부에게는 한국을 떠나 유학생활을 한다는 기대감도 있었지만, 혜송이에 대한 작은 소망과 캐나다는 장애자에 대한 시각이 우리나라보단 나으리란 기대감도 있었습니다. 매주 모이는 VIEW 가족들의 교제모임에서는 김 목사님의 얘기를 듣고 혜송이를 위해 모든 식구들이 둘러서서 안수기도도 하고 개인적으로도 꾸준히 기도했습니다.

그러면서 혜송이는 밴쿠버어린이병원(Vancouver Children's Hospital)에서 새롭게 진찰을 받고 여러 가지 검사를 받았습니다. 그러는 동안에 하나님은 기적을 준비하고 계셨습니다. 생화학자이자 혈액 분석의 세계적인 권위가 있는 호주 과학자 한 분이 밴쿠버에서 안식년을 보내면서 혜송이의 혈액 검사 결과를 본 것입니다. 그 분은 의사는 아니었지만 혜송이의 혈액검사 결과를 자세히 살펴본 후 진단을 내렸습니다. 혜송이에게 있어서 뇌성마비 증상 이 외의 증상은 혈액 속에 한 가지 미량의 효소가 분비되지 않기 때문이라는 것이었습니다. 혜송이는 태어나면서부터 신진대사에 이상이 있었습니다. 그래서 뇌신경 전달물질이 생성되지 못하고 그 결과 몸의 모든 동작들이 컨트롤이 되지 않는 현상이 나타난다는 것이 그 분의 설명이었습니다.

혜송이에 대한 기적은 김 목사님이 시무하시는 열방교회에서 몽골로 단기선교를 떠난 후에 일어났습니다. 단기 선교팀들과 더불어 사모님이 몽골로 떠난 후 이틀째 되던 날 목사님은 혜송이를 데리고 VCH에 가서 세 종류의 약을 받았는데, 그 중 시네멧(Sinemet, 100mg)이라는 약을 통해 혜송이에게 기적이 일어난 것이었습니다. 이 약을 먹자 바로 그 날 혜송이는 휠체어에서 일어났습니다. 지난 10년 동안 단 한 번도 제 힘으로 일어나 본 적이 없는 혜송이가 하루 종일 너무나 밝고 건강한 모습으로, 누구의 도움도 받지 않고 저녁에 잘 때까지 걷고 뛰며 돌아다녔습니다. 정말 믿을 수 없는 광경이 벌어진 것이었습니다.

다음날 목사님은 몽골에 있는 선교사님 편으로 이메일을 보냈습니다: "몽골에서 역사하시는 하나님이 이 곳 캐나다에서도 역사하셨습니다. 저의 딸 아이가 병원에서 받아온 약을 먹고 병이 나았습니다. 못들던 고개도 들고 하루 종일 혼자서 걷고 뛰고 찬양합니다. 잠을 잘 때 떨고 울며 경기하던 것도 깨끗이 사라졌습니다."

그 후 사모님이 몽골에서 돌아와서 자초지종을 나누었을 때 알게 된 더욱 더 놀라운 사실이 있었습니다. 그것은 혜송이가 약을 먹고 기적같이 걷고 뛸 무렵 사모님은 몽골의 울란바타르에 있는 큰 공원에서 열리는 '치유와 회복의 집회'에 참석해 다음과 같이 기도했다는 것이었습니다: "하나님 혜송이가 걷고 뛰는 역사가 일어나길 소망합니다. 몽골 땅에 거하는 병자를 이 시간 고쳐주시고 이 역사가 캐나다에 있는 딸 아이에게도 임하게 해 주세요." 실제 그 집회에서 앉은뱅이가 일어나며, 귀머거리가 듣고, 소경이 보는 기적이 일어났는데, 하나님의 치료의 능력은 시간과 공간을 뛰어넘어 밴쿠버에서도 역사한 것입니다.

물론 혜송이는 아직도 소아신경과 의사와 생화학 질병 클리닉 (Biochemical Disease Clinic) 의사들로부터 함께 치료를 받고 있으며, 네 종류의 약을 함께 먹고 있습니다. 하지만 혜송이의 건강상태가 점점 좋아지는 것은 혜송이의 물리적 운동기능들이 많이 좋아진 것을 통해 알 수 있습니다. 그리고 호기심을 가지고 끊임없이 질문하는 것으로 미루어 혜송이의 두뇌기능도 활발한 운동을 시작했음을 알 수 있습니다. 혜송이에게는 10년 동안 몸에 배인 불완전한 걸음걸이와 습관들이 여전히 남아있지만, 이젠 혼자서 걷고, 뛰고, 밥을 먹습니다. 무엇보다도 기쁜 것은 혜송이가 잠을 자면서 발작을 하지 않기 때문에 김 목사님 부부는 정말 오랜만에 숙면을 할 수 있게 되었다는 것입니다.

주일 오후에 우리 집에 놀러온 혜송이가 안 마당에서 비틀거리면서 뛰어노는 믿을 수 없는 광경을 보면서 저는 여러 가지를 생각해 보았습니다. 늘 고개를 들지 못하고 축 늘어진 채 침을 흘리며 휠체어 신세를 지고 있는 혜송이의 모습에 익숙해 있던 우리들에게 혜송이의 뛰어노는 모습은 너무나 많은 것을 생각하게 했습니다.

우선 저는 우리의 몸이 얼마나 놀랍게 설계된 것인가 하는 점을 생각해 보았습니다. 도대체 그처럼 미량의 효소인데도 그것이 부족하면 전신을 움직일 수 없는 엄청난 문제가 발생한다는 것이 놀라웠습니다. 다윗이 고백한 것처럼 "내가 주께 감사하오음은 나를 지으심이 심히 기묘하심이라 주께서 하시는 일이 기이함을 내 영혼이 잘 아나이다"(시 139:14)라고 하지 않을 수 없었습니다. 우리가 다 알지는 못하지만, 하나님은 우리들을 정말로 신묘막측하게 지으셨습니다.

다음에는 신유라는 것이 도대체 무엇인가 하는 점이었습니다. 우리는 흔히 기도해서 갑자기 앉은뱅이가 일어나는 등의 치유만을 신유라고 생각합니다. 물론 전능하신 하나님께서 그런 방법으로 불치병을 고치실 수도 있지요. 그러나 하나님이 역사하시는 방법은 늘 그렇지만은 않았습니다. 혜송이의 병을 고치는 데는 '영력' 있는 한 두 사람이 동원된 것이 아니었습니다. 혜송이의 병은 최신의 의료 기술과 세계적인 권위자의 경험과 지식이 사용되어 고쳐진 것입니다. 신유의 은사가 있는 사람이 머리에 손을 얹고 기도함으로써 병이 나은 것이 아니라 현대 과학을 연구한 과학자가 진단하고 처방한 약을 먹음으로 병이 나은 것이지요. 어떤 방법으로, 어떤 사람을 통해 병이 나았든지 분명한 것은 결국 하나님이 혜송이의 병을 낫게 하셨다는 사실입니다.

 의사와 과학자들을 통해 일어나는 이적과 기사 속에서 하나님의 손길을 볼 줄 아는 것이야말로 기독교세계관적 훈련이라고 할 수 있습니다. 초대 교회 사도들을 통해 일어났던 수많은 기적과 표적이 오늘날에도 (교회와 기도원은 물론) 수많은 병원에서, 연구실에서, 수술실에서 의사들과 과학자들을 통해 나타나고 있습니다. 베드로를 통해 발과 발목이 힘을 얻고 서서 걷고 뛰던 앉은뱅이가 하나님을 찬미한 것과 같이, 오늘 우리에게도 현대 의술을 통해 일어나는 마술과 같은 기적을 하나님의 역사라고 인정하고 하나님을 찬미하는 입술이 필요합니다(행 3:6-10).

달의 기원

　달의 기원에 대한 이론에서도 앞에서 다룬 신유의 경우와 비슷한 논리를 적용할 수 있습니다. 달이 어떻게 창조되었는가에 대해 일부에서는 하나님이 초자연적 방법으로, 다시 말해 오늘날의 과학적 이론으로는 설명할 수 없는 방법으로 창조하셨다고 주장합니다. 그러면서 과학자들의 과학적 설명을 거부합니다. 과연 과학적 설명을 거부하는 것이 창조신앙일까요?

　달은 예로부터 많은 시인들의 시심을 자극했습니다. 지금은 수많은 외국인들의 마음까지 적시는 윤극영씨의 동요 '반달'이나 고향을 떠나 사는 모든 나그네들의 시름을 달래주는 현제명씨의 가곡 '고향생각'에서 달은 중심적인 소재가 되고 있습니다. 하지만 달은 시인들만의 전유물이 아닙니다. 달은 지구에서 가장 가까운 천체이면서 동시에 태양을 제외한다면 지구 생명체들에게 가장 큰 영향을 미치고 있는 천체이기도 합니다. 달로 인해 생기는 썰물과 밀물 때문에 어부들은 출어(出漁) 시기를 조정하고, 연근해와 대양의 바닷물이 섞여서 살아있는 바다가 유지됩니다. 이탈리아의 물리학자이자 지동설 신봉자였던 갈릴레오가 한때 조수가 지구의 자전으로 인해 생긴다는 터무니없는 주장을 할 때조차 달은 말없이 지구의 바닷물을 움직이고 있었습니다.

 이처럼 달은 우리의 삶에 가까이 있으니 과학자들이 그것의 기원을 알고 싶어 하는 것은 당연합니다. 도대체 달은 어떻게 존재하게 되었을까요? 창세기의 기록에 의하면 하나님께서 달을 창조하신 것이 분명한데, 도대체 하나님께서 얼마나 오래 전에, 그리고 구체적으로 어떤 과정을 통해 만드셨을까요? 하나님은 창세기에서 달을 창조하셨다고 했지만, 구체적인 시기와 방법에 관해서는 과학자들의 연구과제로 남겨두셨습니다.

〈그림2-2〉 달에서 본 지구. 도대체 달은 어떻게 만들어졌을까?

 그 동안 달의 기원에 관해서는 많은 이론이 제시되어 왔습니다. 고대의 신화적인 모델로부터 지나가던 거대 운석이 지구 중력에 잡혔다는 포획설이나 초기 지구의 자전속도가 너무 빨라서 일부가 떨어져 나갔다는 탈출설 등 제법 그럴 듯한 현대의 이론들도 제시되었습니다. 물론 이런 이론들이 부분적으로 달의 기원을 설명할 수는 있었지만, 그 외의 다른 면들은 설명할 수 없었습니다. 예를 들어 포획설은 왜 달 표면의 동위원소가 지구 표면과 똑같은지를 설명할 수 없었고, 탈출설은 현재의 지구-달 시스템을 생각할 때, 역학적으로 불가능하다는 것이 증명되었습니다.

그러다가 1969년, 아폴로 11호가 달에 착륙해서 수백 개의 월석(月石)을 채취하여 지구로 귀환했을 때, 사람들은 달의 기원에 대한 신비가 풀릴 거라고 기대했습니다. 실제로 아폴로 우주인들이 운반한 월석을 면밀하게 조사한 과학자들은 몇 가지 놀라운 사실들을 알게 되었습니다. 첫째는 월석의 연대가 지구의 연대보다 몇 천만년 젊기는 하지만, 거의 비슷하다는 사실이었습니다. 현대 과학에서 지구의 연대를 약 46억년으로 추정하는 것을 고려한다면, 사실 지구와 달의 나이는 거의 같다고 할 수 있습니다. 둘째는 월석의 성분이 지구 표면의 성분과 거의 같고, 지구 표면의 암석들처럼 철이 거의 들어있지 않다는 점이었습니다. 지구 중심에 있는 지구 외핵과 내핵이 니켈과 철 등 무거운 금속이 고온으로 녹아있는데 비해, 달의 중심은 식어있고, 지구와 같이 무거운 금속 핵이 없습니다.

과학자들은 이러한 연구결과를 기초로 달의 생성 이론을 만들기 위해 노력했는데, 그 중 대표적인 이론은 1975년에 하트만(W.K. Hartmann)과 데이비스(D.R. Davis)가 제시한 행성 충돌설입니다.[2)] 이 이론에 의하면 지구가 생성된 지 오래 되지 않았을 때, 그리고 아직도 크고 작은 많은 운석들이 지구와 충돌하고 있었을 때, 그래서 지표면이 용융상태를 완전히 벗어나지 못하고 있었을 때, 우주를 떠돌고 있던 화성 크기의 거대한 행성이 지구와 충돌했다고 봅니다. 이 충돌로 인해 지구는 이전보다 훨씬 더 무거워졌고, 이 때 튀겨나간 지표면의 물질들이 달을 형성하게 되었다고 합니다. 충돌할 때 지구와 충돌체의 중심에 있었던 금속원소들은 지구 중심부로 가라앉았고, 튀겨나간 파편들은 지구 표면에 있는 물질들이었으며, 이들이 지구 주변 궤도를 돌다가 엉겨서 지금의 달을 형성했다고 합니다.

행성 충돌설이 발표된 후 처음 10여 년 간은 아무도 이를 심각하게 생각하지 않았습니다. 어떤 사람은 이 이론을 '과학적 이단'(scientific heresy)이라고 비난하기도 했습니다. 하지만 시간이 지나면서 점점 이 이론의 타당성이 밝혀지게 되었습니다. 이 이론은 왜 달 표면의 암석과 지구 표면의 암석이 거의 같으며, 특히 그 속에 정확하게 같은 원자량 18인 산소 동위원소가 들어있는지를 설명할 수 있었습니다. 또 현재와 같이 지구 자전축이 공전평면의 수직선에서 23.5도 기울어진 것도 행성 충돌로 설명할 수 있습니다. 나아가 지구의 평균 밀도는 1cc 당 5.5g이지만, 달은 3.3g에 불과한 것도 설명할 수 있습니다. 또한 이 이론은 100여 차례 이상의 많은 컴퓨터 모의실험을 통해 실제로 일어날 수 있는 과정임이 증명되었습니다. 그래서 오늘날에는 대부분의 천문학자들이 행성 충돌설을 달의 기원에 관한 정설로 받아들이고 있습니다.

달이 처음 형성되었을 때는 지금보다 지구로부터 훨씬 더 가까이 있었기 때문에 지금보다 훨씬 더 크게 보였으며, 그 때 지구의 자전속도는 불과 6시간 내외였던 것으로 추정되고 있습니다. 하지만 시간이 지나면서 달은 점점 지구로부터 멀어지게 되었고, 지금은 지구로부터 약 38만km 떨어진 공전궤도를 돌고 있습니다. 달은 지금도 해마다 지구로부터 조금씩 멀어지고 있는데, 이것은 레이저 광선으로 정밀하게 측정한 결과입니다. 지구에서 발사한 레이저 광선이 아폴로 우주인들에 의해 달 표면에 설치된 반사판으로부터 반사되어 돌아오는 데는 약 2.5초 정도가 걸립니다. 지난 몇 십년동안 이 시간을 정밀하게 측정한 결과 달은 매년 지구로부터 3.8cm씩 멀어지고 있음이 밝혀졌습니다. 이러한 모든 결과들은 행성 충돌설에서 예측하고 있는 바와 잘 일치하고 있습니다.

과학이 행성 충돌설로 달의 기원을 설명한다면 성경은 뭐라고 말하고 있을까요? 창세기 기자는 "하나님이 두 큰 광명체를 만드사 큰 광명체로 낮을 주관하게 하시고 작은 광명체로 밤을 주관하게 하시며 또 별들을 만드시고"(창 1:16)라고 기록하고 있습니다. 성경은 하나님이 해와 달과 별들을 만드신 창조주라는 사실만을 언급하고 있으며, 언제, 어떻게 만들어졌는지에 대해서는 구체적 언급을 하고 있지 않습니다.

어떤 사람들은 성경에 언급이 없기 때문에 하나님께서 초자연적인 방법으로 달을 창조하셨다고 주장합니다. 하지만 성경에 달의 창조과정에 대한 언급이 없다고 해서 그것이 곧 하나님께서 초자연적인 방법으로 창조했음을 의미하는 것은 아닙니다. 만일 성경이 우주의 창조와 관련된 모든 것을 기록하고 있다면, 성경은 너무 두꺼워서 이 세상 어느 누구도 끝까지 읽을 수 없을 것입니다. 하나님께서 달을 창조하시는데 자연적인 방법을 사용하셨는지, 아니면 초자연적인 방법을 사용하셨는지는 아무도 알 수 없습니다. 그러나 만일 하나님께서 과학의 법칙을 따라 달을 창조하셨다면, 현재로서는 행성 충돌설이 가장 그럴듯한 모델이라고 할 수 있습니다.

　성경이 피조세계의 과학적 설명을 위한 교과서가 될 수 있는가에 대해서는 오랫동안 과학자들이 아니라 신학자들 간에 많은 논의가 이루어져 왔습니다. 그리고 이 문제는 그렇게 쉽게 대답할 수 있는 질문이 아닙니다. 어떤 사람은 성경은 최고의 과학 교과서라고 주장하는가 하면 어떤 사람은 성경은 우리의 구원을 위해 주어진 책이지 과학 교과서로 주어진 책은 아니라고 주장합니다. 과연 성경을 과학 교과서로 사용할 수 있을까요? 성경을 과학 교과서가 아니라고 주장하는 사람은 성경에 대한 확신과 믿음이 부족해서 그럴까요? 이러한 질문에 대답하기 위해 지금도 성경해석자들은 성경해석과 과학의 관계를 불철주야 연구하고 있습니다.

부록논문

성경해석과 과학[1]

성경을 해석하는 것은 성경학자들의 가장 큰 과제이다. 이것은 신학을 전문적으로 공부하지 않는 사람들에게도 성경은 신자들의 삶과 행동의 기초가 되기 때문에 이것을 어떻게 해석하는가는 신자들의 삶에 직접적인 영향을 미친다. 여기서는 현대 과학과 역사학의 연구 성과들이 홍수처럼 쏟아지고 있는 이 때 어떻게 성경을 바르게 해석할 수 있는가를 간단히 살펴보고자 한다. 우선 성경해석에 관한 몇 가지 대표적인 신학적 입장들부터 살펴보자.

1. 성경해석의 입장들

성경을 해석하는 데는 대표적으로 다음 몇 가지 신학적인 입장을 들 수 있다.

첫째는 자유주의적 해석이다. 자유주의자들은 성경을 플라톤이나 공자의 저술과 같은 차원에서 보기 때문에 성경의 영감성이나 무오성을 인정하지 않는다. 그래서 성경에도 다른 많은 고대 문헌들과 같은 오류가 있으며, 시대와 그 시대의 문화에 따라 다르게 해석되어야 한다고 생각한다.

둘째는 신정통주의이다. 신정통주의자들은 성경이 과학적, 역사적 사실을 말할 때는 틀릴 수 있다고 생각한다. 예수님의 동정녀 탄생이나 예수님이 행하신 여러 기적들, 그리고 예수님의 육체적 부활 따위는 실제로 일어난 사건들이 아니라 1세기 초대교회가 지어낸 신화들(myth)에 불과하다고 주장한다. 그러면서도 그런 신화들 속에 들어있는 케리그마(Kerygma)는 틀리지 않는다고 주장한다.[2] 그러므로 이들은 케리그마를 담고 있는 껍데기들, 즉 '신화들'을 벗겨내고 케리그마를 찾는 것이 필요하다고 주장한다. 흔히 이것을 '비신화화'(非神話化, demythologization)라고 말한다. 이들은 자유주의자들보다는 한결 성경의 권위를 인정하는 것 같지만, 성경 기록의 사실성을 부정한다는 점에서는 같은 맥락에 있다고 할 수 있다.

셋째는 복음주의적 입장이다. 복음주의자들은 성경은 하나님의 영감으로 기록된 무오한 말씀이라고 믿는다. 그리고 성경은 과학이나 역사 교과서는 아니지만, 과학적으로나 역사적으로 무오하다고 믿는다. 이 말은 성경이 부정확하고 오류가 있다는 말이 아니라 해석이 필요함을 의미한다. 성경은 인간이 알아들을 수 있는 말로 기록된 하나님의 말씀이므로 3000년 전의 사람들도 이해할 수 있어야 하고 현대인들도 이해할 수 있어야 한다. 이것은 자연에 대한 연구나 역사적 연구를 통해 밝혀지는 사실들이 각 시대마다 성경의 의미를 정확하게 이해하는 데 사용될 수 있음을 의미하는 것이다.

마지막으로 근본주의적 입장을 들 수 있다. 복음주의자들처럼 근본주의자들도 성경의 영감성과 무오성을 믿는다. 하지만 이들은 성경은 하나님이 글자 하나하나를 영감하여 기록한 것이며, 성경 기록자들은 다만 기계적으로 받아 적었을 뿐이라고 생각한다. 기록자들의 인격이나 특성, 교육의 정도, 그가 살았던 시대적 배경 등은 성경을 기록하는 데 전혀 반영되지 않았다고 믿는다. 즉 고대인들의 안목과 현대인들의 안목의 차이를 인정하지 않는다.

여기에서는 성경의 영감성을 인정하지 않는 자유주의자들의 주장과 신정통주의자들의 주장은 논의에서 제외할 것이다. 신정통주의자들의 주장 역시 자유주의자들과 같이 성경의 전적인 영감성과 무오성을 인정하지 않는다는 점과 케리그마와 이를 담고 있는 '신화들'을 엄격히 구분하는 것이 쉽지 않다는 점, 초자연적인 하나님의 간섭이나 기적들을 '신화들'로 보고 이를 사실로 받아들이지 않는다는 점, 오류가 있는 '껍데기'(신화들)에 오류가 없는 '알맹이'(케리그마)가 담겨있다는 것이 논리적으로 가능한 얘기인가 하는 점 등 많은 의문이 있다. 그러므로 아래에서는 성경의 영감성과 무오함, 즉 성경 전체가 하나님의 영감된 하나님의 말씀임을 받아들이는 마지막 두 입장에 집중해서 살펴보고자 한다.

2. 해석의 불가피성

먼저 우리는 성경을 해석하지 않고 이해할 수 있는가를 살펴보아야 한다. 어떤 사람들은 "우리는 성경을 해석하지 않고 있는 그대로 믿는다"라고 말하는 사람들이 있다. 그러나 후에 좀 더 살펴보겠지만, 소위 '있는 그대로' 믿는 것도 일종의 해석이라고 할 수 있다. 사전적인 의미로 볼 때, '해석'이란 문서를 포함하는 기호나 표현, 인간의 몸짓이나 표정, 습관, 제도, 종교, 학문, 예술 등 인간 정신의 소산을 이해·설명하는 것을 말하며, 이를 위해서는 반드시 어떤 전제 위에 서지 않을 수가 없다. 공리를 전제하지 않고는 수학을 시작할 수 없듯이 해석학적 전제를 가정하지 않고는 어떤 해석도 불가능하다.[3]

해석이라고 하는 것은 사람들이 제한된 자료와 지식으로 새로운 대상을 알려고 할 때 불가피하게 부딪히게 된다. 만일 사람이 하나님처럼 모든 것을 본질 그대로 알고, 모든 것을 자신의 의지대로 행할 수 있는 존재라면 굳이 해석이 필요하지 않을 것이다. 그러나 인간이 유한한 자료와 지식을 근거로 하는 존재인 한 해석은 일종의 존재론적 필요라고 할 수 있다. 그러므로 "우리는 성경을 해석하지 않고 있는 그대로 믿는다"라고 말하는 것은 어쩌면 가장 지독한 이데올로기를 반영하는 것이라고 할 수 있다.

또한 성경에는 문학적으로 다양한 장르들이 존재하기 때문에 해석이 필요하다. 성경에는 율법서가 있는가 하면 역사서가 있고, 시가서가 있는가 하면 예언서가 있고, 서신서가 있는가 하면 묵시서가 있다. 한 성경 속에도 어떤 경우에는 노래가 있는가 하면, 어떤 경우에는 설교가, 어떤 경우에는 역사적 서술이 있다. 그러므로 성경의 각 부분들은 이들의 장르를 고려하여 해석할 필요가 있다. 같은 표현이라도 시나 소설에서 사용하는 의미와 수필이나 역사적 서술에서 사용하는 의미가 다르

듯이 성경도 장르에 따라 다른 해석이 필요하다.

이런 점들을 염두에 두고 해석이 불가피하다는 주장의 몇 가지 초보적인 예들을 살펴보자. 먼저 마태복음 4:8을 생각해 보자. 예수님이 시험 받으시는 것을 마태는 "마귀가 또 그를 데리고 지극히 높은 산으로 가서 천하만국과 그 영광을 보여"라고 기록하고 있다. 아마 여기서 말하는 '지극히 높은 산'이란 헬몬산일 것이다. 그런데 그 산의 높이는 해발 588m에 불과하다. 이 산꼭대기에서는 천하만국이 아니라 가장 멀리까지 보이는 청명한 날에도 정상에서 200km까지만 보일 뿐이다.

요한복음 21:25는 어떤가? 예수님의 사랑을 가장 많이 받았던 요한은 "예수께서 행하신 일이 이 외에도 많으니 만일 낱낱이 기록된다면 이 세상이라도 이 기록된 책을 두기에 부족할 줄 아노라"고 쓰고 있다. 여기서 "이 세상이라도 … 부족할 줄 아노라"는 말은 과장법이라고 할 수 있다. 사람이 나서부터 70세에 죽을 때까지 잠도 자지 않고, 밥도 먹지 않고 쉴 새 없이 이야기를 하고 그것을 모두 기록한다고 해도 2만 5천권을 넘을 수가 없다. 이것은 기독교대학인 TWU 도서관 장서의 1/10 정도에 불과하다. 그런데 지상에서 불과 33년밖에 계시지 않았던 예수님의 하신 말씀이, 그것도 계속 말씀만 하신 것도 아닌데 세상에 둘 곳이 없다는 말은 분명히 과장된 것이라고밖에 할 수 없다. 그렇다고 해서 예수님이 거짓말을 하셨다고 할 수가 있을까? 바로 여기서 해석의 문제가 생기는 것이다.

해석의 필요성은 우리의 일상생활에서도 얼마든지 찾아볼 수 있다. 예를 들어서 아름다운 여인을 말할 때 우리는 흔히 '기가 막힌 미인'이라는 말을 한다. 그러나 기가 막히면 기절을 하게 되는데, 정말 어떤 미인이 너무 아름다워서 기절을 하는 사람이 있는가! 이 세상에서 아무리 아름다운 미인이라도 너무 아름다워서 보고 기절했다는 얘기는 들어본 적이 없다. 그렇다고 이 말이 부정확한 말이라고 할 수 있는가?

이 세상에는 과학적, 역사적 표현만이 있는 것이 아니며, 시적, 심리학적, 법적, 경제적 표현 등 분야마다 나름대로의 표현 방법들이 있다. 그러므로 과학적, 역사적 엄밀성이 없다고 부정확하거나 오류라고 말할 수는 없다. 과학적, 역사적 기술의 방법은 여러 기술 방법들 중의 일부일 뿐이다. 위에서는 단지 표현법의 문제만을 다루는 예들을 제시했지만 이보다 훨씬 더 심각한, 성경에는 화자와 청자의 세계관적 차이로 인한 해석의 문제들이 무수히 제기된다. 이런 점을 가장 날카롭게 지적한 사람이 바로 독일 철학자 가다머(Hans-Georg Gadamer, 1900-2002)이다.

3. 지평융합과 성경해석

고대인들과 현대인들 사이에 존재하는 문화적, 언어적, 세계관적 차이를 성경해석에 반영하는 데 있어서 우리가 주목해야 할 현대 철학의 중요한 개념은 소위 '지평융합'(Horizontverschmelzung)이다. 이것은 가다머가 제시한 개념으로서 많은 해석학자들에게 큰 영향을 미치고 있다.

가다머는 하나의 텍스트를 단지 과거에 있는 객관적인 타자(他者)로 파악치 않고, 전승을 통해 현대의 해석학자들과 영향을 주고받는 상대자로 파악했다. 즉 역사적 사실은 역사가의 해석을 한정하면서 영향력을 행사하는 동시에, 역사가의 해석을 통해 의미가 새롭게 규정된다고 보았다. 가다머가 말하는 지평융합은 타자를 일방적으로 자신의 지평으로 흡수하는 것도 아니고, 반대로 자신이 타자의 지평에 완전히 동화되는 것도 아니다. 가다머는, 지평융합이란 자신과 타자가 서로의 전통과 권위를 인정하면서 자신의 생각을 타자와의 대화를 통해 영향을 받아가는 변증법적인 과정이라고 보았다.

이러한 가다머의 지평융합 개념은 현대의 여러 성경해석학자들에 의해 받아들여졌다. 한 예로 영국 세필드 대학의 해석학자 티슬톤(Anthony C. Thiselton)은 성경해석은 성경기록 당시의 기자들의 지평과 성경 이해를 시도하는 현대의 해석자들의 지평과의 상호관계 속에서 이루어지며, 또한 그렇게 되어야 한다고 주장했다. 그는 만일 성경이 본문의 지평과 해석자의 지평간의 상호작용 속에서 해석되지 않고 고대 기자들의 지평에만 지나치게 집중되거나 반대로 현대 해석학자들의 지평만을 고집한다면 성경 원래의 의미를 살릴 수 없다고 했다.[4]

그렇다면 복음주의적 입장에서 지평융합은 어떻게 볼 수 있을까? 지평융합의 개념은 고대의 여러 역사나 철학적 저술들의 해석에서는 매우 유용하지만, 시공을 초월하여 진리의 절대적 주체가 되시는 하나님의 말씀, 즉 성경을 해석할 때는 그대로 받아들이기 어려운 점이 있다. 특히 성경의 무오성을 받아들이는 복음주의자들은 더더욱 그러하다. 권성수 목사가 "본문 지평과 해석자 지평의 '융합'(fusion)을 받아들이기 보다 오히려 본문 지평이 해석자 지평을 '변혁'(transformation)시키는 것"이 필요하다고 한 것은 이런 점을 지적한 것이라고 할 수 있다.

지평융합에 대한 부정적 견해에도 불구하고 이 개념은 우리들에게 몇 가지 중요한 점을 시사하고 있다. 비록 다른 고대 텍스트들과 같이 본문 지평과 해석자 지평의 완전한 융합은 불가하다고 해도 적어도 본문의 지평과 해석자의 지평이 엄연히 존재한다는 것을 인정하는 것이 필요하다. 그리고 이들 지평간의 완전한 융합은 아니더라도 적어도 밀접한 상호작용이 불가피함을 인식하는 것은 성경해석에서 매우 중요하다. 이런 점을 염두에 두고 성경해석에 있어서 역사와 과학의 위치를 생각해보자.

4. 성경과 역사와 과학

성경이 분명하게 언급하고 있지 않는 사실에 대해서 과학적, 역사적 연구의 길은 언제나 열려있다. 실제로 19세기 초반부터 시작된 중동 지방의 고고학적 발굴들은 구약의 역사성을 확증하는 데 많은 도움을 주었다. 예를 들면 1811년, 영국 동인도 회사 대표였던 리치(Claude James Rich)가 바벨론 폐허에서 고대 유물들을 발굴하기 시작한 것을 기점으로 1835년에는 영국 육군 장교 롤린슨(Henry Rawlinson)의 베히스턴 암벽 발견, 1842년 프랑스 영사 보타(Paul Emil Botta)의 사르곤 왕궁 발굴, 1845-51년까지 '앗수르 고고학의 아버지'인 레이어드(Austen Henry Layard)의 앗수르바니팔의 거대한 도서관 발굴 등은 구약 기록의 정확성을 재확인해 주고 있다.[5]

그러면 이러한 고고학적 발굴들이 성경의 모든 난제들을 해결해 줄 수 있을까? 성경은 역사적 기록을 넘어선 우주와 지구, 육지와 바다, 생명과 인류, 언어와 문명의 기원 등까지 포함하고 있다. 그리고 이런 것들은 고고학적 연구만으로는 증명할 수 없다. 특히 우주와 생명의 기원에 관한 성경의 내용들은 역사적 연구의 한계를 넘어서고 있으며, 이를 위해서는 다른 학문 분야의 도움이 필요하다. 한 예로 창세기 1장은 우주의 기원과 생명의 탄생, 생물의 출현과 인류의 출현 등을 기술하고 있다. 이런 것들은 물리학이나 천문학, 생물학이나 지질학 등의 영역에 있다고 할 수 있다. 하지만 현대 과학이 성경의 모든 것들, 특히 우주와 생명의 기원에 관한 것들을 명쾌하게 밝혀줄 수 있을까?

이에 대해 답하기 전에 우리는 먼저 하나님께서 사람들에게 성경을 주신 목적이 무엇인지를 생각해 봐야 한다. 성경은 현대 과학에서 궁금해 하는 문제들의 해답을 제공하기 위해서가 아니라, 하나님의 원대한 구원계획을 드러내기 위해 주어진 일종의 계시적, 역사적 서술, 즉 구속사(redemptive history)의 서술이다. 이를 위해 하나님은 성경을 통해 그의 백성들에게 자신을 알리고, 하나님과 그의 백성들, 나아가 하나님과 모든 피조물들이 어떤 관계에 있는가를 알려주시기를 원하신다. 성경이 복잡한 유전자 얘기나, 쿼크 등의 소립자 얘기, 미적분 방정식 등 수학적인 개념이나 용어로 기록되지 않은 것도 바로 이 때문이다. 성경은 과학자들의 삶과 연구의 가이드는 되지만 과학의 교과서로 주어진 것은 아니다.

성경이 현대 과학적 문제를 해결하기 위해 주어진 책이 아니라면, 그리고 성경이 현대 과학적 개념이나 용어를 사용하지 않고 있다면, 성경으로부터 어떤 구체적인 과학적 자료들을 찾아내려는 시도들은 자칫 오류를 범할 수 있다. 예를 들어 성경은 하나님께서 엿새 동안 천지를 창조하셨다고 말씀하신다. 그러나 이 엿새가 오늘날 24시간으로 이루어진 하루하루가 모여서 이루어진 것인지 우리가 알지 못하는 어떤 길이의 하루인지는 아무도 모른다. 창세기의 목적은 날들의 길이가 24시간인지, 2억 4천만년인지를 따지려는 것이 아니다. 창세기의 기록은 하나님이 천지만물을 창조하셨다는 사실, 즉 하나님이 창조주가 되신다는 사실과 우리는 그 분의 피조물이라는 사실을 강조한다. 그리고 우리가 우리를 만드신 창조주 하나님 앞에서 어떻게 살아야 할 것인가를 말하고 있다. 이런 목적으로 주어진 본문을 두고 과학적 정오의 논쟁을 벌이는 것은 마치 워드워즈(William Wordsworth)의 '초원의 빛'(Splendour in the Grass)이란 시로부터 광학의 원리를 찾겠다는 것과 흡사하다. 이것은 히브리어의 특성과 히브리인들의 구전 문화를 살펴보면 더욱 뚜렷해진다.

5. 히브리어의 특성과 히브리인들의 구전 문화

성경해석과 관련하여 성경으로부터 구체적인 과학적 정보를 얻으려는 시도의 위험성에 대하여 한 가지 더 고려해야 할 것은 성경을 기록한 히브리인들의 언어와 문화적 배경이다. 성경과 과학은 히브리적 사유와 헬라적 사유를 대변한다고 할 수 있다. 이들의 차이는 두 문화의 특성에서 잘 나타난다. 히브리적 정신은 통합적이고 삶의 실천에 대한 것인데 비해, 현대 학문 정신으로 대표되는 헬라적 정신은 분석적, 추상적, 사변적이다.

현대 학문의 정의를 따른다면 히브리어는 학문적 언어가 아니다. 히브리어는 어휘도 단순하며, 동사나 형용사의 변화도 단순하다. 그러나 헬라어는 매우 복잡하여 명사, 형용사, 동사 등등이 기계적으로 정교하게 변화하며, 시제도 복잡하다. 이것은 자세한 기술, 분석적 사고, 즉 헬라적 사고를 지원하기 위해서 필수적인 것이었다. 헬라적 사고가 그런 문자를 발전시켰는지, 그런 문자가 헬라적 사고를 발전시켰는지는 잘 모르겠지만 말이다.

이에 비해 성경은 처음부터 문자로 기록된 책이 아니었으며, 특히 모세 오경은 하나님의 영감으로 기록되었다고 해도 오랜 기간 구전으로 내려온 것이었다. 물론 구체적인 내용들이 세밀하게 기록된 레위기 등의 기록은 처음부터 어떤 형태로든 기록되어 전승된 것으로 보이지만, 창조주간의 기록으로부터 시작하여 상당 기간의 창세기 내용은 구전으로 전해져 내려오던 것을 모세가 정리·기록한 것으로 보인다. 모세는 BC 1500년 경에 산 사람인데 어떻게 창세기 초반부의 내용을 알 수 있었을까? 물론 처음부터 기록되어서 내려오던 것을 모세가 편집했다고 주장할 수도 있겠지만, 사실 히브리어의 기원은 그렇게 오래되지 않았다. 진보적인 학자들은 히브리어의 기원이 불과 BC 12-13 세기 전후라고 말한다. 그렇다면 그 이전의 기록은 다른 언어로 기록되었든지 아니면 구전된 것이라고밖에 할 수 없다.

대부분의 고대인들에게 보편적이었던 것처럼 히브리인들에게도 구전은 보편적인 것이었다. 성경을 기록할 때 그것을 기록하는 양식이 입에서 입으로 전달되기 쉬운 방법과 단어들을 사용했음이 분명하다. 특히 외세의 침략과 압제로 인해 고난의 세월을 보내면서 히브리인들은 자신들의 신앙을 후대에 전해주기 위해서는 불가피하게 효과적인 구전법을 강구했음이 분명하다. 이것을 보여주는 한 예가 바로 히브리 문학의 운율이다. 구약성경에서 시가서들은 말할 것도 없고 대부분의 구약성경의 기록들이 운율에 맞추어서 기록된 것을 볼 수 있다. 알파벳 순서를 첫 행의 첫 글자로 사용하는 답관체(踏冠體, Acrostic) 시는 흔히 있는 일이었다.

  답관체는 한 절의 머리글자가 히브리어 알파벳 순서로 이어지는 시를 말하는데, 이것은 기억하기 쉽도록 하기 위한 목적이었다. 시편 9, 10, 25, 34, 37, 111, 112, 119, 145편은 대표적인 답관체 시이며, 예레미야 애가도 대표적인 답관체 시로 씌어졌다. 예레미야 애가는 포로로 잡혀가면서, 혹은 잡혀간 후에 글로 적어서 전달되기 어려운 때에도 왜 유다가 망하게 되었는지를 기억하도록 하기 위해 답관체로 기록되었다. 시편에서 가장 긴 119편은 총 22연(聯)으로 이루어져 있으며, 각 연은 8행(行)으로 되어 있고, 각 행은 같은 히브리어 알파벳으로 시작한다.

  창세기 1:1-2:3에 나타난 천지창조의 순서는 소위 동심구조 혹은 쇄기구조(Chiastic Structure)를 갖는다.[6] 즉 첫째 날부터 셋째 날까지의 창조 역사는 넷째 날부터 여섯째 날까지의 사역과 연관되어 있다. 첫째 날에 하나님은 빛과 어두움을 나누셨고, 이에 대응하는 넷째 날에는 이 빛과 어두움을 주관하는 태양과 달과 별들을 만들었다. 둘째 날에 하나님은 궁창을 만드시고 물과 육지를 나누셨다. 그리고 이에 대응하는 다섯째 날에 궁창을 나는 새들을 만드시고, 바다에 서식하는 어류들을 만드셨다. 셋째 날에는 육지와 식물들을 만드시고, 이에 대응하는 여섯째 날에는 이들을 서식지와 먹이로 사용할 수 있는 육지동물과 사람을 지으셨다.

  히브리인들은 서로 대응하는 문장을 기록할 때는 주요 동사가 같은 음을 내도록 배치했다. 그래서 한글 발음도 유사하지만 히브리어 발음으로는 거의 일치한다. 이 구조를 좀 더 크게 보면 1:1-2:3의 본문에서는 '창조', '하나님', '하늘', '땅' 등의 주요 단어가 일치하는 것을 볼 수 있다. 그래서 위의 쇄기구조는 1:1-2:3이라는 커다란 봉투에 담긴 것과 같다고 해서 '봉투구조'(Inclusio)라고도 부른다.

답관형 서체, 쇄기구조나 봉투구조, 주요 단어의 반복 등은 성경을 낭독할 때 청자(聽者)들이 기억과 암송을 효과적으로 할 수 있도록 하기 위한 것이라고 할 수 있다. 기록된 성경이 흔치 않았던 고대에는 이런 독특한 양식으로 기록하지 않으면 도저히 백성들이 기억할 수 없었다. 이런 연유로 히브리 문학에서는 간혹 뜻은 정확하지 않지만 발음이 비슷한 단어들이 사용되기도 한다. 이런 히브리어와 히브리 문학의 특성을 고려한다면, 이들로부터 구체적인 과학적 내용을 유추해 내는 것이 쉽지 않음을 금방 짐작할 수 있다. 그러므로 자칫 서구의 헬라적인 과학적 개념을 고대 히브리어 본문에 억지로 집어넣게 되면 본문을 왜곡시킬 가능성이 높아진다. 고대와 현대 사이에는 건너기 힘든 문화적, 언어적 간격과 세계관(혹은 세계상)의 차이가 있기 때문이다. 앞에서 언급한 가다머의 지평융합 개념도 이것을 지적한 것이며, 바로 이것이 성경의 문자적 해석을 주장하는 사람들이 간과한 점이라고 할 수 있다.

6. 문자적 해석의 난점

성경을 문자적으로 해석해야 한다고 고집하는 사람들의 가장 큰 잘못은 언어의 살아있는 특성을 고려하지 않는 것이라고 할 수 있다. 언어는 살아있는 사람들이 사용하는 것이기 때문에 사람들의 삶의 환경이나 모습이 변화하면 따라서 언어도 변한다. 이것을 받아들이려고 하지 않는 운동 중의 하나가 바로 KJV 성경만이 유일한 바른 번역이라고 주장하는 소위 '오직 킹제임스 주의'(KJV Onlyism) 운동이다. 이 운동은 주로 미국에서 일어나고 있지만, 국내에도 말씀보존학회라는 단체가 만들어져서 KJV 성경만이 바른 성경임을 주장하면서 다른 번역들을 정죄한다.

KJV 성경만을 고집하는 사람들은 KJV 성경이 번역되던 시기에 사용되던 많은 영어 단어나 구들의 의미가 이미 오늘날과는 뜻이 달라졌거나 사용되지 않는 것들임을 기억해야 한다. 몇 가지 예를 들면 KJV 성경에서 'advertise'는 오늘날의 'tell'을, 'allege'는 'prove'를, 'conversation'은 'behavior'를, 'communicate'는 'share'를, 'take through'는 'be anxious'를, 'prevent'는 'precede'를 의미한다. 또한 KJV 성경에서 'anon'과 'by and by'는 'immediately'를 의미하는 헬라어를 번역한 것이며, 'meat'는 'food'을 의미하는 일반적인 의미를 갖는다. 그 외에도 'suffer', 'filthy lucre', 'quick', 'lunatick', 'wax', 'charity', 'gay clothing' 등을 들 수 있다.[7]

KJV 성경이 번역된 지 400여년이 지나는 동안 당시에는 매우 분명하던 뜻들이었지만, 지금의 독자들이 읽기에는 뜻이 애매해진 것들도 많다. 예를 들면 히브리서 2:18의 KJV 성경을 처음 읽는 현대인들이 "For in that he himself hath suffered being tempted, he is able to succour them that are tempted"를 읽고 "그가 시험을 받아 고난을 당하셨은즉 시험 받는 자들을 능히 도우실 수 있느니라"라는 뜻으로 이해할 수 있는 사람이 얼마나 될까? 또한 요한서 10의 KJV 성경을 읽는 사람들이 "If there come any unto you, and bring not this doctrine, receive him not into your house, neither bid him God speed"를 읽고

"누구든지 이 교훈을 가지지 않고 너희에게 나아가거든 그를 집에 들이지도 말고 인사도 하지 말라"는 뜻으로 이해할 수 있는 사람이 얼마나 될까?[9]

불과 400여년의 세월이 지나는 동안 초판 KJV 성경에 사용하던 827개의 단어나 구들은 의미가 변했거나 오늘날의 일상적인 영어에서는 사용되지 않는다고 한다.[9] 그러므로 KJV 성경만을 유일무이한 번역이라고 고집하면서 NIV 성경은 '배교의 결정판'이요, 한글 개역성경은 '사단이 변개한 것'이라고 주장하는 것은 말씀을 보존하는 것이 아니라 왜곡하는 것이요, 교회를 세우는 것이 아니라 허무는 행위가 될 수 있다.

성경에 사용된 언어들이 변화하는 것은 비단 KJV 성경만의 문제는 아니다. 불과 150년도 채 되지 않는 한글성경의 번역사를 보더라도 언어의 생동성은 여실히 드러난다. 1877년, 로스 목사 등이 한글 성경 번역을 시작한 이래 1911년에 처음으로 『성경전서』가 출간되었고, 그 뒤 1938년에는 이의 개정판인 『성경개역』이, 1961년도에는 다시 이를 개정한 『개역성경』(완전한 이름은 성경전서 개역한글판)이 출간되었다. 이 중 『개역성경』은 "문장이 간결하고 우아하고 웅장하여 성도들에게 사랑을 받으면서 독보적인 성경으로 자리 매김 해 왔으며 성도들의 신앙형성에 긍정적으로 이바지한 바가 크다"고 평가받아 왔다. 그러나 불과 반세기도 지나지 않아 『개역성경』조차도 이미 젊은 세대들이 읽기에는 너무 딱딱하고 이해할 수 없는 표현이나 고어들이 많다는 비판을 받고 있다.

400년도 채 되지 않은 KJV 성경이나 50년도 채 되지 않은 『개역성경』의 문제를 볼 때, 우리는 수천 년 전에 기록된 성경을 해석하는 것이 얼마나 힘든 일인지를 짐작하게 된다. 수많은 성경학자들이 성경이 기록되던 당시 사회의 언어와 문화는 물론 인근 지역의 언어와 문화를 연구하기 위해 머리를 싸매는 것도 바로 이 때문이다. 이런 점을 감안한다면 성경이 기록된 시간과 공간, 환경과 문화의 차이를 고려하지 않고 성경을 (현대인들의 시각에서) '문자적으로', 혹은 '있는 그대로' 해석하려는 것은 나이브하고 자칫 위험천만한 시도라고 할 수 있다.

7. 성경의 문자적 해석과 과학

성경을 문자적으로 해석하며 이를 근거로 성경을 과학적 측면에서 연구, 분석하려는 대표적인 운동은 창조과학이라고 할 수 있다. 20세기 전반, 안식교 신자인 미국의 프라이스(George McCready Price)에 의해 시작된 창조과학은 홍수지질학과 젊은 지구연대라는 두 기둥 위에 세워져 있다. 안식교에서 시작한 창조과학 운동이지만 이것은 곧 근본주의 교단들을 중심으로 개신교에 퍼졌으며, 기원문제와 관련하여 지난 세기 세계 기독교계의 큰 운동들 중의 하나로 떠올랐다.

개신교 내에서 창조과학은 1960년대 초 미국에서 시작되었으며, 한국에는 1980년대 초에 도입되었다. 그리고 지난 40여 년 간 창조과학은 신자들로 하여금 성경의 무오성과 지적인 열등감이나 패배의식을 반전시키는 데 상당한 기여를 했다. 그러면서도 동시에 성경해석이나 과학에 대한 그리스도인들의 태도에 부정적 영향을 끼친 것도 사실이다. 몇 가지 예를 들어보자.

(1) 대폭발이론

우선 현대 우주론의 근간을 이루고 있는 대폭발이론을 생각해 보자. 현대 우주론에서 대폭발이론은 20세기 초반부터 누적되기 시작한 수많은 관측결과를 해석하기 위한 일종의 작업가설(working hypothesis)이라고 할 수 있다. 그러므로 대폭발이론은 지금도 새로운 사실들이 밝혀지면서 계속 수정, 보완, 다듬어져 가고 있다. 물론 지금도 물리학과 천문학 내에는 이에 도전하는 많은 이론들이 있지만, 적어도 아직까지 그 이론들은 대폭발이론보다 훨씬 더 많은 문제점들을 갖고 있다.

어떤 사람들은 대폭발이론을 매우 부정적으로 보면서 대안으로 창조론을 제시한다. 즉 우주는 대폭발로 만들어진 것이 아니라 하나님이 창조하셨다고 주장하는 것이다. 그러나 하나님이 창조하셨다는 주장은 대폭발이론과 동일한 지위의 과학적 이론이 아니다. 대폭발이론은 (맞는지 틀리는지는 차치하고) 하나의 메커니즘을 제시하지만, 하나님께서 창조하셨다고 하는 것은 메커니즘을 제시하는 이론이 아니라 창조주에 초점이 맞추어져 있는 신앙고백이다. 그러므로 "하나님께서 우주를 창조하셨지만 대폭발이라는 방법으로 창조하셨다"는 말은 내용의 정오(正誤)를 떠나 문법적으로 타당하지만, "하나님께서 대폭발이 아니라 말씀으로 우주를 창조하셨다"는 말은 "철수는 기차를 타고 서울에 간 것이 아니라 공부하러 갔다"는 말처럼 문법적으로 정확한 표현이 아니다.

물론 그리스도인들은 현대 우주론의 대폭발이론이 안고 있는 무신론적 함의에 주목해야 한다. 이 이론의 주창자들은 대부분 초자연적인 존재를 가정하지 않고 이론을 전개한다. 그러나 만일 대폭발이론이 바른 이론이라고 한다면, 신자들은 이것이 하나님이 우주를 만드신 이론임을 인정해야 한다. 만일 이보다 더 나은 다른 우주창조의 메커니즘이 있다면 신자들은 그 이론을 종교적인 용어들을 사용하지 않고도 물리학적인 용어를 사용해서 학술지에 발표할 수 있을 것이다. 하나님이 대폭발을 통해 우주를 창조하셨는지, 아니면 제3의 다른 과학적 모델을 통해 창조하셨는지, 아니면 우리가 과학적 사고로는 도달할 수 없는 다른 초자연적인 방법으로 창조하셨는지는 확실히 알 수가 없다. 다만 우리가 확실하게 아는 것은 태초에 하나님이 천지를 말씀으로 창조하셨다는 사실이다.

(2) 우주의 크기와 연대

창조과학의 또 하나의 어려움 중의 하나는 우주의 크기이다. 창조과학에서는 우주와 지구의 나이가 공히 6천년 내외라고 믿는다. 하지만 근래 천문관측이 진행되면서 좋은 망원경으로 볼 수 있는 별이나 은하들 중에는 100억 광년 이상 떨어진 것들이 있음이 속속 알려지고 있다. 만일 지구나 우주가 6천년 전에 만들어졌다면 어떻게 6천 광년 이상 떨어진 천체들이 보일까? 이에 대해 앞에서 간단히 언급한 창조과학자들의 주장을 다시 한 번 소개한다.

첫째는 천체들까지 거리를 잘못 측정했다는 주장이다. 실제로는 모든 천체들이 6천 광년 이내에 있는데 거리를 잘못 측정했기 때문에 먼 곳에 있는 듯이 보인다는 것이다. 물론 한 세기 전까지만 해도 태양계 내의 행성들을 제외한 다른 항성들이나 천체들까지의 거리는 쉽게 측정할 수 없었고, 당연히 오차의 범위도 매우 컸다. 하지만 20세기를 지나면서 물리학자와 천문학자들은 천체까지의 거리를 측정하는 여러 가지 방법들을 고안, 발견했다. 그 결과 지금은 매우 정확하게, 여러 가지 방법으로 상호검증을 하면서 천체들까지의 거리를 측정할 수 있게 되었다.

둘째는 빛의 속도가 점점 느려지고 있다는 주장이다. 이것은 호주의 아마추어 물리학자 세터필드(Barry John Setterfield, 1942-)가 주장한 이론으로서 빛이 과거에는 지금보다 훨씬 더 빠른 속도로 진행했지만, 그 후 광속이 지수함수적으로 감소해서 지금의 속도에 이르렀다는 주장이다. 그러므로 현재 우리가 보고 있는 별빛들은 처음에는 빠른 속도로 진행했지만 그 후 느려졌고, 따라서 우주는 6천 광년을 넘지 않는다는 주장이다. 그러나 광속이 감소한다는 주장은 아직까지 검증된 적이 없으며, 우주의 연령을 6천년에 맞추기 위해 거꾸로 거슬러 올라간 논리로 보인다.[10]

셋째는 우주 중심에 가까이 있는 지구에서는 엿새의 태양일이 경과하는 동안 우주 외곽에 있는 다른 천체들에서는 100억년 이상의 시간이 경과했다고 하는 주장이다. 이것은 중력이 큰 곳에서는 시간이 천천히 간다는 일반상대론에 근거한 주장으로써 초기 우주에서는 중심에 가까이 있는 지구와 그 인근에 많은 천체들이 집중되어 있어서 중력이 강했고, 따라서 시간이 천천히 경과했지만, 우주의 외곽에는 천체들의 밀도가 낮아서 중력도 약하고, 따라서 시간이 빨리 경과했다고 본다.

이 이론은 미국 창조과학연구소(Institute for Creation Research)의 물리학자 험프리스(D. Russell Humphreys)가 주장한 이론이다. 그는 세터필드의 연구에 영향을 받아 일반상대론을 공부한 후 자신의 이론을 개발했다. 그동안 ICR은 지구를 포함한 전 우주가 1만년 이내에 창조되었다고 주장해왔는데, 험프리스의 주장은 지구는 6천년 되었지만 다른 천체들 중에는 100억년 이상 오래된 것들이 있음을 인정하는 것이어서 흥미롭다.[11]

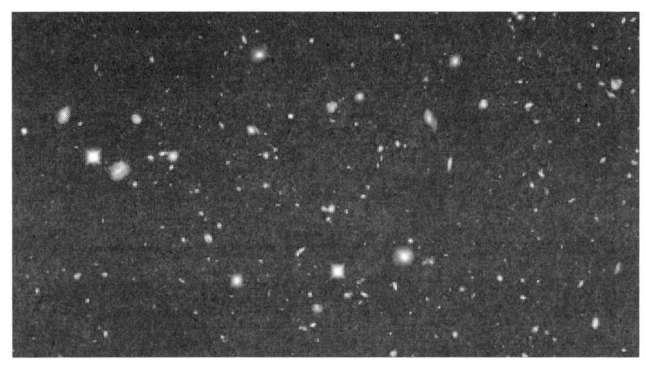

〈그림2-3〉 천문학자들은 100억 광년 이상 떨어진 천체들을 관측하고 있다.

하지만 이와 달리 유대인 물리학자 슈뢰더(Gerald L. Schroeder)는 험프리스와 정 반대의 주장을 한다. 즉 슈뢰더는 창조이래로 지구는 우주의 외곽에 있기 때문에 수십억 년의 시간이 경과했지만, 우주의 중심은 불과 수천 년이 경과했을 뿐이라고 주장한다.[12] 어느 이론이 맞는지, 혹은 두 이론이 모두 틀렸는지는 좀 더 연구해 봐야할 과제이다.

넷째는 하나님이 천체들과 더불어 오는 빛도 창조하셨다는 주장이다. 100억 광년 떨어진 천체로부터 지구까지 오고 있는 별빛까지 하나님이 창조하셨다는 주장이다. 물론 전능하신 하나님께서 그렇게 우주를 창조하셨을 가능성을 배제할 수 없다. 그러나 인류 역사에는 여러 차례 초신성 발견에 대한 기록들이 있음을 유의해야 한다. 이것은 별들이 만들어진(빛을 발하기 시작한) 후 처음으로 그 빛이 지구에 도달한 기록들이라고 할 수 있는데, 오는 별빛을 하나님이 창조하셨다고 해서는 이런 별들의 존재를 설명하기가 어렵다. 6천년의 틀에 맞추려고 이렇게까지 어색한 가정을 할 필요가 있을까!!

근본주의자들의 축자영감설은 과학적 데이터들을 해석하는데 있어서 성경 본문의 표면적 의미에 과도하게 의존한다고 볼 수 있다. 다시 말해 원래 저자의 의도 이상으로 성경 본문을 과학적 연구에 사용한다고 할 수 있다. 그 결과 근본주의 운동은 한편으로는 말씀을 파수하는 역할을 하기도 하지만, 다른 한편으로는 하나님의 형상을 따라 지음 받은 인간이 자연계에서 발견한 많은 사실들을 부정하고, 이로 인해 교회의 하나 됨을 무너뜨린다는 비난을 받을 수도 있다.

성경의 사실들 중에는 얼마든지 다양한 해석을 할 수 있는 주변적인 것들이 있고, 반면 다르게 해석할 수 없는 중심적인 것들이 있다. 예를 들어서 예수님의 대속적 죽음이나 부활, 재림 등은 다르게 해석하게 되면 이단이 된다. 그러나 성경에 있는 사실들 중에서 현대과학과 관련된 것들에 대해서는 다양한 해석이 가능하고 또 가능해야 한다.

한 예로 '날'을 의미하는 히브리어 '욤'에 대해서 생각해 보자. 창조과학자들은 확신을 가지고 "어떻게 욤을 24시간 이외의 뜻으로 해석할 수가 있는가?"라고 말한다. 그러나 동일하게 성경의 영감성과 무오함을 믿는 복음주의자들은 성경해석만으로는 욤이 24시간인지 2억 4천만년인지 분명하지 않지만, 과학의 데이터들을 보면 '욤'은 오랜 기간으로 해석하는 것이 맞는 것처럼 보인다고 말한다.

창조과학에서는 (전부가 아니라 일부일지라도) 성경을 과학적으로 증명할 수 있다고 주장한다. 그러나 만일 성경이 과학적으로 증명할 수 있기 때문에 믿는다면, 다시 말해 성경의 권위가 (일부라도) 과학적 근거 위에 세워져 있게 된다면, 성경은 과학보다 믿을만한 것이 못된다. 더군다나 과학적 증명이 틀렸음이 밝혀지게 되면, 성경 역시 자동적으로 틀린 것으로 간주되는 위험이 따른다. 위에서 언급한 네 가지 예들, 즉 천체까지의 거리나 광속의 가변성, 지구에서와 우주 외곽 천체에서의 시간 경과의 차이, 하나님이 먼 천체로부터 오는 빛까지 창조하셨다는 등의 주장은 현재로서는 오류일 가능성이 높다.

(3) 천동설 운동

성경을 축자적으로 해석하려는 근본주의 운동 중에 소위 천동설 운동이 있다. 코페르니쿠스의 지동설을 담은 『천구의 회전에 관하여』(1543년)가 발표된 지 450년이 지났고, 갈릴레오의 지동설 재판(1633년)이 끝난 지 350년이 지난 지금까지도 지구는 움직이지 않으며, 태양이 움직인다는 천동설이 사라지지 않고 있음은 놀라운 일이다. 창조과학자들이 모두 천동설 주장자는 아니지만, 많은 천동설 주장자들은 창조과학을 지지한다

천동설 운동의 선구자 중의 한 사람인 홀(Marshall Hall)은 "지구가 자전축을 중심으로 돌고 있다는 믿음은 오늘날 세계에서 모든 거짓의 원조이다"라고 담대하게 말했다. 그는 "코페르니쿠스주의와 다윈주의의 공생관계"(The Symbiotic Relationship Between Copernicanism and Darwinism)를 언급하면

서 "문법적으로나 의미론적으로 볼 때 성경은 전적으로 천동설을 지지한다"(Grammatically and Semantically the Holy Bible is Wholly Geocentric)고 주장했다.[13]

그러면서 그는 많은 성경 구절이 천동설을 지지한다고 주장한다. 몇몇 예를 들면 '해질 때에'(창15:12), "그 손이 해가 지도록 내려오지 아니한지라"(출 17:12), "해 질 때에야 정하리니"(레 22:7), "해지는 편 대해까지"(수 1:4), "해가 질 즈음에"(왕상 22:36), "해와 달이 그 처소에 멈추었나이다"(합 3:11), "해가 돋은 후에"(막 4:6), "해가 돋고 뜨거운 바람이 불어"(약 1:11) 등을 예로 들면서 움직이는 것은 태양이지 지구가 아니라고 주장한다.[14] 이들은 "성경은 67개의 구절에서 움직이는 것은 태양이지 지구가 아니다. 성경에서 지구가 움직이고 태양이 움직이지 않는다고 말하는 구절은 하나도 없다"고 주장한다.[15]

이 외에도 이들은 매우 잘 증명된 현대과학의 주요한 성과들조차 성경의 문자적 해석에 맞지 않으면 틀렸다고 주장한다. 예를 들면 "적색편이나 적외선 기술은 대폭발이론에 필요한 과장된 우주를 정당화하기 위해 거짓되게 사용되고 있다"고 주장한다.[16] 천동설 주장자들의 주장은 과학적인 문제는 말할 것도 없고 심각한 성경해석의 문제도 야기하지만, 여기서 심각하게 다룰 가치가 없다고 생각되어 더 이상의 논의는 하지 않겠다.

8. 요약과 결어

지금까지의 논의들은 다음과 같이 요약해 볼 수 있다. 먼저 여기에서는 성경에 대한 해석의 불가피성과 더불어 성경의 문자적 해석이 불러

올 수 있는 몇 가지 문제점들을 논의했다. 문자적 해석은 과학적 사실들과 관련된 구절들을 해석할 때 심각한 문제에 직면할 수 있다. 특히 창세기 1장에 대해서는 확실한 과학적 이론이 존재하지 않는다. 그렇기 때문에 성경의 영감성과 무오성을 인정하는 한 아직까지 어떤 견해도 "절대적인 기독교의 견해"라고 말할 수 있는 것이 없다.[17] 우리는 늘 과학적 연구 성과들이 어떻게 성경해석과 양립할 수 있는지를 주의하여 볼 필요가 있지만, 성경의 권위가 과학적 연구 성과 위에 세워져 있지 않음을 기억해야 한다.

역사적 연구나 과학적 연구, 그리고 그것을 할 수 있는 인간의 능력은 하나님이 주신 것이다. 갈릴레오가 지적한 것과 같이 하나님은 우리에게 자연이라는 책과 성경이라는 책을 주셨다. 그 두 책은 모두 하나님이 어떤 분인지, 인간이 어떤 존재인지를 말해주는 것이다. 하지만 불완전한 인간은 이들을 통해 드러나는 하나님을 완전하게 이해할 수 없다. 그러므로 현대 과학의 연구 결과가 자신의 성경해석을 직접적으로 지지하지 않는 듯이 보일 때라도 겸손하게 경청하고, 자신의 성경해석을 지지하는 듯이 보이더라도 과학적 연구를 너무 절대화하지 않는 것이 필요하다.

성경과 과학이 모두 하나님이 주신 것이라고 한다면, 이들이 서로 맞지 않는 듯이 보일 때 우리는 다음 몇 가지 가능성을 열어두고 양측의 증거를 살펴야 한다. 우선 성경과 과학이 일치하지 않는 듯이 보일 때는 자신의 성경해석이 바른지를 살펴야 한다. 또한 성경의 해석에 큰 무리가 없는데 과학과 일치하지 않을 때는 과학이 바르게 해석된 것인지를 살펴야 한다. 그리고 성경해석과 과학적 결과 해석이 큰 무리가 없는데 일치하지 않을 때는 무리하게 성경을 과학에 끼워 맞추거나, 과학적 해석을 성경에 아전인수격으로 끌어들이기보다 겸손하게 기다리는 자세가 필요하다.

때로 과학적 연구 성과들이 성경 내용을 지지하지 않는 듯이 보일 때라도 우리는 과학과 성경의 주장을 무리하게 끼워 맞추려고 하지 말아야 한다. 성경은 그 시대의 언어로, 그 시대 사람들이 이해하도록 기록되었기 때문이다. 베드로는 그렇게 할 때 어떤 결과가 초래될 수 있는지에 대해 우리들에게 이렇게 경고한다: "또 그 모든 편지에도 이런 일에 관하여 말하였으되 그 중에 알기 어려운 것이 더러 있으니 무식한 자들과 굳세지 못한 자들이 다른 성경과 같이 그것도 억지로 풀다가 스스로 멸망에 이르느니라 그러므로 사랑하는 자들아 너희가 이것을 미리 알았은 즉 무법한 자들의 미혹에 이끌려 너희가 굳센 데서 떨어질까 삼가라"(벧후 3:16-17).

성경을 억지로 풀려는 노력 중의 하나는 성경을 과학 교과서로 보는 것이다. 성경이 과연 과학교과서로 주어진 것인지 알려면 우리는 먼저 성경이 무엇을 위해 우리에게 주어졌으며, 무엇을 말하고 있는지를 알아야 한다. 또한 피조세계의 증거들이 무엇을 말해주고 있는지에 대해서도 마음을 열어야 한다. 나아가 하나님께서 다른 사람들을 통해서도 말씀하신다는 점을 인정해야 한다. 불신자가 발견한 것이라도 모든 진리의 주인은 하나님임을 기억해야 한다. 우리가 그처럼 겸손히 마음 문을 열 때 비로소 우리는 과학적 비진리와 비과학적 진리를 분간하지 못하는 오류로부터 벗어날 수 있게 될 것이다.

[반성과 토의를 위한 질문]

1. 저자는 간격의 하나님(God-of-the-gaps) 개념을 비판한다. 하지만 보는 관점에 따라 간격의 하나님 개념은 과학이 완전하지 못하다는 것과 하나님은 전능한 분임을 증명한다고도 볼 수 있지 않을까? 간격의 하나님을 긍정할 수 있는 요소는 없는지 말해 보자.

2. 자연은 저절로 존재했다고 볼 수 없으며, 반드시 지적 설계자가 있어야만 설명할 수 있다는 지적 설계론도 결국 간격의 하나님 개념에 기초한 것은 아닌가? 간격의 하나님 개념과 지적 설계론이 무엇이 같고 무엇이 다른지 말해 보자.

3. 저자는 하나님께서 이 세상을 창조하실 때 과학적으로 설명할 수 있는 방법과 설명할 수 없는 방법 모두를 사용하셨다고 말한다. 그렇다면 자연적 방법과 초자연적 방법으로 만든 것을 어떻게 구분할 수 있을까? 이것을 구분하는 기준이 과학의 발달에 따라 점점 달라지는 것은 아닐까?

4. 물리적인 세계를 과학적 방법으로 접근하는 것과 신앙적 방법으로 접근하는 것을 나누는 것은 또 다른 이원론을 조장하는 것이 아닐까?

III. 성경은 과학 교과서인가?

부록논문: 성경은 과학 교과서인가?

성경은 최고의 과학 교과서?

인간은 자신과 주변 세계, 그리고 살아가는데 필요한 많은 질문들을 끊임없이 던지며 살아갑니다. 이러한 호기심, 지식과 지혜를 추구하려는 인간의 본성은 하나님의 형상의 반영이라고 볼 수 있습니다. 그래서 인간을 가리켜 '호모 사피엔스'(Homo sapiens)라고 하는데, 이는 '슬기 인간' 혹은 '지혜 인간'이란 뜻입니다.

인간이 던지는 모든 질문의 바탕에는 바로 인간 자신에 대한 물음이 도사리고 있습니다. 도대체 인간이란 무엇이며, 무엇을 위해 살아야 하며, 어디서 왔다가 어디로 가는 존재일까요? 이런 윤리의 문제, 죄와 죽음의 문제, 영생과 부활의 문제 따위는 세월이 흐른다고 달라지는 것이 아닙니다. 인생이 직면하는 근본적인 문제들은 동서고금, 남녀노소를 막론하고 다르지 않습니다. 그래서 이런 것들을 다루는 종교나 철학의 영역, 즉 인문학적 영역에는 영원한 고전들이 있는 것입니다. 노자의 『도덕경』이나 어거스틴의 『신의 도성』 등은 수천 년 전에 씌어진 책들이지만, 세월의 무게에 짓눌려 빛이 바래지 않고 아직까지 사람들에게 영감과 지혜를 주고 있습니다.

다음에는 인간의 내면적 구조, 심리적 문제, 사람과 사람 사이의 관계, 사회 구조와 관계된 문제들을 다루는, 흔히 말하는 사회과학적 질문들을 생각해 볼 수 있습니다. 이 영역에 쌓인 지혜나 지식들은 인문학적 지혜나 지식들에 비해 시대에 따라, 문화에 따라 어느 정도 가변성을 갖습니다. 서양인들에게 어필하는 것이 동양인들에게는 그렇지 않는 경우가 있고, 남자와 여자의 관심사가 다를 수도 있습니다. 하지만 사회과학 영역에도 어느 정도 시대를 초월하는 지혜들이 있습니다. 마키아벨리의 『군주론』, 맬더스의 『인구론』 등은 출판된 지 수백 년이 흘렀지만, 그리고 성경적 세계관과 상충되는 면이 있지만 나름대로 지금까지 사람과 사회를 이해하기 위한 통찰을 제공하고 있습니다.

하지만 물질세계를 다루는 과학의 영역으로 들어가게 되면 사정이 다릅니다. 새로운 지식이 폭발적으로 증가하고 있는 과학의 영역에서는 시대를 초월한 고전(과학연구를 위한)은 없습니다. 갈릴레오가 그렇게 대단한 물리학자였지만, 그의 지식은 오늘날 중학교 2학년 학생들보다도 못했다고 봅니다. 그는 조수 현상이 달에 의해 생긴다는 사실도 몰랐습니다. 빛의 본성에 대해 그렇게 많은 연구를 했던 뉴턴이지만, 그는 빛이 입자성과 파동성의 이중성을 갖는다는, 오늘날 중고등학교에서 배우는 것조차 몰랐습니다. 과학 연구에서는 30년 이상 된 논문이나 책이 직접적인 연구 자료로 사용되는 경우는 많지 않습니다. 그래서 지금은 갈릴레오의 『두 세계간의 대화』, 뉴턴의 『프린키피아』 등은 과학사 연구를 위한 목적 외에는 거의 읽지 않습니다.

그렇다면 그리스적 사고의 결정체라고 할 수 있는 학문적 연구에 비해 히브리적 사고를 대표하는 성경은 무엇을 다루고 있으며, 우리에게 어떤 것을 가르칠까요?

구태여 학문의 분야로 나눈다면 성경의 주된 관심은 인문학적 영역에 속하는 문제들을 다룬다고 할 수 있습니다. 하지만 성경은 학문을 위한 책이라기보다 인간이 직면하는 근본적인 문제, 특히 죄와 구원의 문제를 중심적으로 다루고 있습니다. 성경의 가장 많은 부분이 역사적 서술이고, 그래서 많은 역사학자들이 성경을 역사연구의 중요한 참고문헌으로 활용하고 있지만, 성경을 역사 논문이나 교과서로 보는 것은 바르지 않습니다. 뿐만 아니라 성경에는 올바른 재물관, 인간관, 사회관, 정치제도, 지도자의 자질 등에 대한 탁월한 사회과학적 지혜들이 많이 포함되어 있습니다. 그렇다고 성경을 사회과학 교과서로 보아서도 안 됩니다. 성경의 원리를 기초로 역사나 사회과학 교과서, 혹은 논문을 집필할 수는 있지만, 성경이 그런 것들을 대체할 수는 없습니다.

또한 우리는 성경으로부터 많은 과학의 힌트를 얻을 수도 있지만, 성경은 과학 교과서가 아닙니다. 성경은 우주나 지구의 구조, 이들의 창조방법, 창조기간 등 과학 교과서나 논문에서 다루는 내용을 구체적으로 언급하고 있지 않습니다. 대신 성경은 구원에 대해, 창조주에 대해, 인간의 책임에 대해, 과학연구의 근본이 되는 바른 자연관에 대해 말하고 있습니다. 성경은 과학이란 무엇이며, 무엇을 위해 존재해야 하는지, 과학자들은 어떤 윤리적 규범을 지켜야 하는지에 대한 교훈을 담고 있습니다. 성경이 과학 교과서가 아니라는 의미는 성경이 부정확하다는 의미가 아니라, 하나님이 우리들에게 성경을 주신 용도나 목적이 다른 곳에 있다는 뜻입니다. 우리들에게 성경을 주신 하나님의 목적을 이해하고, 그 뜻에 맞게 성경을 해석하는 것이 성경을 바르게 이해하는 것이며, 나아가 성경의 권위를 지키는 것입니다.

어떤 사람은 성경을 너무 중히 여긴 나머지 모든 학문의 교과서라고 말하기도 합니다. 그렇게 하는 것이 마치 성경의 권위를 가장 높이는 것이라고 생각하는 것입니다. 그래서 자신의 책 표지에 "성경은 최고의 과학 교과서"라는 말을 써넣기도 합니다. 하지만 여기서 '과학 교과서'란 말이 통상적 의미로 사용된 것이라면, 성경의 가치와 권위를 잘못 이해한 것입니다. 그것은 성경의 권위를 세우는 것이 아니라 도리어 허물 수 있습니다. 하나님께서 인간의 구원을 위해 계시로서 주신 책을 과학이나 역사 교과서라고 추켜세우는 것은 마치 윤동주의 시 "별 헤는 밤"에서 천문학의 원리를 찾으려는 것처럼 도리어 성경을 폄훼하는 것일 수 있습니다. 성경은 무오하지만 오늘날 학교에서 과학이나 역사 교과서로 사용할 수 있는 문체, 형식, 구조, 내용으로 기록된 것이 아닙니다.

성경은 인간에 대한 하나님의 사랑, 죄로 인해 피폐해진 인간과 세상의 모습, 그리고 그 인간과 피조세계를 구원하시려는 하나님의 우주적인 계획을 담고 있습니다. 그 계획은 웅대하지만 공부를 하지 않은 사람이 무식해서 이해할 수 없을 정도로 복잡하지 않으며, 단순하지만 공부를 많이 한 사람이라 해서 저절로 깨달을 수 있는 것이 아닙니다. 성경이 보여주는 하나님의 구원 계획은 겸손한 마음과 순종하는 자세로 말씀 앞에 자신을 낮추는 자들만이 깨달을 수 있는 특별한 계시입니다. 성경을 과학 교과서가 아닌, 구원의 도리를 담은 하나님의 계시로 받아들이는 것은 성경을 바르게 이해하는 첫걸음입니다.

언뜻 보기에 성경을 과학이나 역사를 공부하는 교과서로 사용할 수 있다고 주장하는 것은 성경에 대한 대단한 사랑과 열정 때문인 듯이 보입니다. 그렇게 주장하는 사람들은 그렇게 하는 것이 성경의 권위를 세우는 것이라고 주장하지만, 도리어 그것은 성경의 권위를 깎아내리고 성경을 조롱거리로 만드는 결과를 초래하게 됩니다. 성경을 하나님께서 의도하신 용도 이외의 목적으로 사용하는 이면을 자세히 살펴보면, 거기에는 문자주의나 맹신주의와 같은 이데올로기적 요소들이 있음을 볼 수 있습니다.

성경을 빙자한 이데올로기

얼마 전 추석을 전후하여 한국 방송을 통해 접한 소식들 중에는 국내에 거주하는 외국인들, 특히 중국이나 동남아에서 노동자로, 혹은 국제결혼을 통해 국내에 거주하는 분들과 그들의 자녀들이 겪는 어려움에 대한 얘기가 눈에 띄었습니다. 우리나라도 이제는 다인종 국가가 되어 가는 게 아닌가 하는 생각을 하면서 외국인들, 그 중에서도 우리보다 경제적으로 어려운 나라에서 온 외국인들을 돌보는 여러 교회들의 노력이 돋보였습니다. 외모가 달라서 느끼는 이질감에 더하여 말도 잘 통하지 않고 문화적으로도 낯선데 인종차별까지 겹친다면 정말 살아가기가 어렵겠지요. 근래에 저는 인종차별, 특히 성경을 빙자한 인종차별에 대한 글을 읽으면서, 이러한 이데올로기의 뿌리가 정말 깊다는 생각을 해 보았습니다.

17세기, 유대인이자 프랑스 개신교도였던 라페이레르(Isaac de La Peyrere)는 1655년에 출간된 『아담 이전의 사람들』이라는 저서를 통해 아담과 하와는 첫 인간이 아니며 다만 유대인들의 조상일 뿐이라고 주장하면서, 구약은 오직 유대인들만을 위한 것이기 때문에 유대인 이외의 민족들은 아담과 하와보다 먼저 창조되었다고 했습니다. 이 주장은 가인과 아벨이 아담과 하와의 유일한 자녀들이었다고 할 때 설명하기가 곤란한 가인의 아내와 놋 땅에 거하는 사람들이 누구인지를 쉽게 설명할 수 있습니다. 하지만 이 주장은 아담의 범죄의 영향을 받지 않는, 다시 말해 그리스도의 구속이 필요치 않은 사람이 있을 수 있다는 심각한 신학적인 문제를 제기할 수 있습니다. 이 주장은 그 후에도 이따금씩 지지자들을 모았으며, 자연스럽게 인류의 다중기원론(polygenism)으로 이어졌습니다.

다중기원론은 영국과 프랑스 학자들을 중심으로 시작되었으나, 후에 이 이론을 가장 열렬하게 받아들인 것은 미국인들, 그 중에서도 노예들을 많이 부렸던 미국 남부인들이었습니다. 미국이 다중기원론에 특히 적극적인 관심을 보인 것은 적어도 부분적으로는 흑인들에 대한 차별과 관련이 있었습니다. 남북전쟁으로 인해 법적으로는 미국에서 노예제도가 사라졌지만, 백인들의 인종적 우월감은 완전히 사라지지 않았습니다. 이의 대표적인 한 예가 내슈빌 출신의 인종주의자 페인(Buckner H. Payne)이었습니다.

페인은 1867년, 『흑인: 그들의 인종적 지위는 무엇인가?』라는 소책자를 통해 아프리카 흑인들은 열등할 뿐만 아니라, 인간에 가까운 유인원(subhuman)이라고 주장했습니다. 그는 성경의 히브리 원문을 자세히 해석한 것을 자신의 어설픈 과학지식과 결합시켜 아프리카에서 온 흑인들의 지위가 더 높아지게 되면, 사회적, 정치적 재난이 닥칠 것이라 주장하기도 했습니다.

페인은 성경의 창조기사를 자세히 읽어보면, 흑인은 아담과 하와 이전에 창조되었음을 알 수 있다고 주장했습니다. 그는 흑인들은 동물계(animal kingdom)에 속해 있으며, 영혼(soul)이 없다고 믿었습니다. 그는 흑인이 원숭이와 유일하게 다른 점은 말을 할 수 있는 능력이라고 하면서 에덴동산에서 하와를 유혹했던 '뱀'이 바로 흑인이라고 주장했습니다. 이는 에덴동산의 다른 동물들은 말을 할 수 없었기 때문이라고 했습니다.

또한 그는 '진짜 인간'(true human)이 흑인과의 사이에서 아이를 낳는 것(interbreeding)은 용서받을 수 없는 죄를 범하는 것이며, 하나님은 그들을 혹독하게 벌하실 것이라고 했습니다. 하나님이 노아의 홍수 이전에 하나님의 아들들이 사람의 딸들과 결혼함으로 인해 노아의 홍수라는 대재앙이 왔듯이, 만일 미국 정부가 자연과 성경의 명령에 반하여 흑인들에게 정치적 평등권을 부여한다면, 하나님이 미국을 반드시 멸망시키실 것이라는 기가 막힌 경고를 하기까지 했습니다.

페인과 같이 성경을 빙자하여 이데올로기를 만든 '폐인'(廢人)들은 이전에도 종종 있었습니다. 그리고 성경을 빙자하여 악한 인종차별 이데올로기를 만든 것은 미국뿐만이 아니며, 20세기에 들어와서도 여러 예들을 찾아볼 수 있습니다. 남아프리카공화국이 오랫동안 시행했던 아파르트헤이드(Apartheid) 정책은 다만 한 예일 뿐입니다. 남아공에서는 공식적으로 1991년에 이 정책을 포기했지만, 아직도 곳곳에 인종차별의 잔재들은 사라지지 않고 있습니다. 일부 근본주의 단체들의 인종차별이나 악명 높은 KKK단의 인종차별도 노아의 아들 함에 대한 저주에 근거하고 있음은 놀라운 사실입니다.

교회사를 살펴보면 인종차별 외에도 성경을 빙자하여 일어난 수많은 이데올로기들을 볼 수 있습니다. 모든 이데올로기들의 생성이 그러하듯 성경을 빙자한 이데올로기도 열정이 없는 곳에서는 발생하지 않습니다. 도리어 성경에 대한 열정이 강한 곳에서 자주 나타나는 경향이 있습니다. 사회정의에 대한 성경의 가르침에 대한 강한 열정이 자칫 혁명 이데올로기를 만들어낼 수 있는가 하면, 성경을 있는 그대로 문자적으로 믿는다고 하는 열정이 자칫 반지성적 이데올로기를 만들어낼 수도 있습니다. 많은 사람들을 옳은 데로 인도하기 위한 바른 영적 분별력이 어느 때보다 시급한 때라고 생각됩니다.

성경을 자신의 주장을 합리화하기 위한 도구로 사용하기 시작하면, 성경에 대한 지식은 축복이 아니라 화가 될 수 있습니다. 그렇게 되면 성경이 말씀의 진리에 이르는 가이드가 아니라, 자신의 도그마를 정당화시키기 위한 수단으로 전락될 것입니다. 이것은 비단 인종차별과 같이 명백한 범죄행위에 대해서만이 아니라, 경건한 듯이 보이는 주장들에 대해서도 그렇습니다. 어느 시대라도 항상 있어왔던 성경의 남용과 오용, 이것은 말씀에 대한 열정이 강한 사람들이 빠질 수 있는 또 하나의 덫입니다.

성경의 남용과 오용

전 세계적으로 많은 복음주의 신학교에서 성경해석학의 가장 탁월한 교재로 사랑 받고 있는 『성경해석학 총론』(Introduction to Biblical Interpretation, W. Klein, C. Blomberg, R. Hubbard) 앞부분에 다음과 같은 재미있는 얘기가 있습니다.

한 신학교에서 성경해석학 교수가 성경해석의 원리들에 관한 세미나를 인도하고 있었습니다. 그런데 한참 세미나가 진행되고 있는데 한 학생이 갑자기 울기 시작했습니다. 교수는 당황해서 강의를 중단하고 그 학생에게 조심스럽게 자신이 뭘 잘못했는지 물었습니다. 그랬더니 그 학생은 흐느끼면서 "제가 우는 이유는 교수님이 너무 안스러워서 그렇습니다"라고 대답했습니다. 그래서 교수가 "왜 내가 안스러워 보이느냐"고 물었습니다. 그랬더니 그 학생이 대답하기를 "왜냐하면 교수님께는 성경을 이해하는 것이 너무도 어렵기 때문입니다. 저는 그냥 성경을 읽으면 하나님이 그 뜻을 보여주시는데요."라고 했습니다.

여기에 대해 『성경해석학 총론』 저자들은 단호하게 이 학생이 보여주는 성경해석은 하나님에 대한 확신을 보여주기 때문에 칭찬할 만하지만, 그것은 성령의 조명과 성경의 자명성에 대한 단순화된, 그리고 위험천만한 태도라고 말합니다. 그리고 성경을 이해하는데 성령의 역할은 필수적이지만, "성령의 도우심이 언어 소통의 원리에 따라 성경 본문을 해석해야 할 필요를 대치하지는 않는다"고 잘라 말합니다.

비슷한 얘기를 지구나 우주의 창조연대 논쟁에서도 볼 수 있습니다. 근래 미국 복음주의 과학자 단체인 "미국과학자협회"(American Scientific Affiliation)에서 출간하는 계간 학술지 *PSCF*(35, March 2008)에는 미국 창조과학연구소(ICR)에서 진행하는 RATE(Radioisotopes and the Age of the Earth) 프로젝트의 대표인 바디만(Larry Vardiman)의 글이 실렸습니다. 6천년/대홍수론자들로 이루어진 RATE팀은 우주나 지구의 오랜 연대를 보여주는 방사능 연대측정법을 부정하고 어떻게든 6천년 우주 역사를 증명하기 위해 만들어진 연구팀입니다. 바디만은 글에서 자신들의 연구를 통해 "기존의 과학과 성경이 선언하는(declare) 6천년 연대 사이의 충돌이 해결될 것처럼 보인다"고 말했습니다.[1]

과연 성경은 우주와 지구가 6천년 되었다고 '선언' 할까요? 바디만이나 RATE팀이 어떤 번역의 성경을 사용하는지는 잘 모르겠지만, 제가 알고 있는 한 성경은 어디에서도 우주와 지구가 6천년 되었다고 '선언' 하지 않습니다. 성경이 우주가 137억년, 지구가 46억년이라고 '선언' 하고 있지 않는 것처럼, 성경은 어디에서도 우주와 지구의 연대를 6천년이라고 '선언' 하지 않습니다. 그런데 성경이 그렇게 '선언' 하는 것처럼 주장하는 사람들은 스스로 성경을 있는 그대로 믿는다고 주장합니다. 하지만 성경을 있는 그대로 믿는다는 것이 성경의 모든 구절을 문자적으로 믿는다는 것을 의미한다면, 이는 극단적인 성경해석의 하나일 뿐입니다.

성경에서 우리의 구원과 직접적으로 관련된 것이 아닌, 과학적, 역사적 연구가 필요한 것들을 문자적으로 해석하게 되었을 때 얼마나 심각한 문제가 야기될 수 있는지를 보여주는 가장 고전적인 예는 1633년에 일어난 갈릴레오 재판이라고 할 수 있습니다. 다른 정치적, 사회적 이유가 있기는 하지만, 갈릴레오의 지동설 재판은 적어도 겉으로는 성경을 문자적으로 해석하는 사람들에 의해 제기된 사건입니다. 당시 천동설을 지지한 사람들은 성경 어디에도 지구가 움직인다는 말이 없는데 어떻게 지동설을 주장하느냐며 갈릴레오를 공격했습니다. 그들은 성경 곳곳에 "해가 뜬다", 혹은 "해가 진다"는 표현이 있는 것을 문자 그대로 받아들여 천동설의 근거로 삼았습니다. 또한 천동설을 지지하는 가장 유명한 성경구절로 이스라엘 민족이 아모리 족속과 전쟁할 때 " 태양아 너는 기브온 위에 머무르라 달아 너도 아얄론 골짜기에서 그리할지어다"(수 10:12)라고 한 것을 예로 들었습니다.

오늘 우리들은 "성경이 이렇게 분명하게, 그리고 여러 차례 해가 움직인다고 하는데 어떻게 지동설을 주장할 수 있는가?"라는 말을 들으면 웃을지 모릅니다. 하지만 이 말은 "성경이 이렇게 분명하게, 그리고 여러 차례 엿새만에 천지가 창조되었다고 하는데 어떻게 우주의 연대를 6천년이 아니라고 주장할 수 있는가?"라는 말과 크게 다르지 않습니다. 겸손과 절제는 사라지고 과도한 확신만이 남게 되면, 지금도 충분히 그런 일이 일어날 수 있습니다.

이러한 태도가 얼마나 무서운 결과를 초래하는지는 많은 역사적 사례들이 확인해주고 있습니다. 무모함을 담대함으로, 무식을 순수로, 무례를 용기로 착각하게 되면 재난이 일어납니다. 우리는 인류 역사에서 종교의 이름으로 일어난 수많은 폭력들이 바로 이런 착각으로 인해 일어났음을 보았습니다. 근래 한국기독교연구소에서 번역, 출간한 『성경과 폭력』(The Sins of Scripture, 2007)은 바로 기독교의 독선과 폭력성의 중요 원천인 성경 문자주의와 우상화를 비판하고 있습니다.

말씀에 대한 진지한 연구와 자신의 해석에 대한 반성의 여지가 사라지고 오로지 종교적 확신만으로 충만한 곳에는 곧 폭력성이 드러나게 됩니다. 자신의 생각은 성경의 '선언'이기 때문에 그것과 맞지 않는 주장은 일고의 가치도 없으며, 나아가 이 땅 위에서 사라져야 한다고 생각하기 때문입니다. 역사적으로 여성 억압과 유대인들에 대한 박해와 학살, 십자군 전쟁과 마녀 사냥, 수많은 종교 전쟁과 흑인 노예제도, 유색인종에 대한 정복과 착취는 모두가 "틀림없는 하나님의 말씀인 성경"에 근거하여 '하나님의 이름'으로 자행된 야만적 폭력이었습니다.

이것은 과거에만 일어난 일이 아니며, 21세기 개명천지(開明天地)에도 버젓이 일어나고 있습니다. 부시 대통령과 그의 전쟁 정책을 지지하는 보수적인 기독교인들 역시 비슷한 오류를 범하고 있습니다. 이들은 "하나님 말씀에 근거"하여 폭력과 학살을 자행하고 있는 것입니다. 이라크 전쟁을 일으킨 명분들이 모두 거짓이었음이 백일하에 드러났지만, 그래도 그들은 종교적 확신을 꺾지 않습니다. 그래도 전도의 문은 열릴 거라고 말합니다. 성경을 읽는 것도 중요하지만, 바르게 읽는 것이 더 중요한 이유가 바로 여기에 있습니다. "약 좋다고 남용 말고, 약 모르고 오용말자"는 제약회사 표어처럼, "성경 좋다고 남용 말고, 성경 모르고 오용말자"는 캠페인이라도 벌려야 할 판입니다.

기적과 과학과 성경[2]

성경에 대한 남용과 오용은 대부분 악한 의도가 없이, 자신도 모르는 사이에 일어나는 경우가 많습니다. 성경에 나타난 한 사건을 통해 성경이 어떻게 잘못 사용될 수 있는지를 생각해 보고자 합니다.

성경에 많은 기적들이 소개되어 있지만 천지창조와 노아 홍수 이래 자연계에서 일어난 가장 큰 기적을 들라면 여호수아 10:13의 태양이 멈춘 일일 것입니다: "태양이 머물고 달이 멈추기를 백성이 그 대적에게 원수를 갚기까지 하였느니라 야살의 책에 태양이 중천에 머물러서 거의 종일토록 속히 내려가지 아니하였다고 기록되지 아니하였느냐."

물리학적으로 볼 때 태양이 멈춘 듯이 보이기 위해서는 지구의 자전이 멈추든지, 아니면 태양이 지구의 자전과 동일한 각속도로 지구 주위를 움직임으로 인해 지구에 있는 사람이 볼 때 태양이 멈춘 듯이 보여야 합니다. 그러나 성경은 태양만 멈춘 것이 아니라 달도 움직이지 않았다고 기록하고 있으므로 지구의 자전이 멈추었다고 보는 것이 좀 더 타당한 것으로 보입니다. 어느 것이 맞든지 태양과 달이 멈춘 사건은 우리가 알고 있는 물리학적인 법칙으로는 설명할 수 없습니다.

성경에는 이 외에도 기존의 과학으로는 설명할 수 없는 많은 기적들이 기록되어 있지만, 유독 사람들이 태양이 멈춘 사건에 관심이 많은 것은 이 사건이 기존의 다른 기적들에 비해 규모가 우주적일 뿐만 아니라, 그것이 과학자들에 의해 증명되었다는 보도가 있었기 때문입니다. 그 동안 태양이 멈추었음이 과학적으로 증명되었다는 소위 '황색' 매스컴들의 보도를 요약하면 대체로 다음과 같습니다:

1960년대 어느 날, 과학자들은 미래에 쏘아 올릴 인공위성의 궤도를 결정하기 위해 컴퓨터로 지금부터 10만 년 전까지 소급하여 태양과 달의 과거 궤도를 조사하고 있었습니다. 그런데 계산하는 도중에 그들은 정확하게 24시간이 빠진 것을 발견했다고 합니다. 그 원인을 몰라서 고민하고 있을 때 연구팀의 과학자들 중 성경을 잘 아는 한 사람이 구약의 여호수아 시대에 태양이 '하루 종일' 멈추었다는 기록이 있음을 기억해 냈답니다. 그래서 과학자들은 컴퓨터를 그 당시로 돌려 여호수아 시대 천체들의 궤도를 조사한 결과 23시간 20분 동안 천체들이 정지했었다는 결과를 얻었답니다.

성경 기록에 '거의 종일토록'이라고 했으니 23시간 20분이라는 계산은 정확한 것이기는 하지만 여전히 40분의 행방은 알 수가 없었답니다. 한참을 고민하다가 그 과학자는 다시 열왕기하 20:11을 찾아냈답니다: "선지자 이사야가 여호께 간구하매 아하스의 해시계 위에 나아갔던 해 그림자를 십도 뒤로 물러가게 하셨더라."(비슷한 구절이 사 38:8에도 있다). 히스기야 시대에 하나님은 예루살렘을 앗수르왕의 손에서 구하시고 죽을 병에 걸린 히스기야의 생명을 15년 더 연장해 주시겠다고 약속했는데,

그 증표로 일영표(해시계)의 그림자를 10도 뒤로 물러가게 했습니다. 그런데 그 10도가 바로 잃어버린 40분에 해당한다고 했습니다. 즉, 24시간 × (10도/360도) = 2/3시간 = 40분이 되는 것입니다.

그 동안 이와 비슷한 설명을 통해 많은 사람들은 성경이 과학적으로 무오함이 증명되었다는 확신을 가졌습니다. 그렇지만 과연 이러한 방법으로 성경의 무오성을 증명하는 것이 바람직할까요? 여기에는 다음 두 가지 문제점이 있습니다.

우선 성경해석학의 문제가 있습니다. 만일 과학적인 증명으로 성경의 정확성을 입증하려 한다면 성경의 무오성은 과학의 정확성의 범위를 넘을 수 없습니다. 요즘은 인류 역사 이래 어느 시대보다도 과학의 위력이 크기 때문에 많은 사람들이 과학적으로 증명된 것은 맞고 그렇지 않은 것은 틀렸다는 도식을 갖기 쉽습니다. 그러나 이 세상에는 과학적 방법으로 연구할 수 없는 대상들이 얼마든지 있습니다. 비과학적이지만 명백한 진리도 있고, 과학적이기는 하지만 틀린 것도 얼마든지 있는 것입니다. 성경의 진리들 중에는 과학적 방법으로 탐구하는 것이 적절하지 않은 것들이 많이 있습니다.

다음에는 과학적인 측면에서의 문제입니다. 미래의 천체 위치를 정확하게 계산하기 위해서는 위에서 언급한 것과 같이 10만년 년 전의 천체 궤도가 아니라 현재 천체들의 위치와 속도만이 필요합니다. 현재 태양과 달의 위치와 속도만 알면 뉴턴의 운동법칙과 중력법칙을 기초로 한 방정식들을 풀어서 이들의 미래의 위치를 정확하게 결정할 수 있습니다. 과학자들은 이 방정식들을 사용하여 지금도 일식이나 월식 등 여러 천문 현상들을 정확하게 예측합니다. 그러므로 미래 천체들의 궤도를 계산하다가 수천 년 전에 일어난 빠진 하루를 찾아냈다는, 목회자들이 설교 시간에 즐겨 인용하던 이 빠진 하루에 대한 이야기는 성경의 과학성을 증명하려고 누군가 꾸며낸 얘기라고 생각됩니다. 실제로 1997년 3월 25일, 미항공우주국(NASA)에 속한 고다드 우주비행센터(GSFC)에서는 홈페이지를 통해 공식적으로 그런 일이 없었음을 밝혔습니다.[3)]

우리는 성경시대의 사람들은 기적이라고 생각했지만 현대인들이 볼 때는 과학적으로 설명할 수 있는 현상들이 있다는 사실을 알고 있습니다. 예를 들어 고대인들은 노아의 홍수 후에 생긴 무지개가 신비로움의 대상이었지만, 현대인들은 공기 중의 미세한 물방울들이 빛을 굴절, 분산시켜서 생긴 현상임을 알고 있습니다. 예수님 시대에 가끔 천사가 내려와 물을 동(動)하게 했다는 베데스다 연못은 아마 간헐천이었을 겁니다. 그러면 무지개를 과학적으로 설명할 수 있다고 해서 이를 두고 인간과 맺은 하나님의 언약이 잘못되었다고 말할 수 있을까요? 그렇다면 도대체 과학 법칙들은 누가 만들었으며, 간헐천이나 그 외 과학 법칙을 따라 운행되는 우주만물은 누가 만들었습니까?

때때로 과학적 증거들이 우리들로 하여금 성경을 이해하는 것을 도울 때가 있습니다. 기적이 아니라는 것, 다시 말해 과학적으로 설명할 수 있다는 것이 하나님을 부정하는 근거가 될 수 없습니다. 하나님은 우리가 기적이라고 생각하는 사건 속에만 계시는 분이 아니라, 우리가 과학적으로 설명할 수 있는 곳에도 계시는 분이기 때문입니다. 그 분은 기적과 과학, 모두의 주인이 되시는 분이며, 우리가 과학적 방법으로 자연을 이해할 수 있는 것도 그 분이 주신 능력 때문입니다. 그러므로 여호수아 시대에 태양이 중천에 머문 것이나, 히스기야 시대에 태양이 거꾸로 간 것, 베들레헴의 별 등은 과학적으로 증명이 되든지, 안 되든지 그런 것들이 하나님을 믿는, 혹은 성경의 무오성을 확증하는 근거가 될 수 없습니다.

베들레헴의 별

만일 성경의 무오성이 과학적 증거 위에 세워져 있다면, 성경의 무오성은 과학의 신뢰도 이상을 넘어설 수 없습니다. 성경의 무오성을 과학적으로 증명하려는 노력은 비단 창조론 논의에서만 볼 수 있는 것이 아닙니다. 오랫동안 교회에서 별 다른 악의(惡意) 없이 사용되던 논의들 중에도 그 함정에 빠질 수 있는 것들이 있습니다. 그 중 하나가 바로 동방박사들을 탄생하신 아기 예수님께로 인도했다는 '베들레헴의 별' 입니다.

성탄절이 다가오면 주일학교를 다녔던 사람들은 동방박사들을 인도했던 '베들레헴의 별'에 대한 추억이 있습니다. 베들레헴의 별은 동방박사들로 하여금 아기 예수님을 만날 수 있도록 인도했던 별이었습니다. 마태는 이 별의 출현과 인도를 매우 생생하게 기록하고 있기 때문에 기자가 잘못된 것을 기록했다고 보이지는 않습니다. 이 별의 출현은 성경에 나타난 많은 기적들 가운데 후대 사람들이 과학적으로 설명하려고 가장 많이 노력했던 사건입니다.

그러면 베들레헴의 별의 정체는 무엇이었을까요? 어떤 사람은 이 별을 초신성이 출현한 것이라고 하면서 예수님이 탄생하던 때를 전후하여 초신성이 나타났다는 역사적 기록이 없는지를 부지런히 연구합니다. 어떤 사람은 베들레헴의 별이 어딘가를 가리키는 기능과 매일 어디론가 이동한 것에 착안하여 긴 꼬리를 가진 혜성이라고도 해석합니다. 나아가 천문학에 좀 더 상식이 있는 사람들은 이 별을 행성들이 겹치는 소위 합(合, conjunction) 혹은 행성이 거꾸로 가는 듯이 보이는 퇴행(退行, regression)이라고 설명하기도 합니다.

하지만 베들레헴의 별들에 대해 과학적으로 설명하려는 이런 노력들은 어느 것도 이 별의 행태를 제대로 설명할 수 없습니다. 도대체 어떤 별이 사람들의 걸음걸이와 보조를 맞추어 가면서 GPS처럼 특정한 지상의 장소를 찾아가도록 인도할 수 있습니까? 또 헤롯을 만나고 나온 후 다시 별이 나타나서 동방박사들을 인도했다는 것은 어떻게 설명할 수 있습니까? 나아가 예수님이 계시는 곳에 이르자 문득 이 별이 멈췄다는 것은 또 어떻게 설명합니까? 사실 위에서 언급한 설명들을 모두 합해도 베들레헴의 별은 설명할 수 없습니다.

성경의 내용을 더 깊이 이해하려고 하는 마음은 아름답고 갸륵하지만 우리는 무리한 해석을 하지 않도록 주의해야 합니다. 사도 베드로가 말한 것처럼 성경을 억지로 풀려고 하다보면 도리어 실족하게 됩니다. 특히 과학의 권위가 다른 어느 것보다 높아지고 있는 시대에 살고 있는 현대인들은 점점 성경 그 자체의 권위보다는 과학의 권위를 더 높게 보는 경향이 있습니다. 심지어 예수님을 믿는 사람들 중에도 성경의 여러 기적들을 과학적으로 그럴 듯하게 설명하면서 성경의 진실성을 증명하려고 하는 이들이 있습니다.

몇 가지 예를 들어봅시다. 복음서 기자는 예수님이 침으로 진흙을 이겨 소경의 눈에 발라서 소경이 눈을 떴다고 기록하고 있습니다. 이를 과학적으로 설명하려는 이들은 사람의 침 속에는 치료의 능력이 있다는 등의 여러 가지 궤변들을 많이 늘어놓습니다. 예수님이 물 위를 걸으신 것을 부력의 원리로 설명하기 위해 애를 쓰는 분도 있습니다. 가나 혼인잔치에서 예수님이 물로 포도주를 만든 사건을 화학적으로 설명하기 위해 애를 쓰는 사람들도 있습니다. 심지어 부활하신 예수님이 제자들이 숨어있는 밀폐된 방으로 벽을 통과해서 들어오신 사건을 과학적으로 설명하려고 노력하는 사람들도 있습니다.

여기서 한 걸음 더 나아가게 되면 과학적으로 설명할 수 없는 것들, 다시 말해 이성적 설명이 가능하지 않은 것들은 받아들일 수 없다는 소위 자유주의자들의 논리가 나오게 됩니다. 동정녀 탄생을 믿을 수 없다고 주장하는 자유주의자들은 마리아가 로마 군인 장교의 아이를 가졌다고 주장하기도 합니다. 이에 대한 이들의 유일한 근거는 마리아가 살았던 나사렛은 로마 군인들이 많이 지나다니던 통로였다는 것입니다. 그리고 예수님이 똑똑했던 것으로 미루어 병사들의 아이는 아니었을 것이라고 추측하는 것입니다.

물론 과학적 설명이라고 모두 억지 해석이라고 말하는 것은 아닙니다. 수많은 병자들이 모여서 천사들이 물을 움직이는 것을 기다리고 있었던 실로암 연못을 간헐천이었다고 해석하는 것은 그래도 그럴 듯하다고 할 수 있습니다. 또 간헐천에는 광물질들이 많이 함유되어 있어서 질병을 치료하는 기능이 있다고 해석하는 것도 큰 문제가 없어 보입니다. 물론 하나님께서 간헐천 광물질을 통해, 혹은 직접 치료하신다고 볼 수 있겠지만 말입니다.

　이러한 것은 신약에만 국한된 것이 아니며, 구약에서도 어렵지 않게 그 예를 찾아볼 수 있습니다. 한 예로 홍수 후의 무지개가 출현한 것을 과학적으로 설명하는 것은 어려운 일이 아닙니다. 비가 내린 후 개이면 아직 공기 중에 남아있는 수증기 방울들이 프리즘처럼 햇빛을 굴절, 분산시켜 아름다운 무지개를 만든다는 설명은 자연스럽습니다. 하나님께서 무지개를 통해 다시는 사람들을 물로 심판하지 않으시겠다고 말씀하시는 것으로 미루어 아마 홍수 전에는 사람들이 한 번도 무지개를 본 적이 없을 거라고 가정하는 것도 별로 지나친 해석이 아닙니다.

　그러나 야곱이 양들이 새끼를 배는 물가에 단풍나무, 신풍나무 가지를 세워놔서 양들이 얼룩무늬 새끼를 뱄다는 창세기의 기록은 문자 그대로 해석해서는 안 됩니다. 어떤 사람은 이것을 문자적으로 해석해서 단풍나무, 신풍나무에 하얀 양 새끼를 얼룩 양 새끼로 바꾸는, 다시 말해 유전자를 조작할 수 있는 능력이 있다는 등의 희한한 주장을 합니다. 하지만 오늘날 잘 밝혀진 유전학 연구에 의하면, 양의 색깔은 순백색에 비해 얼룩무늬 색이 우성이기 때문에 두 종류의 양들을 섞어 놓으면 대부분의 양들이 얼룩무늬 새끼를 낳는다고 합니다.

　이 외에도 홍해가 갈라진 것을 설명하기 위해 당시에 서풍이 강하게 불면 물이 밀려가기도 한다는 궤변을 늘어놓은 사람들이 있는가 하면, 니느웨가 무너진 것을 이스라엘 백성들이 일시에 고함을 지를 때 그 함성의 진동수가 성벽의 고유진동수와 공명을 이루어 성이 무너졌다는 꽤 솔깃한 설명을 하는 사람들도 있습니다. 이스라엘 사람들이 아말렉과 전쟁할 때 해와 달이 멈춰 선 것도 과학적으로 증명하려는 사람들이 있습니다. 심지어 일부 정신 나간 사람들 중에는 에스겔서에 나타난 빛나는 바퀴를 UFO라고 해석하기도 합니다. 이 모든 것들이 과학에 대한 지나친 권위를 부여하는 과학주의의 흔적이라고 할 수 있습니다.

물론 과학도 하나님이 주신 것입니다. 피조세계를 잘 관리하고 다스리라는 하나님의 명령을 수행하기 위한 수단으로 주셨다고 볼 수도 있습니다. 따라서 과학 그 자체를 죄악시할 필요는 없습니다. 문제는 과학에 대한 과도한 기대입니다. 성경 그 자체의 권위가 아니라 과학의 권위에 기대어 성경의 권위를 세우려고 하는 것이 문제입니다. 혹 성경을 과학적으로 설명하려고 애쓰는 것이 하나님 말씀에 대한 열정 때문이라고 말하는 사람들이 있을지 모르겠습니다만 그렇지 않습니다. 이것은 오늘날 사람들의 마음을 사로잡고 있는 현대우상 중의 하나인 과학주의 이데올로기에 빠졌기 때문입니다.

어떻게든 성경을 사람들이 쉽게 이해할 수 있도록 해석하려고 노력하는 것 자체를 나쁘다고 비판할 필요는 없습니다. 어거스틴이 말한 것처럼 믿으면 알게 되는 것들도 있지만, 암브로우스가 말 한 것처럼 믿음은 이해를 추구하는 기능이 있기 때문이지요. 그러나 그것이 도를 넘게 되면 문제가 생깁니다. 성경을 과학적 사실을 알려주기 위해 기록된 과학 교과서처럼 생각하는 것이 대표적인 예라고 할 수 있습니다.

때로 성경이 현대과학의 입장에서 볼 때도 놀라운 사실을 기록하는 경우가 있지만, 성경의 일차적인 목적은 과학적 사실을 전달하기 위함이 아닙니다. 그리고 성경은 오늘 우리가 알고 사용하는 과학적 언어로 기록되지도 않았습니다. 성경은 과학의 목적이나 과학을 연구하는 바른 자세나 태도에 대하여 말하고는 있지만, 성경으로부터 과학의 구체적인 내용을 억지로 끄집어내려고 노력하다보면 사람들을 잘못된 곳으로 인도할 수 있습니다.

결론적으로 하나님은 이성적으로 설명할 수 있는 방법으로 역사하시기도 하지만, 때로는 우리가 이해할 수 없는 방법으로 역사하시기도 합니다. 과학적으로 이해할 수 없는 기적이 일어날 수 있음을 인정해야 합니다. 모든 것을 과학적으로 설명하려는 것은 우리의 지식의 지평을 좁히고 이 세계에 대한 잘못된 해석을 할 가능성을 높게 만듭니다. 과학적 방법만이 진리에 이르는 유일한 길인 것처럼 주장하는 것이 하나님의 역사를 제한하는 결과를 가져온다는 사실을 받아들여야 합니다. 자연과 초자연 모두에 대해 우리의 지성을 열어놓는 개방적이고도 겸손한 자세가 필요합니다.

성경에 대한 남용과 오용은 교회사에서 사람들을 괴롭혔던 대표적인 문제 중의 하나였습니다. 그래서 모든 신학교는 성경 해석학을 위해 많은 학점을 배정하고 있습니다. 하지만 신학교에서 많이 가르친다고 모든 문제가 해결되는 것은 아닙니다. 특히 성경해석의 방법과 기준, 그 중에서도 성경의 무오가 의미하는 바가 무엇인가에 대한 정의는 성경의 권위를 인정하는 신학자들에게 가장 핵심적인 과제였습니다. 그래서 여러 해 전에 시카고에서 세계 복음주의 지도자들이 모여 성경의 무오가 의미하는 바를 논의하여 정리한 적이 있습니다. 시카고 선언이라고 하는 이 문건은 지금까지도 복음주의 진영의 성경관, 특히 과학과 성경의 관계를 논의하는 데 중요한 기준이 되고 있습니다.

부록논문

성경은 과학 교과서인가?

_시카고 선언에 비춰본 성경 무오[1]

  과학의 문제를 다룰 때 성경은 어떤 위치에 있을까? 종교와 과학, 그 중에서 기독교와 과학의 문제를 논의할 때 가장 중심적인 이슈는, 과학적 논의에서 성경의 지위인데, 이에 대해 한국 교회를 휩쓸고 있는 견해는 성경을 과학 교과서로 보는 견해이다. "성경은 최고의 과학 교과서"라는 전투적이고 선명성 있게 들리는 이 견해는 주로 기계적 영감설을 믿는 근본주의자들로부터 지지를 받고 있으며, 한국교회는 이 주장이 갖는 여러 가지 부정적 함의를 충분히 반성하지 않은 채 받아들이고 있다. 그리고 이 견해를 지지하는 사람들은 오늘날 많은 과학 교과서들이 있지만, 그 중에서도 성경을 최고의 과학 교과서라고 주장한다. 심지어 창조론 논쟁에 뛰어들고 있는 지도자들 중에는 성경은 과학 교과서가 아니라고 하면서도, 실제로는 과학 교과서처럼 인용하는 이도 있다.

  여기에서는 먼저 성경을 과학 교과서라고 하는 것이 무엇을 의미하는지 살펴보고, 이것이 어떤 문제점을 내포하고 있는지를 생각해 보고자 한다. 이를 위해 20세기 후반, 복음주의권 내에서 성경의 권위에 대하여 가장 구체적이고 포괄적으로 정리했다고 평가되는 "성경의 무오성에 관한 시카고 선언"(1978, 이하 "Inerrancy 1978")[2]과 "성경해석에 관한 시카고 선언"(1982, 이하 "Hermeneutics 1982")[3]을 중심으로 성경과 과학의 관계, 나아가 성경을 과학 교과서라고 할 수 있는지를 살펴보고자 한다.

1. 성경 무오와 과학 교과서

일반적으로 성경의 무오를 믿는 사람들이라고 해서 반드시 성경을 과학 교과서로 받아들이는 것은 아니다. 하지만 성경을 과학 교과서로 믿는 사람들은 모두 성경의 무오류성을 믿는다고 말한다. 이것은 두 그룹에서 무오에 대한 의미를 다르게 받아들이고 있기 때문이다. 그러면 무오란 무엇일까?

무오에 대해 "Inerrancy 1978"은 이렇게 정의한다.

> "무류하다(infallible)는 말은 잘못 인도하거나 잘못 인도받지 않는 특성을 의미하며, 그래서 성경이 매사에 확실하고, 안전하며, 신뢰할만한 규칙과 가이드라는 진리를 단정적으로 보호한다. 비슷하게 무오하다(inerrant)는 말은 모든 거짓이나 잘못됨이 없는 특성을 의미하며, 그래서 성경은 그 안에 있는 모든 주장들에 있어서 전적으로 진실하고 믿을만하다는 진리를 보호한다."[4]

그러면 과연 여기서 말하는 무오라는 것이 성경을 과학 교과서로 받아들여야 함을 의미할까? 성경이 과학 교과서라는 말은 도대체 무엇을 의미할까? '교과서'(Textbook)란 "어떤 학문 분야에서의 교수 안내서(manual of instruction)나 표준적인 책(standard book)"을 말한다.[5] 그러면 성경이 과학의 교수 안내서나 표준적인 책일까?

성경을 과학 교과서라고 말하는 것은 성경의 문장이나 표현으로부터 직접적인 과학 데이터를 끄집어낼 수 있음을 의미한다. 한 예로 미국 창조과학연구소(ICR)의 물리학자 험프리스(Russell Humphreys)는 "성경은 과학적으로 신뢰할만하다"(The Bible is scientifically reliable)고 주장한다. 그리고 이어 창조론자로서 자신의 우주론은 시편 147:4로부터 출발한 것이라고 한다: "그가 별들의 수효를 세시고 그것들을 다 이름대로 부르시는도다". 그리고 그는 이어 5절에서 "우리 주는 위대하시며 능력이 많으시며 그의 지혜가 무궁하시도다"라는 말씀을 인용하면서 별의 수효는 유한해서 셀 수 있지만, 하나님은 무한하시다는 사실이 바로 자신의 우주론의 실마리(clue)라고 말한다.[6]

성경으로부터 직접적인 과학적 사실을 끄집어낼 수 있다고 주장하는 사람들은 성경에 사용된 과학적 용어들이 오늘날 우리들이 이해하는 것과 동일한 과학적 의미를 내포하고 있다고 가정한다. 이들은 비록 성경의 기자들이 현대 과학의 훈련을 받지 않았다 해도, 또 그들이 현대 과학의 의미를 몰랐다 해도 하나님께서 그들의 손을 붙들고 기계적으로 기록하셨기 때문에 성경은 그 때나 지금이나 동일한 의미를 말한다고 생각한다. 과연 우리는 성경으로부터 직접적인 과학적 결론을 끄집어낼 수 있을까?

2. 과학적 결론과 과학적 실마리

성경의 문장이나 표현으로부터 구체적인 과학적 결론을 유추하려는 시도는 극히 조심해야 한다. 그 이유는 성경의 목적이 과학적인 내용을 전달하기 위함이 아니기 때문이다. 성경은 하나님의 구원계획을 우리들에게 드러내기 위해 주어진 것이다. 그리고 그런 구원계획을 드러내는데 필요하다고 생각될 때 과학적인 듯이 보이는 표현이나 언급들이 동원되지만 어디까지나 그것은 부차적인 것이다. 어떤 사람들은 성경의 과학적 정확성을 성경의 신적 권위나 영감성의 근거로 말하기도 하지만 그것은 바람직하지 않다.

예를 들어 이사야 40:22에 "그는 땅 위 궁창에 앉으시나니 …"라는 표현을 보자. 이것은 영어로 "He sits enthroned above the circle of the earth, …"로 번역되고 있다. 어떤 사람들은 "the circle of the earth"라는 표현에 주목하여 이사야가 주전 700여 년 전에 이미 지구가 둥근 것을 언급했으며, 그래서 성경의 영감성을 지지하는 것이라고 말한다. 하지만 성경해석학자들은 이사야가 정말 그런 의미로 이 표현을 사용했는지, 성경이 정말 지구가 둥근 것을 의미했는지에 대해 회의적이다.[7]

물론 과학사를 살펴보면 성경으로부터 실제적인 과학적 발견을 한 예도 있다. 몰톤은 『성경과학백과』에서 이와 관련된 여러 예들을 소개하고 있다. 미국의 해양학자 마우리(Matthew Fontaine Maury, 1806-1873)는 1860년 시편 8:8의 "공중의 새와 바다의 물고기와 바닷길에 다니는 것이니이다"라는 구절을 읽다가 영감을 얻어서 바다의 길, 즉 해로가 있다는 사실을 발견했다. 또한 스칸질로(Nathan Scanzillo)는 혈액의 응고에 관여하는 비타민 K와 프로트롬빈의 양이 생후 8일 경에 최대가 됨을 발견하고, 하나님께서는 바로 그날 남자 아이들의 할례를 행하라고 하신 것의 영감성을 제시하기도 했다. 또한 뻬로(Pierre Perrault)와 마리오트(Edme Mariotte), 핼리(Edmund Halley) 등은 "모든 강물은 다 바다로 흐르되 바다를 채우지 못하며 강물은 어느 곳으로 흐르든지 그리로 연하여 흐르느니라"는 전도서 1:7의 기록으로부터 물순환(hydrologic cycle)을 발견했다.[8]

또한 독일 프랑크푸르트 동물원장이자 『그리지멕 동물백과사전』 편집자였던 그리지멕(Dr. h.c. Bernard Grizimek) 박사는 위가 하나 뿐인 토끼를 모세가 새김질 하는 짐승으로 분류한 것을 이상하게 여겨(레 11:6; 신 14:7) 자세히 연구했다. 그래서 그는 토끼는 식도를 통해 음식물을 역류하여 되새김질 하는 다른 반추동물들과는 달리 유사 되새김질(pseudo-rumination) 이라는 것을 한다는 것을 발견했다. 즉 토끼는 미생물에 의해 분해되어야 소화시킬 수 있는 음식물들은 위에서 소화시키지 않고 곧 바로 맹장으로 보내어 맹장의 미생물들과 섞어서 씨코트로프(caecotroph)라는 부드러운 물질로 배설한다. 그리고 이것을 다시 입으로 씹을 때 셀룰로오즈를 분해하는 세균이 있어서 반추동물처럼 완전하게 소화를 하게 된다는 것이다.[9]

하지만 이처럼 때로 성경이 놀라운 과학적인 언급을 하고 있음에도 불구하고, 과학적 정확성을 성경의 영감이나 권위의 근거로 삼게 되면 다른 문제들이 생기게 된다. 만일 현대적 관점에서 성경을 과학 교과서라고 한다면, 오늘날의 과학과 맞지 않는 성경의 언급은 어떻게 할 것인가? 모세는 당시 사람들이 이해하고 있었던 대로 지구가 아니라 태양이 움직이는 것으로 말했다. 성경은 60여회 이상 태양이 움직이는 것으로 표현하고 있다. 성경 기자는 당시 사람들이 이해할 수 있는 언어로 성경을 기록했으며, 따라서 3500여 년 전에 창세기를 기록했던 모세는 지동설을 운운할 필요가 없었다.

성경은 때때로 과학적인 듯이 보이는 언급을 하기도 하지만, 현대적 의미에서 어떤 구체적인 과학적 이론이나 모델을 말해주지는 않는다. 앞에서 험프리스가 말한 것도 마찬가지이다. 그가 시편 147:4로부터 자신의 우주론의 실마리를 찾았다고 해도, 그것은 말 그대로 실마리일 뿐 험프리스의 우주론의 내용을 구체적으로 제시하는 것은 아니다. 이것은 마치 우리가 설교나 찬송 혹은 기도 중에 어떤 과학적 영감을 받는 것과 별로 다르지 않다. 성경으로부터 과학적 영감을 얻는 것은 귀한 일이고 하나님의 은혜라고 할 수 있다.

하지만 성경을 과학 교과서라고 주장하는 것은 어떤가? 과연 그것이 성경의 권위를 세우는 일일까? 여기에 대해서는 단호하게 그렇지 않다고 할 수 있다. 성경은 곳곳에서 자연에 관한 언급들을 하고 있지만, 과학적 사실을 직접 기록하고 있는 과학 교과서가 아니라 인간의 구원에 대한 가이드라고 할 수 있다. 그러면 이것이 성경이 과학적으로 오류라는 의미일까? 아니다. 소월의 시 "진달래꽃"을 두고 원예학적으로 오류가 있다고 주장할 수 없는 것처럼, 구원의 도리를 말하고 있는 책을 두고 과학적으로 오류가 있네, 없네 하는 논의 자체가 잘못된 것이다. 도리어 성경을 두고 과학적 정확성을 주장한다는 것은 성경을 다른 과학 서적과 대등한 지위에 두고 비교하는 것으로서 성경의 권위를 훼손하는 것이다.

3. 성경 무오와 시카고 선언

성경은 다양한 장르의 문학적 형태로 기록되어 있으며, 이에 대해 "Inerrancy 1978"은 이렇게 지적한다.

> "그래서 역사는 역사로서, 시는 시로서, 과장과 은유는 과장과 은유로서, 일반화와 근사적 표현 등은 그대로 취급되어야 한다. 성경 시대와 우리 시대의 문학적 관행들 간의 차이점들도 고려되어야 한다: 예를 들면 비연대기적인 서술이나 부정확한 인용은 관행적이고 수용되었으며, 그 시대의 기대를 저버리는 것이 아니었기 때문에 우리가 성경 기자들에게서 그런 것들을 발견할 때 과오로 생각해서는 안 된다. 특별한 문학 양식(kind)에서 완전한 정밀성이 기대되지도, 의도되지도 않을 때에는 완전히 정확하지 않다고 해서 그것을 오류라고 할 수 없다. 성경은 무오하지만 이것은 현대적 표준으로 볼 때 전적으로 정확하다는 의미는 아니며, 성경의 주장들을 충분히 전달하고 저자들이 목적했던 중심적 진리의 분량을 달성한다는 의미에서 무오하다는 의미이다."[10]

성경은 과학 교과서나 논문의 장르에 속하지 않는다. 그렇다고 해서 성경이 거짓을 포함하고 있다고 말할 수는 없다. "Inerrancy 1978"은 조항 XII를 통해 이 점을 분명히 말하고 있다.

> "우리는 전체 성경은 무오하여 거짓과 사기와 속임수가 없음을 확인한다. 우리는 성경의 무류성 및 무오성이 역사와 과학의 영역에서의 주장을 제

외한, 영적이고, 종교적이고, 구원에 관한 주제에만 한정된다는 주장을 거부한다. 나아가 우리는 초기 지구 역사에 관한 과학적 가정들을 바르게 적용한다면 창조와 대홍수에 관한 성경의 가르침을 뒤집는 데 사용될 수 있다는 주장을 거부한다."[11]

이 점은 "Hermeneutics 1982" 조항 XXII가 다시 확인하고 있다.

"우리는 창세기 1-11장은 성경의 나머지 부분들이 그렇듯이 사실적(factual)임을 확인한다. 우리는 창세기 1-11장의 가르침이 신화적이며, 초기 지구나 인류의 기원에 관한 과학적 가정들이 성경이 창조에 대해 가르치는 것을 뒤집어엎게 될 것이라는 점을 거부한다."[12]

성경은 과학 교과서나 역사 교과서가 아니지만 성경의 모든 기록은 사실적이다. 바로 여기에서 해석의 문제가 제기된다. 성경은 과학이나 역사의 영역에서도 '사실적'이지만, 이것은 바른 해석이 전제되었을 때 그렇다는 의미이다. "Hermeneutics 1982"의 조항 XXI이 말하는 것처럼 "우리는 특별계시와 일반계시의 조화, 그래서 성경의 가르침과 자연의 사실의 조화를 확인한다. 우리는 진정한 과학적 사실들은 성경 구절의 진정한 의미와 불일치한다는 것을 거부한다."[13] 특별계시와 일반계시는 불일치하지 않지만, 이것은 특별계시와 일반계시를 바르게 해석했을 때 그렇다는 의미이다.

어떤 사람들은 성경의 기계적 영감성에 근거한 문자적 해석만이 성경이 실제로 말하고 있는 바라고 주장하면서 다른 해석들을 타협 내지 불신앙의 결과로 몰아붙인다. 그러나 앞에서 언급한 것처럼 성경의 문자적 해석만이 유일한 해석이라고 주장하는 것은 스스로 모순에 봉착하게 된다. 성경이 말하는 천동설 같은 것은 문자적으로 해석한다면, 현대 과학과 맞지 않기 때문이다. "Inerrancy 1978"의 조항 XIII은 이 점을 분명히 말하고 있다.

> "우리는 성경의 완전한 진리성과 관련하여 신학적 용어로서 무오라는 용어를 사용하는 것이 타당함을 확인한다. 우리는 무오는 현대 과학적 정확성, 문법이나 철자의 불규칙 변화들, 자연에 대한 관찰에 근거한 묘사, 잘못된 생각에 대한 보고, 과장법이나 대략적 숫자의 사용, 자료의 주제별 정리, 같은 설명을 하는 자료들을 다양하게 선택하는 것, 의역을 해서 인용하는 것과 같은 성경적 현상으로 인해 무효가 된다는 주장을 거부한다."[14]

이 조항에 의하면 성경에 있는 천동설적인 묘사는 "자연에 대한 관찰에 근거한 묘사"일 뿐이다. 성경은 필요한 경우가 아니면 자연 현상의 겉보기 모습 이상을 묘사할 필요가 없었다. 이 때 성경 기자나 청자가 실제로는 그렇지 않다는 것을 알았는지 여부는 그렇게 중요한 것이 아니다. 분명한 점은 성경의 원 저자가 되시는 하나님은 이 말의 정확한 의미를 알고 계셨지만, 그것을 당시 청자들을 위해 현대 과학적 관점에서 정확하게 기록한다는 것은 의미가 없으며, 도리어 사람들을 더 혼동되게 만든다는 것을 아셨다는 사실이다.

물론 그렇다고 성경이 현대 과학과 전혀 무관하다는 것은 아니다. 성경은 과학을 연구하는 사람들의 기본적인 자세, 덕목, 과학 연구의 정신, 과학 연구의 목적 등을 위해서는 최고의 가이드라고 할 수 있다. 다만 성경이 구체적인 과학적 사실을 발견해 내기 위한 가이드는 아니라는 것이다. 때로 과학자가 문학 작품을 읽다가, 혹은 어떤 영화나 화가의 작품을 감상하다가 과학적 영감을 얻을 수 있는 것처럼 성경을 읽다가도 과학적 영감을 얻을 수 있다. 그러나 그런 것들은 어디까지나 '실마리'에 불과한 것이지, 성경이 과학적 사실을 직접 가르치는 것은 아니다.

성경은 인간에 대한 하나님의 사랑과 구원계획을 담고 있는 놀라운 책이다. 그런 의미에서 성경은 일점일획도 틀림없이 무오하고(inerrancy), 사람들을 절대 잘못된 길로 인도하지 않도록 무류하며(infallibility), 시공을 초월하는 진리성이 있다. 인간이 죄인인 것과 죄의 문제를 해결하기 위해 그리스도께서 이 땅에 성육신하셔서, 죽으시고, 부활하셔서 승천하셨으며, 이후에 재림하실 것이라는 기독교의 중심적인 교리들은 시간이 지나고 문화가 달라진다고 해서, 과학이 발달한다고 해서 변하는 것이 아니다. 이러한 메시지를 전달하기 위해 사용된 표현이나 용어들은 메시지를 전달받는 당시 사람들이 이해할 수 있는 것이 아니면 안 될 것이다. 그래서 성경학자들은 특정한 성경의 표현이 당시에는 어떤 의미로 사용되었는가를 알기 위해 수많은 날밤을 지새는 것이다.

4. 과학 연구와 성경해석

그러면 어떻게 하는 것이 성경과 과학의 바른 관계를 정립하는 것일까? 성경의 용어나 표현으로부터 직접 과학적 의미를 끄집어내려는 것이 심각한 문제에 봉착할 수 있다면, 성경의 중심적인 메시지를 제외한 나머지 표현들에 대한 해석은 열어놓는 것이 바람직하다. 성경으로부터 과학적 사실을 끄집어내기보다 확실한 과학적 발견들을 기초로 성경을 다시 조망하는 것이 비교적 안전하다고 할 수 있다. 초기 지구에 대한 과학적 연구를 기초로 성경의 기록을 다시 살펴보는 것은 그 한 예라고 할 수 있다.

창세기 1:2의 "땅이 혼돈하고 공허하며 흑암이 깊음 위에 있고 하나님의 영은 수면 위에 운행하시니라"라는 표현이 무엇을 의미하는 지에 대해 성경학자들 간에 많은 논의들이 있었다. 하지만 과학적 연구가 진행되면서 창세기의 표현이 이것을 의미한 것은 아니었을까 하는 것들이 점점 발견되고 있다. 과학의 시나리오를 근거로 창세기 초반의 묘사를 재구성해 본다면, 태초에는 중생대 말기의 대멸종을 일으켰던 칙술럽 운석과 같은 거대 운석들이 자주 지구와 충돌했으리라 생각된다. 그리고 이로 인해 지표면은 마치 들끓는 가마솥과 같이 혼돈하고 공허하며, 극심한 열과 화산분출 등으로 인해 외부의 어떤 빛도 지구에 다다를 수가 없는 칠흑같은 어두움이 오랫동안 지속되었을 것이다.

이것은 창세기 2장에서 "안개만 땅에서 올라와 온 땅을 적셨더라"는 표현에도 연결된다. 수많은 운석들이 충돌하면서 '혼돈과 공허'의 시기를 지난 후에도 지구는 뜨거운 상태를 오랫동안 유지하고 있었다. 혜성이나 운석들 속에 포함되어 있었던 물들이 지구에 쏟아졌지만, 온도가 높아서 지구는 온통 수증기로 뒤덮여 있었다. 당연히 이런 상태에서는 어떤 식물도 자랄 수 없었을 것이다. "들에는 초목이 아직 없었고 밭에는 채소가 나지 아니하였"을 것이며, "안개만 땅에서 올라와 온 지면을 적셨"을 것이다.

창세기의 '날' 문제는 어떤가? 성경은 창조주간의 날들을 오늘 우리들이 사용하는 첫째 날, 둘째 날 등으로 표현하고 있다. 사실 모세가 이 글을 쓸 때 이 글을 읽는 사람들에게 대폭발, 지질시대, 지구에 충돌한 수많은 크고 작은 운석들을 언급하는 것은 아무런 의미가 없기 때문에 이렇게 표현할 수밖에 없었을 것이다. 물론 창세기를 기록한 모세도 그런 개념을 이해할 수 없었을 것이다. 하나님께서는 화자도, 청자도 이해하지 못하는 말로 창세기를 기록하는 것을 원치 않으셨을 것이므로 "빛이 있으라 하시매 빛이 있었고" 혹은 "이는 첫째 날이니라" 등의 말로 기록할 수밖에 없었을 것이다.

하지만 근래에 와서는 우주와 지구의 연대에 대한 많은 연구가 이루어지고 있다. 그리고 이런 과학적 연구는 창조주간의 날의 길이를 오늘날의 일상적인 날처럼 해석해서는 안 된다는 것을 분명하게 시사하고 있다. 그런데 아직도 일부에서는 창조주간의 날의 길이를 오늘날과 같은 86,400초로 생각해서 창세기 1:1의 우주 창조로부터 인간의 창조에 이르는 창조주간의 길이를 144시간으로 해석하고 있다. 그러다 보니 성경에 나타난 인류의 족보로부터 지구나 우주의 역사를 재구성해보려는 기가 막힌 시도가 이루어지고, 우주와 지구의 역사에 대한 전혀 엉뚱한 결론에 이르게 되는 것이다. 창세기가 기록되던 시대의 화자(話者)와 청자(聽者)의 입장을 전혀 고려하지 않은 해석이라고 할 수 있다.

하나님께서 '그 종류대로' 생물들을 창조하셨다는 표현은 어떤가? 과연 모세가 오늘날의 진화론을 부정하기 위해 그 표현을 사용했을까? 오늘날 과학적 연구가 진행되면서 생물 대진화는 화석을 연구하는 고생물학이나 유전의 미시적 개념을 연구하는 분자생물학 등의 연구 결과와 배치되고 있다. 그렇기 때문에 우리는 혹 '그 종류대로' 란 말이 대진화를 부정하는 의미가 아닐까 생각해 볼 수 있는 것이다. '그 종류대로'란 말로부터 출발해서 진화를 부정하는 것이 아니라 자연에 분명한 대진화의 증거가 없기 때문에 혹 '그 종류대로'란 말이 대진화를 부정하는 의미로 해석할 수 있지 않을까 조심스럽게 접근하는 것이다.

성경에 나타난 과학적인 듯이 보이는 언급들을 현대 과학적 발견들과 관련지으려고 할 때는 매우 신중하고 잠정적인 자세가 필요하다. 과학적인 듯이 보이는 성경의 언급을 해석할 때도 그렇지만 자연의 증거들을 해석할 때도 신중해야 한다. 그렇지 않을 경우 어떤 문제가 발생하는지 우리는 역사를 통해서 여러 예들을 볼 수 있다. 1277년 빠리 대주교 땅삐에(Etienne Tempier)가 주도한 '정죄'(Condemnation)가 그러했고, 1633년 로마 교황청에 의한 갈릴레오의 2차 지동설 재판이 그러했다. 이런 것들은 하나님의 공의를 인간의 사적인 분노로, 하나님의 말씀을 잘못된 인간의 도그마로, 하나님의 진리를 인간의 아집과 독선으로 대치한 것이라 할 수 있다.

5. 요약과 결론

내가 아는 사람 중에는 아브라함의 땅 분배하는 얘기를 읽으면서 영감을 받아 경제학을 공부하기로 작정하여 훌륭한 경제학자가 된 사람이 있다. 또 어떤 사람은 바벨탑 사건을 읽으면서 언어학을 공부하기로 작정한 사람도 있다. 마찬가지로 진행적 창조론자 휴 로스(Hugh Ross)는 창세기의 천지창조 기사를 읽으면서 대폭발이론에 대한 확신을 갖게 되었다. 실제로 대폭발이론이 처음 제안되었을 때 일부에서는 이 이론이 창세기의 천지창조 시나리오와 너무 비슷하다고 비판받기도 했다. 비슷하게 창조과학자 험프리스는 시편 147:4에 근거한 자신의 독특한 우주론을 제시한다.

   우리는 성경으로부터 영감을 받아 혹 우주의 시작이 이러하지 않았을까, 혹 하나님께서 지구 위의 생명체들을 이렇게 만드시지는 않았을까 등 나름대로의 모델이나 이론을 만들어 볼 수 있다. 상상력과 추리력은 인간에게 남겨진 하나님의 형상의 일부이기 때문에 성경으로부터 영감 혹은 동기를 얻어서 자연을 연구하고 자연의 증거들을 모아 자신의 이론을 만들어보는 것은 참으로 의미 있고 아름다운 일이다. 하나님의 형상의 반영이라 할 수 있다.

   문제는 자신의 논리를 전개하면서 자신의 이론은 성경에 근거한 것이기 때문에 틀릴 수 없고, 나아가 다른 사람들의 이론은 세상과 타협했다고 비난하는 것이다. 이런 사람들은 대체로 그럴 듯한 몇몇 성경구절을 인용한 후 그것을 자의적으로 해석하면서 자신의 이론은 성경에서 나온 것이라고 주장한다. 험프리스가 주장하는 성경적 우주론(Biblical cosmology)이나 워커(Tas Walker) 등이 말하는 성경적 지질학(Biblical geology)이라는 것이 그런 예이다. 좀 미안한 얘기이기는 하지만, 나는 근래 과학사에서 과학 분야의 이름 앞에 '성경적'이라는 말을 붙인 이론들 중에 정말 '성경적'이거나 제대로 학문성을 갖춘 경우를 별로 본 적이 없다. 그런 이론들은 '학문적 게토'를 형성하는 것으로 끝나는 경우가 대부분이었다.

   성경에 대한 열정이 특심해서 성경을 과학 교과서로 사용하려는 순전한 마음은 가상하다고밖에 할 수 없다. 하지만 위에서 살펴본 것처럼 성경은 하나님께서 우리들에게 과학 교과서로 사용하라고 주신 것이 아니다. 성경을 과학 교과서로 사용하게 되면 그 권위를 훼손하게 된다. 어떤 이론 앞에 '성경적'이라는 말을 붙이든 않든 하나님이 만드신 창조세계의 질서를 바르게 연구하여 발견한 것들은 성경적이라고 할 수 있다. 모든 진리는 누가 어디에서 발견하더라도 하나님의 진리이기 때문이다. 우리는 21세기 개명천지에 아직도 성경이 67 군데에서 천동설을 지지하고 있다고 주장하는 사람들이 있음을 기억해야 한다!¹⁵⁾

결론적으로 성경을 과학 교과서로 본다는 것은 성경의 표현으로부터 직접 과학적 사실을 이끌어내려는 시도라고 할 수 있다. 이런 시도는 당사자의 의도와는 달리 때로 현대 과학의 관점에서 적절할 때도 있지만 그렇지 않을 때도 있다. 그러므로 과학적 엄밀성으로부터 성경의 무오를 증명하려는 것은 원래의 의도와는 반대로 도리어 성경의 무오를 허물 수 있다. 바로 이것이 "시카고 선언"을 통해 복음주의자들이 성경의 무오에 대한 정의를 다시 하게 된 이유가 아닌가 생각된다.

성경은 하나님께서 인간의 구원을 위해 주신 하나님의 정확무오한 말씀이다. 하지만 과학적인 듯이 보이는 성경의 표현이나 용어에 대해 자의적으로 현대 과학적 의미를 부여하거나 구체적인 과학 이론을 끄집어내려는 시도는 매우 조심해야 한다. 그나마 다소 안전한 방법은 과학적으로 확정된 사실들 중에 양립할 수 있는, 혹은 일치하는 듯이 보이는 성경의 표현들을 거꾸로 조심스럽게 살펴보는 것이다. 그러나 그런 경우조차 과학이나 성경에 대한 우리의 해석은 항상 오류의 가능성이 있음을 염두에 두어야 한다. 성경은 무오하지만 그것을 해석하는 인간은 오류를 범할 수 있기 때문이다. 그렇게 할 때 우리는 학문적 교만이나 자폐증에 빠지지 않을 수 있다.

[반성과 토의를 위한 질문]

1. 성경은 모든 학문의 기초가 되어야 한다는 입장과 성경을 과학 교과서로 사용해서는 안 된다는 저자의 입장은 어떻게 양립할 수 있는가?

2. 성경을 과학 교과서라고 할 때 생기는 문제는 무엇일까? 현대 과학의 관점에서 틀린 듯이 보이는 성경의 언급들과 성경의 무오성이 어떻게 양립할 수 있을까? "시카고 선언"을 근거로 설명해 보자.

3. 저자는 성경의 권위가 과학적 증명 위에 세워지는 것은 도리어 성경의 권위를 훼손한다고 주장하면서 창세기 초반부에 대한 해석에서는 어떤 과학적 해석도 "절대적인 기독교의 견해"라고 할 수 있는 것이 없다고 말한다. 이는 창조에 대한 방법론적 회의론 내지 불가지론이 아닌가?

4. 성경을 과학 교과서로 볼 수 있는가의 문제는 결국 권위의 문제로 귀착된다고 볼 수 있다. 역사적으로 성경을 무리하게 과학(혹은 다른 학문)의 교과서로 사용함으로 인해 생겼던 문제들의 실례를 찾아 보라.

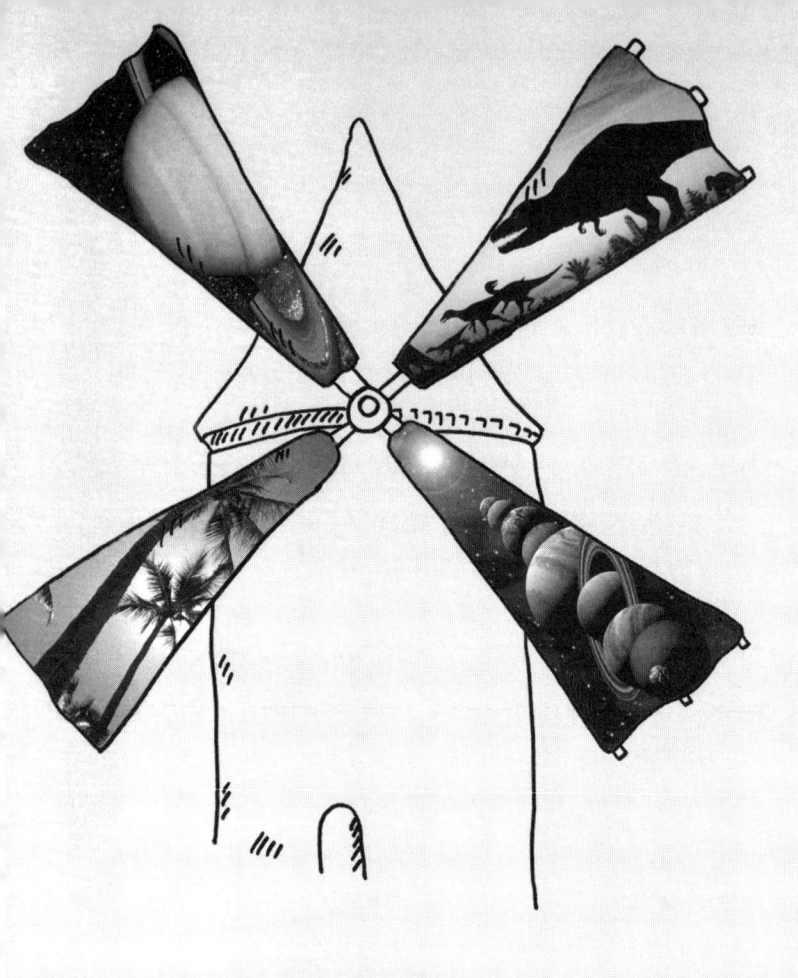

IV. 학문적 교만과 자폐

부록논문: 두 근본주의의 충돌

학문적 교만과 자폐

2002년 7월 23-26일까지 나는 몇몇 학생들과 더불어 제59차 미국기독과학자협회(American Scientific Affiliation) 연례학회에 참가했습니다. 지난 몇 해 동안에는 ASA 회원이면서도 늘 먼 곳에서 학회가 열렸기 때문에 자주 참가하지 못했으나, 이번에는 캐나다기독과학자협회(Canada Science and Christian Affiliation), 영국기독과학자협회(Christians in Science)등과 합동으로 VIEW가 소재한 트리니티웨스턴대학(Trinity Western University)에서 열렸기 때문에 참가할 수 있었습니다.

여러 해 동안 진보적 복음주의 과학자들의 학회라고 할 수 있는 ASA와 근본주의적 성향이 강한 창조과학협회(Creation Research Society) 양쪽의 회원으로 있으면서 저는 학회에 참가할 때마다 이 두 단체 사이에 팽팽한 긴장이 있음을 느낍니다. 특히 기원에 관한 문제, 즉 창조론과 진화론 문제를 다룰 때면 양측이 첨예하게 대립되는 것을 봅니다.

ASA는 전문학자들, 특히 지질학자와 생물학 분야의 학자들이 주축을 이루고 있기 때문에 과학으로 성경을 해석하려는 경향이 강합니다.

이들은 과학적 주장에서는 현대 세속 과학자들의 견해를 대부분 그대로 수용합니다. 그리고 이를 근거로 성경을 해석하다보니 때로는 명백한 성경의 기록을 엉뚱하게 해석하기도 합니다. 반면에 CRS 학자들은 다른 면에서 비슷한 오류를 범합니다. 창조과학을 비롯하여 성경의 축자적 해석을 내세우는 CRS는 성경을 가지고 과학을 해석하려는 경향이 강합니다. 그러다보니 때로는 성경을 앞세워서 명백한 과학적 사실들조차 희한하게 해석할 때가 있습니다.

 자연 현상을 잘 설명할 수 있는 과학적 이론을 만들고 다듬어 가는 것은 세속 과학자들은 물론 그리스도인 과학자들에게도 마땅한 과업이라고 할 수 있습니다. 그러나 이론은 언제나 오류의 가능성이 있습니다. 특히 기원에 관한 문제처럼 인간의 수명에 비해 비교할 수 없이 까마득한 옛날에 일어난 일들을 다루는 학문 영역에서는 제한된, 혹은 간접적인 자료들을 근거로 이론을 수립할 수밖에 없으므로 오류 가능성이 더 높습니다. 그리고 오류의 가능성이 있는 이론일수록 개인의 신앙이나 주관적 확신이 개재될 위험성이 커집니다. 때로 하나의 해석을 한 집단의 신조로까지 채택하게 되면, 더 이상 다른 생각을 가진 사람들과의 대화는 단절되고, 사람들은 자신들만의 동굴 속으로 들어가게 됩니다.

 예를 들면 CRS는 지구와 우주의 연대가 1만년 미만이라는 젊은 연대를 자신들의 신조로, ASA는 46억년이라는 오랜 연대를 신조로, 혹은 공식적인 입장으로 선언합니다. 또한 CRS는 전지구적이고 단회적인 홍수(노아의 홍수)에 의해 대부분의 지층과 화석들을 포함한 지표면이 형성되었음을 신조로 채택하고 있는 반면, ASA는 현대 지질학의 균일설을 자신들의 공식적인 주장으로 채택하고 있습니다. 하지만 어느 이론도 자연의 모든 현상을 완전하게 설명할 수 없음은 말할 필요도 없습니다. 그럼에도 불구하고 양쪽의 학자들은 자신들의 이론으로 모든 것을 설명할 수 있는 것처럼 과장합니다.

이렇게 대립하고 있는 사람들의 공통점을 든다면 상대방의 말에 귀를 기울이지 않는다는 점입니다. 이들은 상대방으로부터 들을 생각은 하지 않고 자기들끼리만 모여서 상대방을 비판합니다. 공식적인 단체 간의 교류는 말할 것도 없고, 개인적인 교제도 하지 않습니다. 논문이나 글을 쓸 때도 자기들이 원하는 사람들의 글만을 인용하고 그것만을 고집합니다.

그렇다고 이들의 근본 신앙이 다른 것도 아닙니다. 이들은 모두 같은 하나님을 섬기고, 예수 그리스도를 개인의 구주로 섬기며, 성경을 믿는다고 말합니다. 흥미롭게도 현대 과학의 이론을 받아들이는, 다시 말해 진화론을 받아들이는 ASA는 기회 있을 때마다 성경의 무오성을 믿는다고 주장하며, 반면에 아무래도 학문성이 떨어지는 CRS는 자신들의 주장이 과학적임을 강조합니다. 하여튼 두 진영이 모두 성경을 무오한 하나님의 말씀으로 믿는다고 자처하는 사람들인데도, 이후 천국에서 다시는 만나지 않을 것처럼 이들 사이에 긴장과 갈등이 존재하는 이유는 무엇일까요?

그것은 학문적 교만 때문이라고 할 수 있습니다. 교만은 다른 사람들의 말을 들으려고 하지 않는 소위 지적 자폐(自斃)를 불러옵니다. 그리고 지적 자폐는 다시 교만을 만들어 냅니다. 프란시스 베이컨(Francis Bacon)이 말한 대로, 사람들로 하여금 진리에 이르지 못하게 하는 네 가지 우상들(혹은 허구들), 즉 개인의 편견(동굴의 우상), 자기가 속한 집단의 편견(종족의 우상), 초청을 받아 극장 등에서 강의를 많이 하는 학자들의 오류(극장의 우상), 온갖 말들이 난무하는 시장과 같은 곳에서 의사소통이 되지 않음으로 인한 오류(시장의 우상) 등도 결국 다른 사람들에 대해 개방되어 있지 않는, 다시 말해 지적 교만과 이로 인한 지적 자폐를 달리 표현한 것이라고 할 수 있습니다.

저는 30여 년 전 대학원 졸업식에서 학생들에게 일평생 배우려는 겸손함을 견지하라고 간곡히 부탁하신 원장님의 말씀을 잊을 수가 없습니다. 진리는 겸손한 자들만이 배울 수 있기 때문입니다. 비록 자신과 다른 주장일지라도 경청하고, 필요하다면 자신의 생각을 재검토하는 자세를 가질 때 배울 수 있습니다. 그래서 어거스틴은 그리스도인의 최고의 덕목으로 첫째도 겸손, 둘째도 겸손, 셋째도 겸손이라고 했습니다. 우리는 성경해석과 관련해서도 혹 자신의 해석이 잘못되지 않았는지를 늘 겸손하게 되돌아봐야 할 것입니다. "사연을 듣기 전에 대답하는 자는 미련하여 욕을 당"하기 때문입니다(잠 18:13). 자기의 논리에 빠져 사연을 듣기 전에 대답하는 사람은 아마추어라고 할 수밖에 없습니다.

아마추어리즘의 문제

1981년, 한국창조과학회가 시작되던 해의 일로 기억됩니다. 그 때 저는 주요 멤버들 중에 가장 나이가 어렸고, 또한 박사과정 학생 신분이었기 때문에 한국창조과학회 이름으로 처음 출간한 『진화는 과학적 사실인가?』라는 책을 만드는 간사 역할을 했습니다. 저의 주요 업무는 다른 교수님들이 쓴 글들을 수합, 편집, 교정하는 일이었지만, 저 자신이 그 책의 가장 긴 화석 관련 장을 쓰기도 했습니다. 물론 그 당시 저는 그런 글을 쓰는데 익숙하지 않았을 뿐만 아니라 화석에 대해서도 문외한이었기 때문에 미국 창조과학자들의 글을 번역하는 정도였습니다. 그러다보니 여기저기 어색한 표현이나 부정확한 번역들이 있었는데, 그 중 하나가 바로 실라칸트(coelacanth)라는 물고기였습니다.

실라칸트는 중생대 백악기 후기의 화석과 현재 살아있는 물고기의 화석이 전혀 다르지 않기 때문에 대표적인 살아있는 화석(living fossil)으로 알려져 있으며, 아무리 오랜 세월이 지나도 진화가 일어나지 않음을 보여주는 좋은 예였습니다. 그런데 문제는 제가 그 책을 번역, 편집하기 전까지는 그 물고기의 이름을 한 번도 들어본 적이 없다는 사실이었습니다. 그래서 이 물고기의 발음을 어떻게 해야 할지 잘 몰랐고, 결국 저는 적당하게 '코엘라칸트'라고 표기했습니다. 그런데 그 책이 출판된 후 얼마 지나지 않아 저보다 한해 위였던 생물과 박사과정 선배가 우연히 그 글을 읽고는 표기가 잘못되었음을 지적해 주었습니다.

〈그림4-1〉 실러칸트는 수억년 동안 전혀 변함이 없이 살아있는 대표적인 살아있는 화석이다.

그 선배도 믿음이 좋은 분이었고, 또 틀린 것에 대해 책망하듯이 지적한 것도 아니었지만, 저는 너무도 부끄러웠습니다. 책을 편집했다는 사람이, 그것도 자기가 쓴 장의 내용을, 어렵고 복잡한 내용이 아닌 상식에 해당하는 그 유명한 물고기 이름을, 실수가 아니라 아예 들어본 적이 없어서 엉뚱하게 표기했다는 것이 너무나 부끄러웠습니다. 사반세기가 지난 지금까지도 그 때 일을 생각할 때마다 저는 부끄럽고 쥐구멍이라도 찾고 싶은 마음입니다. 그리고 그 때 일을 생각할 때마다 저는 과학의 전문화에 대한 생각을 떨쳐버릴 수가 없습니다.

그 후 저는 미국 대학원에서 유럽의 "낭만주의 과학사" 과목을 공부하면서 18, 19세기를 거치면서 일어났던 과학의 전문화(professionalization)와 제도화(institutionalization)에 대해 배울 수 있었습니다. 그 시기를 거치면서 서구에서는 전문 과학자들과 더불어 이들을 지원하는 연구재단과 석좌교수직 등이 등장했고, 이전의 아마추어 과학자와 전문 과학자가 본격적으로 구분되기 시작했습니다. 물론 과학의 전문화와 제도화가 일어난 후에도 과학 발전 과정에서 아마추어 과학자들의 역할이 갑자기 감소한 것은 아니며, 지금까지도 여전히 아마추어 과학자들의 입지가 다소 남아있습니다. 하지만 한 가지 분명한 것은 이제는 아마추어 과학자들이 과학 발전을 주도하는 시기는 지났다는 점입니다. 비록 아직 관측 천문학 등과 같이 아마추어들의 기여가 상당한 분야가 일부 남아있기는 하지만, 대부분의 과학 연구 분야에서, 특히 새로운 사실들의 발견과 증명에 있어서 아마추어들의 역할은 극히 미미합니다.

과학의 전문화와 제도화가 본격적으로 진행된 지 오랜 시간이 지났지만, 아직도 아마추어 과학이 맹위를 떨치는 한 분야가 있는데 그것이 바로 창조과학 분야입니다. 창조과학자들은 거의 대부분 아마추어들입니다. 창조과학자들 중에는 박사학위를 소지한 분들은 많지만, 대부분 창조론과 직접 관련된 분야에서 정식으로 대학원 교육을 받고 연구 활동을 하는 분들이 아닙니다. 우주나 지구, 생명, 지층이나 화석, 연대측정 등과 무관한 분야에서 공부한 분들이 후에 신앙적인 열정 때문에 뛰어들어 창조과학 운동을 하는 경우가 대부분입니다. 그러다보니 제대로 된 연구논문이나 전문서적을 읽기보다는 해외의 아마추어들이 쓴 대중서적들을 읽고 대중강연에 나서는 경우가 많습니다. 말할 필요도 없이 제대로 된 연구논문을 쓰거나 전문 학회에서 자신의 주장을 제시하는 경우는 거의 없습니다. 대체로 과학에 문외한들인 대중들을 상대로 제대로 검증되지도 않은 주장들이나 전문 과학자들의 연구 결과들을 반박하는 데 집중하면서 일종의 '학문적 게토'(academic ghetto)를 형성하고 있는 것이 현실입니다.

근래에 저는 미국에서 제작한 창조과학 DVD 강의에 우리말 자막을 넣은 것을 시청한 적이 있었는데, 여기서도 아마추어 과학의 한계를 쉽게 볼 수 있었습니다. 주장의 진위는 둘째 치고 자막에 틀린 번역들이 여기 저기 눈에 띄었습니다. 예를 들면 'singularity'란 말을 '일회적 사건'으로 번역했는데, 이것은 전혀 엉뚱한 번역입니다. 이 말은 우주론에서는 중력이 무한대가 되어 물질의 밀도가 무한대가 되고 부피가 제로가 되는 점을 말하고, 수학에서는 어떤 함수가 극단적 행태를 나타내는 것을 말합니다. 예를 들면 태초에 대폭발을 일으켰으리라 추측되는 그 '점'이나 '블랙홀' 등을 나타낼 때 사용하는 말입니다. 우리말로 번역한다면 그 지점에서 중력이나 어떤 현상, 함수 등이 특이한 행동을 한다고 해서 '특이점' 정도로 번역할 수 있을 겁니다. '일회적 사건'과는 전혀 무관한 개념이지요. 이 외에도 중등학교에서 배우는 '물순환'을 '수문학적 주기'(hydrologic cycle)로 이상하게 번역한 것도 눈에 띄었습니다.

이 뿐 아니라 해당 분야에서 제대로 된 과학적 훈련을 받지 않은 채 과도한 신앙적 열정만을 갖게 되면, 과학과 성경을 엉뚱하게 접목시키려는 노력을 하기도 합니다. 그 DVD의 후반에 가면 현대 과학이 발견한 것을 성경의 언급과 연관 짓는 내용이 있는데, 이들 중에는 좀 그럴 듯한 것도 있지만 터무니없는 것들도 있었습니다. 예를 들어 "물질이 뜨거운 불에 풀어지고"(the element will be destroyed by fire, 벧후 3:10)를 핵분열이라고 해석하는가 하면, "바람은 남으로 불다가 북으로 돌아가며 이리 돌며 저리 돌아 바람은 그 불던 곳으로 돌아가고"(전 1:6)를 두고 성경이 제트류를 말하는 것이라고 제멋대로 해석합니다. 누구 말대로 소설을 쓰는 것이지요.

이 외에도 몇 가지 예를 들면 "바다 가운데에 길을, 큰 물 가운데에 지름길을 내고"(사 43:16)나 '해로'(the paths of seas)라는 말로부터(시 8:8) 바다에 조류가 있다고 해석하는 것은 그럴 법해 보입니다. 하지만 욥기서 40:15-24에 등장하는 '풀을 먹는 하마' 나 시편 74:14에 등장하는 '악어'(Leviathan)를 공룡이라고 해석하는 것은 자의적 해석에 불과합니다. 개인적 추측에 불과한 얘기를 해당 분야와는 무관한 박사학위를 앞세워 전문지식이 없는 청중들에게 흑백논리적인 확신을 가지고 제시하는 것은 많은 사람들을 잘못된 곳으로 인도할 수 있습니다.

또 그 DVD에서는 "그가 물방울을 가늘게 하시며 빗방울이 증발하여 안개가 되게 하시도다 그것이 구름에서 내려 많은 사람에게 쏟아지느니라"(욥 36:27-28), 혹은 "바닷물을 불러 지면에 쏟으시는 이니 그 이름은 여호와시니라"(암 9:6)가 물순환을 가리킨다고 해석하는데 좀 그럴 듯 보이지요. 하지만 예레미야 33:22의 "하늘의 만상은 셀 수 없으며"를 근거로 성경이 하늘의 별들이 무수히 많음을 증명한다고 주장하는 것은 훼방자들에게 성경을 조롱거리로 만들 빌미를 줄 뿐입니다.

성경의 표현이 현대 과학적 발견을 지지한다는 주장을 펴면서 성경이 과학적으로 정확한 듯이 말하는 것은 매우 조심해야 합니다. 현대

과학이 발견한 것을 성경은 이미 오래 전에 말하고 있다고 주장하는 것은 자칫 성경의 권위가 현대 과학적 발견 위에 세워져 있는 듯한 오해를 불러일으킬 소지가 있습니다. 다시 말해 성경을 과학 교과서인 것처럼 말하는 것은 성경의 권위를 세우는 것이 아니라, 도리어 성경이 과학의 권위 밑에 있음을 자인(自認)하는 것입니다. 성경은 과학 교과서가 아니며, 과학의 권위 아래 있지도 않습니다. 도리어 과학이 성경의 권위 아래 있고, 또한 그러해야 합니다. 성경이 과학의 교과서가 아니라고 하는 것은 성경이 부정확함을 의미하는 것이 아니며, 과학보다 더 신뢰도가 낮음을 의미하는 것은 더더욱 아닙니다. 그것은 성경과 과학의 역할이 다름을 의미하며, 성경과 자연이라는 '두 책'을 기록하고 있는 언어가 동일하지 않음을 의미하며, 하나님께서 '두 책'을 우리에게 주신 목적이 서로 다름을 의미합니다.

결론적으로 전문가들의 권위를 우상화 할 필요는 없지만, 자신의 전문분야가 아닌 분야의 연구결과를 너무 쉽게 폄론(貶論)해서도 안 됩니다. 예수님을 믿건, 믿지 않건 전문 과학자들이 연구할 수 있는 능력이 있다는 것은 하나님의 형상의 반영입니다. 또한 비그리스도인 과학자들이 발견했다 할지라도 "모든 진리는 하나님의 진리"(All truth is God's truth)입니다. 비록 자신이 전문 과학자들이 발견한 사실들에 대한 해석을 달리 한다 할지라도 겸손한 자기 반성이 없이 대중들 앞에 '박사'의 이름으로 나서서 저들을 정죄해서는 안 됩니다. 그렇게 되면 정말 Ph.D.가 '영구 두뇌 훼손자'(Permanently head Damaged)가 될 수 있습니다.

성경과 과학의 관계, 즉 이들의 역할과 기능, 목적에 대한 충분한 반성을 하지 않은 채 자기 전문 분야가 아닌 내용을 가지고 대중강연을 하는 것은 극히 조심해야 합니다. 해당 분야의 전문 과학자라 할지라도 자신의 연구에 대한 잠정성을 유지하는 것은 학자의 기본적 덕목이지만, 남의 연구 결과를 소화하지 못하고 '설사 수준'에 있는 아마추어는 특히 자신의 주장에 대한 겸손함 내지 잠정성을 유지하는 것이 중요합니다. 일반적으로 그런 사람들일수록 더 전투적이고, 더 흑백논리적이며, 그래서 자칫 수많은 '소자들'을 실족하게 할 위험이 있기 때문입니다(마 18:6). 아마추어리즘의 문제를 충분히 인식하지 못하는 것, 그것이 바로 아마추어리즘의 가장 큰 문제라고 할 수 있습니다.

세계관적 헌신

아마추어리즘의 문제와 더불어 학문 활동에서 또 하나 생각할 수 있는 문제는 세계관입니다. 일반적으로 아마추어는 자신이 헌신하고 있는 세계관에 대해 잘 모르는 경우가 많습니다. 하지만 프로는 그렇지 않습니다. 자신이 헌신하고 있는 세계관이 무엇인지 자각하고 분별하지 못하는 사람은 프로라고 할 수 없습니다. 프로는 연구 결과를 해석함에 있어서 자신이 어떤 세계관에 헌신하고 있는지를 인지하고 이를 솔직히 인정하는 것이 필요합니다.

근래 저는 유전학 연구에 관한 DVD 강의를 들을 기회가 있었습니다.[1] 이 강의에 의하면 루이스(Edward B. Lewis, 1918-)라는 캘리포니아 공대(California Institute of Technology) 교수는 모든 동물들은 특정한 신체 부위를 만드는 공통의 보편적인 유전자 세트(universal set of genes)를 갖고 있다는 이론을 제안했습니다. 그는 30여 년 간 돌연변이 체형을 가진 과일 초파리들끼리의 교잡실험을 통해 각 체절(體節)의 발달을 조절하는 일단의 유전자 무리가 있음을 발견했습니다. 그는 이 유전자들은 염색체 상의 머리쪽에서부터 꼬리쪽을 향해 정렬되어 있는데, 이 유전자들의 정렬 순서는 이들이 조절하는 체절과 상응되게 첫 번째 유전자는 머리 부분을, 두 번째 유전자는 가슴 부분을, 마지막 유전자는 꼬리 부분을 조절한다고 했습니다. 이 연구로 인해 루이스는 1995년 다른 두 명의 발생생물학자들과 더불어 노벨생리・의학상을 수상했습니다.[2)]

루이스의 이론은 1994년 스위스 바젤대학(University of Basel)의 게링(Walter J. Gehring) 등의 연구로 증명되었습니다. 게링은 과일 초파리에서 눈을 자라게 하는 유전자를 분리하는 데 성공했습니다. 이 유전자가 없이 자란 초파리는 눈이 성장하지 않기 때문에 아일레스(eyeless)라고 명명되었습니다. 실제로 게링은 초파리의 유전자에서 아일레스를 제거하면, 초파리의 눈이 더 이상 형성되지 않는 것을 확인했습니다. 그리고 초파리가 쥐의 유전자를 인식하는지를 알기 위해 초파리의 아일레스를 제거한 후 쥐의 유전자로 대치했습니다. 그런데 놀랍게도 쥐의 유전자로부터 완벽한 초파리의 눈이 형성되는 것이 확인되었습니다. 이때 형성된 초파리의 눈은 포유동물인 쥐의 눈과는 전혀 다른 곤충들의 복합눈(compound eye)이었습니다. 이 연구로 인해 초파리나 쥐의 눈을 형성하는 것이 동일한 메커니즘으로 이루어지는 것은 물론 동일한 유전자에 의해 이루어진다는 것이 결정적으로 증명됐습니다.

이로부터 생물학자들은 신체의 다른 모든 부위들도 동물의 종류에 관계없이 모두 동일한 유전자에 의해 형성됨을 알게 되었습니다. 다시 말해 어류의 꼬리를 형성하는 유전자는 양서류나 파충류, 포유류의 꼬리를 형성하는 유전자와 동일하며, 모든 동물들의 머리를 형성하는 유전자도 동일함을 알게 되었습니다. 이제 우리는 왜 모든 동물들의 외모가 비슷한지를 이해할 수 있게 되었습니다. 모든 동물들의 외모가 비슷한 것은 결국 발생 과정에서 동일한 유전자 세트를 사용하기 때문이며, 서로 다른 동물들이라는 것도 단지 신체 계획의 변이일 뿐임을 알게 된 것입니다.

또 이 연구 결과로 인해 오랫동안 생물학자들이 이해할 수 없었던 기형적 신체구조도 설명할 수 있게 되었습니다. 캘리포니아 대학(UC-Berkeley)의 르빈(Michael Levine)은 초파리의 다리를 만드는 유전자가 머리를 만드는 곳에 붙게 되면 다리가 흉부가 아니라 머리에서 생기는, 소위 '더듬이 다리'(antennapedia)가 생긴다는 것을 발견했습니다. 이를 통해 사람의 손에 손가락이 하나 더 생기는 육손이나 초파리의 날개나 다리가 한 세트 더 생기는 기형은, 보편적 유전자 세트에 속한 유전자 하나가 잘못된 곳에서 발현되었기(turn on) 때문임을 밝혀냈습니다. 이를 통해 19세기 영국의 유명한 생물학자 베이트슨(William Bateson, 1861-1926)이 제기한 오래된 수수께끼가 해결된 것입니다.

루이스의 제안이나 게링이나 르빈의 연구는 자연에 대한 객관적인 과학연구의 일부라고 할 수 있습니다. 이 연구로 인해 모든 동물들의 신체를 구성하는 공통적이며 보편적인 유전자 세트가 존재한다는 것은 부인할 수 없는 사실이 되었습니다. 이 연구의 의미로 볼 때 루이스가 노벨상을 수상한 것은 전적으로 타당하다고 할 수 있습니다. 문제는 이 연구 결과를 해석하는 관점입니다. 진화론자들은 이 연구 결과가 진화를 결정적으로 증명한다고 주장합니다. 위스콘신대학(UW-Madison)의 캐롤(Sean Carroll)은 신체를 만드는 보편적인 유전자 세트가 있다는 것은 오래 전에 모든 동물들이 공통의 조상(common ancestor)으로부터 진화했음을 증명하는 '피할 수 없는 결론'(inescapable conclusion)에 이르게 한다고 했습니다.

사실 동물들 간에 신체 구조가 비슷한 것은 한 공통의 조상으로부터 진화했기 때문이라고 하는 해석은 근래에 처음 나온 주장이 아닙니다. 다윈이 진화론을 제창한 지 오래 되지 않았을 때 이미 여러 동물들 사이에는 기능이 비슷한 상사기관(analogue)이나 구조가 비슷한 상동기관(homologue)이 존재하는 것을 진화의 증거로 제시한 사람들이 있었습니다. 하지만 이미 오래 전에 상사기관이나 상동기관이 존재하는 것은 자연적 진화의 증거로 해석할 수도 있지만, 설계의 증거도 될 수 있음이 제기되었습니다. 어느 해석을 선택하는가 하는 것은 다만 개인의 취향이요 결단일 뿐입니다.

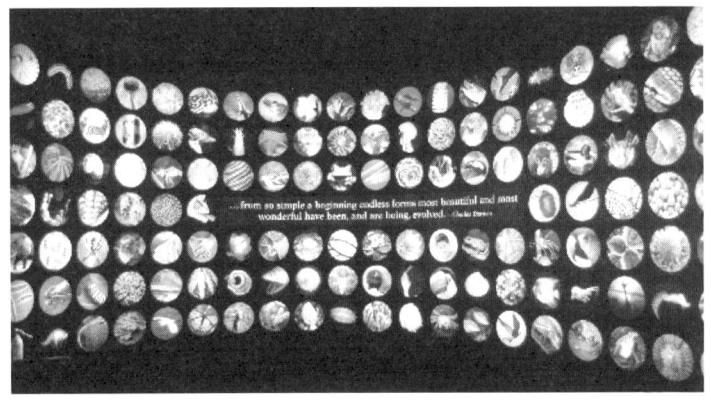

〈그림4-2〉 다윈은 자신의 세계관에 기초하여 아름답고 다양한 생명 세계를 진화로 해석했다.

그렇다면 과연 보편적 유전자 세트가 존재하는 것을 진화의 증거라고 볼 수 있을까요? 조금만 더 생각해 보면 이 해석 역시 다만 하나의 세계관의 선택이요, 우리의 일상적 경험과는 맞지 않는 해석이라고 할 수 있습니다. 모든 동물들의 신체 기관들을 형성하는 정교한 보편적 유전자 세트가 자연에 저절로 존재한다고 믿는 것은 생물학자들의 연구 결과를 받아들이는 것이 아니라, 이 시대를 지배하는 자연주의적 세계관을 선택하는 것입니다. 그렇다면 그 세계관이 가장 그럴 듯하기 때문일까요? 아닙니다. 도리어 모든 동물의 신체를 구성하는 보편적 유전자 세트가 존재한다는 것은 이를 존재하게 한 창조주 혹은 설계자가 있음을 시사합니다. 즉, 우리 눈에 보이는 생물세계 뒤에는 이 자연계를 넘어선 어떤 설계자가 존재한다는 것입니다.

신체를 구성하는 보편적 유전자 세트만으로 인간의 존재를 모두 설명할 수는 없습니다. 이 DVD 강의에서도 다른 동물들에게는 인간과 같이 제품을 만들고 도시를 설계하고 만드는 창의력이 있지 않다고 말합니다. 그리고 인간은 너무나 특별한 존재인 듯이 보인다고 말합니다. 그러면서도 "어쨌든 우리가 진화의 예외적 존재라고 생각하기는 어렵다"(It is hard to think that we are somehow an exception to evolution)고 주장합니다. 그리고 인간을 존재하게 한 진화적 변화(transformation)는 다른 동물들에게 일어난 변화와 본질적으로 다르지 않다는, 뚜렷한 근거도 없는 세계관적 결론을 내립니다.

동물들의 비슷한 신체 부위를 발생시키는 공통의 보편적인 유전자 세트가 있다는 사실은 모든 동물들의 세계에 존재하는 설계의 가능성을 보여준다고 할 수 있습니다. 이 DVD 강의에서도 보편적 유전자 세트 그 자체를 '신체의 건축가'(architect of body)라고 말합니다. 그런데 도대체 유전자를 설계한 설계자를 생각하지 않고 어떻게 유전자 자체가 설계자라고 말할 수 있습니까? 공통의 유전자 세트는 절대로 스스로 존재할 수 없으며, 이들의 존재는 우연일 수 없습니다. 이것은 누군가 의도를 가지고 각 생물들을 정밀하게 설계했다고 가정하지 않고는 설명할 수 없습니다. 물론 이것 역시 유신론적 세계관에 대한 헌신에서 나온 결론이지만, 자연주의적 세계관에서 나온 헌신보다는 훨씬 더 우리의 경험과 잘 부합됩니다.

　연구 결과를 해석하는 데 가장 세계관적 영향을 많이 받는 분야는 역시 기원에 관한 연구라고 할 수 있습니다. 창조론과 마찬가지로 진화론도 강력한 세계관의 영향을 받고 있습니다. 진화론적 해석이란 곧 진화론적 세계관에 입각한 해석이라고 할 수 있습니다. 세계관이 과학적 사실을 해석하는 데 어떤 영향을 끼치는지 실제 예를 한 가지 들어보겠습니다.

진화론적 해석?

언젠가 한 일간 신문에 다음과 같은 기사가 실렸습니다.

한 번도 관계를 맺지 않은 암컷을 교활한 방법으로 임신시키는 곤충이 발견됐다. 영국 리버풀 대학교의 매트 게이지 박사는 최근 '밀가루벌레'(flour beetle)의 독특한 성생활을 발견, 학계에 보고했다. 밀가루 같은 곡류에 발생하는 이 벌레는 번식이 빠른데다 살충제에도 쉽게 면역이 생기는 골칫덩어리 해충이다.

게이지 박사팀의 관찰에 따르면, 밀가루벌레는 100여 마리가 덩어리를 이루고 살며 난잡한 성행위를 한다. 수컷들은 몇 분 안에 3마리의 암컷과 연달아 성관계를 맺기도 한다. 이 때문에 수컷들은 난잡한 교미에서 자기 정자들의 수정기회를 높이기 위해 교활한 방법을 쓴다. 보통 교미를 하면서 털이 숭숭한 성기로 '전임자'의 정자들을 닦아낸 뒤, 자신의 정자를 사정한다는 것. 결국 3마리 중 2마리의 암컷은 첫째 수컷이 아닌 둘째 수컷의 정자로 임신이 된다.

하지만 '내쫓긴' 첫째 수컷의 정자들은 또 다른 교활한 방법으로 종족 번식을 꾀하는 것으로 밝혀졌다. 둘째 수컷의 성기 끝에 단단히 매달린 채, 이 놈이 또 다른 암컷과 교미할 때 먼저 들어가 암컷을 임신시켜버린다는 것. 게이지 박사는 "이 같은 방법으로 8마리 암컷 중 한 마리는 한 번도 관계를 해본 적이 없는 수컷의 정자로 임신하는 것으로 밝혀졌다"며 "이처럼 대리자를 내세운 임신 방법은 아직 지구상 어떤 생명체에서도 밝혀진 적이 없다고 말했다. 정자들도 스스로의 생존을 위해, 이 같은 교묘한 방법을 쓰도록 진화해왔을 것이라는 게 연구팀의 결론이다."_모태준 기자

이 기사의 내용은 여느 과학기사와 별로 다를 바가 없습니다. 그러나 끝 부분에 첨가된 "정자들도 스스로의 생존을 위해, 이 같은 교묘한 방법을 쓰도록 진화해왔을 것"이라는 연구팀의 결론이 마음에 걸립니다. 짧은 기사지만 진화론이 무엇인지를 잘 보여주는 기사이기 때문입니다.[3]

이 기사는 진화론이라는 것이 증명된 것이 아닌, 하나의 해석체계일 뿐임을 보여줍니다. 진화론은 어떤 과학적 발견에 대하여 증거를 제시하거나 증명하려는 이론이 아니라 이미 그 발견이 이루어지기 전에 연구자들의 마음속에 있는 배경신념(background belief)입니다. 사실 위와 같은 결론을 내리기 위해서는 그러한 진화과정을 보여주는 증거를 제시하든지 아니면 그러한 주장을 뒷받침할 수 있는 간접적인 증거라도 제시해야 합니다. 그러한 증거를 제시함이 없이 당연히 이러한 현상은 진화의 결과라고 결론짓는 것은 비과학적인 태도입니다.

물론 어떤 사람들은 "지구가 둥근 것이 사실이듯이 진화론도 사실이

다"라고 말하면서 그것은 새삼스런 증명을 필요로 하지 않는다고 말합니다. 그러나 저는 이처럼 진화론에 대하여 대단한 확신을 가진 사람들을 만나면서 이들이 도무지 확실한 증거를 제시하지 못한다는 사실에 놀랐습니다. 이들 중에는 누구라고 하면 한국에서 금방 알만한 진화론 분야(발생학, 고생물학 등의)의 전문가들도 몇 분 있습니다. 그러나 그 분들의 형편도 크게 다르지 않았습니다. 이들과 공개적인 토론을 하면서 저는 "의심할 여지없이 진화를 보여주는 명백한 증거를 제시하면 나는 진화론자가 될 만반의 준비가 되어있다"고 말했지만, 여전히 그렇게 명백하다는 진화의 증거를 제시하지 못했습니다.

물론 명백하지는 않지만 그럴듯한 여러 증거들은 있습니다. 어떤 이들은 단순한 종 내에서의 변이를 가지고 진화론이 증명되었다고 하는가 하면 어떤 사람들은 생물의 적응능력을 진화의 증거로 제시하기도 합니다. 어떤 사람들은 돌연변이를 진화의 증거로 제시하기도 하고, 어떤 이들은 인위적인 품종개량을, 어떤 이들은 병균의 항생제 내성을 진화의 증거로 제시하기도 합니다. 근래에는 단속평형설(Punctuated Equilibria Theory)을 제시하기도 합니다. 그러나 어느 누구도 종의 한계를 뛰어넘는 실제적인 종간 진화가 자연에서 일어나는 증거를 제시하지 못합니다. 사실 종 내에서의 변이나 환경에 대한 적응, 품종개량은 명백한 한계가 있으며, 돌연변이는 진화가 아니라 퇴화의 메커니즘이라는 것이 이미 오래 전부터 알려져 있습니다. 갑작스런 변화를 통해 새로운 종이 만들어진다는 단속평형설은 가정에 기초한 이론일 뿐입니다.

이런 진화론의 실상을 염두에 둔다면 밀가루벌레의 독특한 생식관계에 대하여 우리는 왜 그것이 창조주의 설계라고 말하지 못할까요? 아무런 근거도 제시하지 않으면서 맹목과 우연에 근거한 진화의 산물로서 그러한 생식경쟁이 일어난다고 보기보다는 그것을 지으시고 그러한 정교한 생식경쟁을 통해 "생육하고 번성하라"(창 1:28)는 창조의 명령을 이루어 가시는 하나님이 계신다고 믿는 것이 얼마나 더 자연스러운가요! 사실 곤충의 정자들에게 무슨 의지가 있어서 자신의 수정확률을 높이기 위해 그처럼 치열한 생식경쟁을 할까요?

어떤 사람은 이것은 순전히 본능이라고 말합니다. 하지만 본능은 창조주의 설계의 가장 중요한 흔적이라고 할 수 있습니다. 진화론자들은 본능을 진화의 결과라고 하지만, 그것은 전혀 과학적으로 증명된 것이 아닙니다. 본능은 환경에 대한 적응이나 연습에 의해 생긴 것이 아니라, 생래적(生來的)인 것입니다. 그렇다면 도대체 그 생래적인 본능을 누가 주었단 말입니까? 사실 본능은 창조주가 주셨다는 것 외에는 다른 해답을 하기가 어렵습니다.

밀가루벌레의 교미는 명백한 설계를 보여줍니다. 밀가루벌레와 같은 미물일지라도 창조주 하나님은 그것의 정자를 허비하지 않으시려고 정교하게 설계하셨다고 볼 수 있지요. 밀가루벌레 수컷의 성기에 털이 나 있는 것은 이전에 교미한 수컷의 정자를 닦아내는 역할을 할 뿐만 아니라, 이전 수컷의 정자가 다른 암컷에게서라도 수정될 수 있는 가능성을 높여주는 것입니다.

앞으로는 이러한 오묘한 자연의 생태현상을 발견할 때마다 "이 같은 교묘한 방법을 쓰도록 하나님이 설계하셨을 것"이라는 해석도 곁들여야 할 것입니다. "만물이 그로 말미암아 지은 바 되었으니 지은 것이 하나도 그가 없이는 된 것이 없"기 때문입니다(요 1:3).

성의 진화와 세계관적 전제

밀가루벌레의 교미에 더하여 성 그 자체의 진화를 설명하는 데도 강력한 세계관적 전제가 내포되어 있습니다. 저는 작년에 시카고 자연사 박물관(Field Museum of Natural History)을 두 차례나 방문할 수 있는 기회가 있었습니다. 저는 자연사 박물관에 가면 늘 생명의 진화 코너에서 시간을 보내게 되는데, 이번에는 특히 성의 진화 코너에서 많은 시간을 보냈습니다. 성의 진화와 관련하여 자연사박물관이 제시하고 있는 설명을 요약하면 다음과 같으며, 대부분의 진화론 교과서들의 내용도 대동소이(大同小異)합니다.

지구에 최초로 생겨난 생물은 원핵생물(原核生物, Prokaryote), 즉 세포핵이 없는 원핵세포(原核細胞, prokaryotic cell)로 이루어진 생물이었다. 수십 억 년 동안 이 세포들은 거의 동일한 DNA를 가진 두 개의 세포로 분리되는 단성생식(單性生殖)으로 번식하였다. 이를 통해 세포들은 후손들에게 유전적 물질의 복사판을 물려주었다. 이렇게 하면 DNA가 복사되는 동안 일어나는 유전적 '오타', 즉 돌연변이가 일어나지 않기 때문에 모든 후손들은 조상들과 동일한 DNA를 가질 수 있었다.

그렇다면 이런 단성생식의 장점은 무엇일까? 그것은 교미를 하지 않고도 많은 후손들을 빨리 얻을 수 있다는 점이다. 하지만 여기에는 결함도 있다. 이것은 모든 후손들이 동일한 DNA를 갖고 있기 때문에 모든 후손들이 동일한 생존확률을 갖는다는 것이다. 만일 주변 환경에서 일어난 어떤 한 가지 변화가 한 개체에게 치명적이 되면 나머지 모든 개체들에게도 치명적일 수 있는 것이다. 즉 작은 환경의 변화가 개체 전체의 멸종으로 이어질 수 있다는 점이다.

그래서 시간이 지나면서 이들은 진핵생물(眞核生物, Eukaryote)로 진화하게 되었다. 세포핵 등을 위한 작은 방으로 분화된 공간을 가진 진핵세포들(眞核細胞, eukaryotic cells)은 단순히 스스로를 복제하는 데서 나아가 다른 세포들의 DNA와 자신의 DNA를 결합시키는 양성생식(兩性生殖) 쪽으로 진화하게 되었다. 여기서는 후손들이 '부모들'의 DNA를 그대로 복제하는 것이 아니라, 각각의 부모들로부터 절반씩만을 물려받으며, 부모들의 DNA가 복제되는 과정에서 때마다 서로 다르게 결합하기 때문에 후손들 사이에 무한한 변이가 가능하게 된다. 즉 각 개체들은 동일한 부모 사이에서 태어나더라도 유전적으로 부모나 다른 후손들과 다르다. 이러한 양성생식은 진핵세포들에서만 가능하다.

그러면 양성생식의 장단점은 무엇인가? 가장 중요한 강점은 역시 유전적 변이라고 할 수 있다. 각 후손들은 부모로부터 물려받은 DNA 세트의 다른 조합을 갖기 때문에 같은 부모를 둔 수많은 개체가 있더라도 하나도 유전적으로 동일한 개체가 없다. 그러므로 한 개체가 환경에 적응하지 못하거나 치명적인 세균에 감염된다 해도 다른 개체들은 생존할 수 있다. 어떤 개체는 다른 것들보다 기후 변화나 포식자들 혹은 환경적 도전들에 대해 생존하는 것이 더 유리할 수 있다.

하지만 양성생식에도 불리한 점이 있다. 첫째, 생식하기 위해서는 반드시 교배가 필요하다는 점이다. 혼자 후손을 만들 수 있는 단성생식과는 달리 양성생식에는 반드시 양성이 존재해야 하기 때문에 후손들을 빨리 생산할 수 없다는 것이 큰 단점이다. 둘째, 양성생식은 무한한 변이를 얻을 수 있는 신뢰할만한 방법이지만, 부모로부터 물려받은 DNA가 복제되는 과정에서 돌연변이라는 복병을 만날 수 있다는 점이다. 돌연변이는 임의적으로 일어나기 때문에 신뢰할만하지 않으며, 또한 돌연변이 특성은 정상 특성에 비해 생존에 불리하며 때로는 치명적일 수 있다.

그럼에도 불구하고 양성생식으로 인한 유전적 변이는 중요하다. 개체들이 유전적으로 다른 변이로 인해 진화를 일어나게 하는 자연선택이라는 메커니즘이 가능하기 때문이다. 변이로 인해 개체들은 서로 다른 생존 확률을 가지며, 생존자들은 자신들의 유전자를 다음 세대에 전달해 준다. 이것이 자연선택이다. 각 세대는 이전 세대와 다른 DNA 조합을 가지며, 이 조합들 중 자연선택이 적자 DNA 조합을 선택하는 것을 반복함으로 큰 변화를 만들 수 있다. 시간이 지나면서 이런 작은 변화들이 누적되어 큰 변화가 생기는데 이것이 진화이다. 그러므로 성은 진화의 핵심적 요소라고 할 수 있다.

이것은 자연주의적 진화론의 관점에서 볼 때 그럴 듯한 설명이라고 할 수 있습니다. 하지만 우리는 여기서 몇 가지 의문을 피할 수 없습니다. "단성생식에서 양성생식으로의 변화가 과연 진화를 증명하는가?" 라는 질문입니다. 위 설명은 진화라는 '틀릴 수 없는' 전제 위에서 두 생식 방법을 비교, 설명하고 있을 뿐입니다. 생존확률을 높이기 위해 단성생식하던 원핵세포들이 스스로 진핵세포로 진화하여 양성생식으로 생식 방법을 바꾸었으며, 그 후에는 자연선택이라는 메커니즘이 작동하여 진화가 일어났다고 주장하는 것은 누구 말대로 소설을 쓰고 있는 것입니다. 원핵생물들이 이대로는 안 된다고 생각해서 진핵생물로, 그리고 양성생식으로 진화하기로 했을까요? 원핵생물이 그렇게 머리가 좋을까요? 그리고 과연 자연은 스스로 더 나은 DNA 세트를 선택할까요?

자연선택을 통해 종의 진화가 일어났다는 결정적 증거는 어디에도 존재하지 않습니다. 이것은 한 번도 증명된 적도, 관측된 적도 없는 신화요 도그마일 뿐입니다. 도대체 어떻게 단성생식을 하던 원핵세포들이 자신들의 모든 유전 정보가 동일하기 때문에 지구 환경의 변화로 인해 자칫하면 멸종할 수 있다는 사실을 직시하고 양성생식으로 전환(진화)하기로 결정했을까요? 도대체 그 결정은 누가 내린 것이며, 내린 결정을 추진할 수 있는 의지와 힘(에너지)은 어디에서 온 것일까요? 차라리 이 모든 것 뒤에 창조주가 있다고 가정하는 것이 자연스럽지 않을까요?

우리는 이보다 더 원초적인 질문도 던져야 합니다. 도대체 개체가 번식하려는 본능은 어디서 온 것일까요? 개체에 내재하는 특성 혹은 자연에 내재하는 본성이라고요? 그것을 어떻게 증명합니까? 종족보존을 위한 성욕에 더하여 개체보존을 위한 식욕과 같은 생존본능은 자연에 내재된 특성일까요? 아니면 창조주에 의해 외부로부터 주어진 특성일까요? 그 본능이 생명체들의 DNA에 새겨져 있다고 한다면 누가 그곳에 그 본능을 새겼으며, 그 새겨진 본능을 누가 발현하게 했을까요?

이러한 것들은 과학적 질문이 아니라 세계관적 질문입니다. 이것은 과학적으로 증명할 수 없으며, 세계관적 결단에 의해 받아들이기로 '작정하는' 것입니다. 일반적으로 사람들은 과학자들이 세포나 DNA 등 과학적인 용어들을 사용하여 설명하는 것들은 과학적으로 증명된, 혹은 증명될 수 있는 것들이라고 생각하지만 그렇지 않습니다. 과학자들은 과학적 연구보다 훨씬 더 원초적인 세계관적 전제 위에서 작은 수수께끼 풀이를 하고 있을 뿐이며, 이 시대 과학자들의 지배적인 세계관은 자연주의입니다. 과학이 자연주의를 증명하는 것이 아니라 과학자들이 자연주의적 전제 위에서 연구하고 있는 것입니다. 어떤 사람은 세계관적 함의를 의식하면서 연구하고 어떤 사람은 의식하지 않으면서 연구할 뿐이지 세계관과 무관하게 연구하는 사람은 없습니다.

자연주의적 설명은 과학적이고, 과학적인 설명은 진리라는 말도 되지 않는 억지가 오늘날 우리 지성계는 물론 현대 교육과 문명 전체를 휩쓸고 있습니다. 자연주의적 진화론은 우주내재적 세계관, 자존철학의 표현일 뿐입니다. 그러므로 자연주의적 진화론이 유신론적 창조론에 비해 더 타당하다는 주장은 허구입니다. 설사 진화가 생명체 내에서 일어났다고 해도 그것을 일으킨 지능이 자연계 내부에 있는 지능이라고 보는 것은 과학적 주장이 아니라 세계관적 결단입니다. 성의 진화를 포함하여 모든 과학적 연구는 세계관적 전제 없이는 출발조차 할 수 없습니다.

양성생식을 통한 번식[4]

성의 진화에 더하여 현대 생물학에서 양성생식, 즉 성행위를 통한 번식을 설명할 때도 어김없이 진화론적 세계관이 명시적으로 드러납니다.

인간을 포함한 생물은 왜 성행위에 집착할까요? 생물학적으로 뜨거운 육체가 아닌 차가운 이성으로 보았을 때, 성행위는 재생산을 위한 수단 중 하나에 불과하며, 그것도 매우 효율이 떨어지는 수단인데 왜 하나님은 구태여 성행위를 통해 재생산되는 방법을 택하셨을까요? 자가 복제를 통해 개체를 재생산할 경우, 자신의 유전 정보가 100% 후손에게 이어지지만, 성행위를 통한 재생산의 경우는 자신의 유전자와 파트너의 유전자가 절반씩 섞이게 되므로, 성행위란 확실히 알지 못하는 유전 정보를 취하는 일종의 유전적 모험이라고 할 수 있습니다. 그럼에도 불구하고 하나님은 왜 인간을 포함한 수천 종의 생물이 성행위를 통해 번식하게 하셨을까요?[5]

첫째, 성행위는 우수한 후손을 얻기 위한 방법이기 때문입니다. 산타바바라에 있는 캘리포니아 주립대학(University of California-Santa Barbara)의 윌

리엄 라이스(William Rice) 교수 연구진이 최근 과일파리(Drosophila melanogaster, fruit fly)를 통해 연구한 결과, 성행위 등을 통해 '염색체 뒤섞기'(reshuffling)가 이뤄지면 우수한 유전자가 더 빨리, 더 넓게 퍼지는 것을 발견했습니다. 반대로 염색체 뒤섞기가 이뤄지지 않을 경우 해로운 돌연변이가 더 빠르게 증가했다고 합니다. 성행위를 통해 번식하게 되면 유전자의 숫자가 2배로 늘어나므로 그 만큼 다음 개체를 만드는 과정에서 선택할 수 있는 유전적 가능성이 커집니다. 라이스는 "만약 인류가 성행위를 통해 번식하지 않았다면 멸종했을 수도 있었을 것"이라고 말합니다.[6]

둘째, 성행위는 다양하고 아름다운 자연을 유지하기 위한 방법이기 때문입니다. 성행위를 통해 수정이 이루어지는 과정에서 정자와 난자에 들어있는 DNA는 풀어져서 '유전자 뒤섞기'가 이루어집니다. 이 때 뒤섞는 방법이 무한히 다양하기 때문에 인류 역사 이래 수 백 억의 사람들이 왔다 갔지만, 일란성 쌍생아를 제외한 어떤 사람도 지문하나 같은 사람이 없는 것입니다. 성행위가 아니면 어떤 방법으로도 이렇게 다양하고 아름다운 세계를 만들 방법이 존재하지 않습니다.

만일 성행위를 통하지 않고, 즉 양성생식이 아니라 단성생식을 한다면 생물의 종 내에서의 변이란 기대할 수 없게 됩니다. 모든 개체들은 자기의 선대(부모가 아닌)의 유전자를 100% 고스란히 물려받게 되기 때문이지요. 이 세상의 모든 사람들이 아담과 똑 같은 유전자를 가지고 있다는 것은 생각만 해도 끔찍합니다. 심미적인 측면에서뿐만 아니라 이 사회를 유지하는 측면에서도 심각한 문제가 생깁니다. 범죄자 추적도 불가능할 것이고, 신원조회도 어려워질 것이며, 선생님은 출석을 부를 수 없을 것입니다.

그러면 자연에 존재하는 수천 종의 동식물들은 왜 성관계 없이 번식하는 방법을 택하고 있을까요? 그 이유는 간단합니다. 성행위를 통하지 않고 개체를 번식시키는 생물들은 소위 하등생물들, 다시 말해 유전정보가 많지 않은 것들입니다. 유전정보가 많지 않다는 것은 그 만큼 자연적 돌연변이의 가능성이 적다는 말이며, 생물학적 다양성도 적다는 말입니다. 이런 생물들은 유전정보가 100% 그대로 후대에 전달되어도 멸종할 가능성이 별로 없으며, 또한 각 개체들을 구별할 필요도 없습니다. 그러한 생물들은 개체구별을 하지 않더라도 본능만으로 그 개체군이 유지될 수 있기 때문입니다.

1996년 영국 스코틀랜드에 있는 로슬린연구소(Roslin Institute)의 윌머트(Ian Wilmut) 박사팀이 만든 복제양 돌리로부터 시작된 체세포 복제 생물의 등장은 금명간에 복제인간의 등장을 예견하게 합니다. 복제인간이란 결국 단성생식을 의미하며, 이것은 하등한 생물들의 번식법에 속하는 것입니다. 특히 자신의 난자를 사용하는 경우 여성은 자신과 유전자가 100% 같은 개체를 복제해낼 가능성이 있습니다. 이것은 하나님이 정하신 성행위와 수정을 통한 번식, 이를 통한 건강한 개체의 발생, 다양하고 아름다운 피조세계의 유지라는 창조질서의 대 명제를 거스르는 것입니다.

이 외에도 타락으로 인해 인간의 번식과 성행위에는 어둡고 부정적인 요소들이 많이 들어왔지만, 하나님은 여전히 적법한 성행위에 수반되는 즐거움과 축복을 거두지 않으셨습니다. 또한 하나님은 이를 통해 '보시기에 좋은' 피조세계를 유지하시려는 원래의 방법도 바꾸지 않으셨습니다: "하나님이 그들에게 복을 주시며 하나님이 그들에게 이르시되 생육하고 번성하여 땅에 충만하라 … 하나님이 지으신 그 모든 것을 보시니 보시기에 심히 좋았더라 …"(창 1:28-31). 이 뜻 깊은 하나님의 설계를 감사함으로 받고 그 분의 뜻에 따른 삶을 유지하는 이들에게 복이 있기를….

부록논문
두 근본주의의 충돌[1]
_성경 문자주의와 자연주의 진화론의 문제

　피조세계에 나타난 수많은 설계의 증거들은 당연히 설계자를 가정한다. 설계자가 누구인가에 대해서는 사람들마다 의견이 다를 수 있겠지만, 보이는 이 세계 너머에 이 세계를 존재하게 한 어떤 초월적인 존재가 있을 거라는 것을 유추하는 것은 그렇게 복잡한 논리를 필요로 하는 것이 아니었다. 불과 200여년 전만 해도 서구인들은 보이는 세계 뒤에 존재하는 초월적 설계자를 당연하게 받아들이고 있었다. 하지만 생물진화론이 출현하면서부터 이러한 상식은 도전 받게 되었다.

　2009년은 현대 생물진화론의 방아쇠를 당겼던 다윈의 『종의 기원』이 출판된 지 150주년이 되는 해이다. 인류 역사상 수많은 학설이 등장했다가 사라졌지만 진화론의 불길은 아직도 꺼지지 않고 있으며, 등장 이후 지금까지 여러 분야에서 영향을 끼치고 있다. 오랫동안 세계인들의 마음을 사로잡았던 근대주의도 20세기 후반을 지나면서 포스트모더니즘에게 자리를 내주었고, 세계 인구의 1/3을 붉게 물들였던 공산주의

사상도 지금은 퇴조 상태이다. 영원할 것 같았던 실존주의 철학도 이제는 사람들의 의식 깊숙한 곳에 침잠하고 있다.

하지만 진화론은 등장한 지 한 세기가 훨씬 더 지났지만 사라지기는커녕 점점 더 맹위를 떨치고 있다. 처음에는 생물학, 지질학, 천문학 등 몇몇 기초과학 분야에 국한되었던 진화론이었지만, 근래에는 대부분의 학문 분야에까지, 나아가 매스컴이나 문화, 교육, 경제, 심지어 문학과 예술에 이르기까지 문화 전반에 걸쳐 폭넓게 확산되고 있다. 진화론의 가는 길에는 거침이 없다고나 할까.

하지만 거침없는 행보를 보이는 것은 진화론만이 아니었다. 다른 한편에서는 반진화론 운동, 혹은 창조론 운동도 강력하게 대두되고 있다. 실제로 지난 20세기는 가히 창조론의 부흥기였다고 할 수 있다. 미국에서는 1925년 스콥스 재판(Scopes Trial) 이후 한동안 잠잠했지만, 1970년대부터 다시 창조론과 관련된 사건들이 줄을 이었고, 특히 1980년대 미국에서는 진화론 관련 소송들이 봇물을 이루었다.

또한 20세기 중후반을 지나면서 미국을 비롯하여 영국, 호주, 한국, 캐나다, 독일, 일본 등 여러 나라에서 수많은 창조론 단체들이 등장했다. 이들 단체들은 대부분 기독교적 배경을 갖고 있지만, 일부는 그렇지 않은 단체들도 있었다. 반진화론 단체 혹은 창조론 단체들이 증가하면서, 창조론과 진화론의 논쟁은 20세기 후반의 문화적 현상으로 자리매김 하기에 이르렀다.

근래 *Scientific American*에 실린 브랜취(G. Branch)와 스콧(E. Scott)의 "창조론의 최근 얼굴"(The Latest Face of Creationism)도 진화론자의 입장에서 쓴 창조-진화 논쟁의 예라고 할 수 있다.[2] 이 글은 진화론자들의 모든 논리를 대변하지는 않을지 모르나 핵심적인 논점들을 포함하고 있다. 아래에서는 과연 창조-진화 논쟁의 핵심은 무엇이며, 특히 왜 그렇게 많은 사람들이 열정적으로 참여하고 있음에도 불구하고 도무지 결말이 나지 않는지 몇 가지 근본적인 이유를 살펴보고자 한다.

1. 창조과학적 창조론

우선 가장 먼저 생각해 볼 수 있는 이유로는 진화론자들, 혹은 반창조론자들의 비판이 주로 기독교계의 소수 의견인 창조과학에 집중하고 있음을 들 수 있다. 과학적 창조론이라고도 불리는 창조과학은 안식교도 프라이스(G.M. Price)와 남침례교도 모리스(H.M. Morris) 등 주로 근본주의적 배경을 가진 성경 문자주의자들에 의해 시작되었다. 창조과학이 가장 번성한 나라는 전반적으로 근본주의적이고 보수적인 미국 남부와 호주, 한국 등이라고 할 수 있다.

창조과학자들은 성경의 문자적 해석을 받아들이면서 성경을 과학 교과서로 사용할 수 있다고 믿는다. 이들은 주류 과학계에서 받아들이고 있는 과학적 사실들과 지구 역사, 우주론, 지질학, 생물학 분야에서 진화와 관련된 것들을 모두 부정한다. 그러다보니 때로는 증명된 과학적 사실들까지 부정하면서 독특한 자신들의 과학, 즉 창조과학을 제시한다.

창조과학에서는 6천년 지구/우주 연대를 주장하면서 고생대 캄브리아기로부터 신생대 제4기까지의 모든 지층이 1년 미만의 노아의 홍수를 통해 형성되었다는 홍수지질학(Flood Geology)을 믿는다. 이러한 주장은 6천년 지구/우주 연대 주장과 밀접하게 연관되어 있어서 창조과학이라고 한다면 이 두 가지, 즉 6천년 지구/우주 연대와 홍수지질학을 의미한다고도 볼 수 있다. 이 두 주장은 불가분의 관계가 있어서 홍수지질학이 없으면 6천년 지구/우주 연대는 유지될 수가 없다. 그러므로 창조과학에서는 지구나 우주의 절대연대를 측정하는 대표적 연대측정법인 방사성 동위원소 연대측정법을 비롯하여 오랜 연대를 보여주는 모든 연대측정법들을 받아들이지 않는다.

1960년대까지 이러한 창조과학이 주류 과학에 대한 대안 과학으로 제시된 것은 근본주의 교회 내부에 국한되었다. 또한 극소수 기독교 학교에서만이 홍수지질학을 기존 지질학을 대체하는 이론으로 소개했다. 그러나 창조과학은 애초부터 주류 학계에 대한 도전이었다기보다 대중적 캠페인에 기반을 두고 있었다. 그 이유는 창조과학자들 대부분이 자신들이 공식적으로 훈련 받은 분야와는 동떨어진 분야에서, 그것도 연구보다는 캠페인 중심의 운동을 펼쳐왔기 때문에, 대중들을 상대로 설득하는 것 외에는 다른 도리가 없었기 때문이다.

요약한다면 그 동안 진화론자들이 창조론의 대표인 듯이 비판해 온 창조과학은 성경을 과학 교과서로 보는 전투적이고도 선명성 있는 주장으로 인해, 그리고 대부분의 반진화론 혹은 창조론 교육을 위한 법정 투쟁과 연루됨으로 인해 많은 사람들에게 알려졌지만, 기원과 관련하여 기독교를 대표하는 이론은 아니다. 특히 창조과학의 2대 기둥이라고 할 수 있는 6천년 지구/우주 역사와 홍수지질학은 복음주의권 내의 전문가들 사이에서조차 극소수 의견에 불과하다.

2. 진행적 창조론과 유신론적 진화론

실제로 성경에 대해 복음주의적 입장을 견지하고 있는 대부분의 학자들은 6천년 지구/우주 연대와 홍수지질학을 받아들이지 않는다. 창세기의 역사성을 받아들이고 창세기 1-11장의 신적 영감성을 인정하는 학자들조차 지구/우주 역사를 6천년이라고 주장하는 경우는 거의 없다. 창세기 6-8장에 나오는 노아의 홍수에 대해서는 사람들마다 의견이 다양하긴 하지만, 대부분의 지층이 노아의 홍수로 형성되었다고 주장하는 홍수지질학을 지지하는 경우는 드물다. 이것은 비단 기원 논쟁과 직접 관련이 있는 지질학이나 생물학, 천문학 등의 전문가들만을 의미하는 것이 아니다. 창세기를 전공하는 구약학자들, 그 중에서도 성경의 무오성을 받아들이는 복음주의 신학자들조차 대부분 창조과학적 창세기 해석에 반대한다.

오히려 복음주의 진영에서는 방사능 연대 등 주류 과학계에서 받아들이고 있는 지구와 우주 연대를 수용한다. 노아의 홍수에 대해서는 사람들마다 이견이 있기는 하지만, 한 가지 분명한 것은 캄브리아기로부터 신생대까지의 모든 지층과 화석이 1년 미만의 노아의 홍수에 의해 만들어졌다는 창조과학의 홍수지질학은 단호하게 반대한다. 이들은 성경은 창조주에 대해서, 창조의 목적과 이유에 대해서 말하지 창조의 방법이나 시기에 대해서 말하고 있지 않다고 본다. 창조의 방법이나 시기는 성경 연구에서가 아니라 과학 연구를 통해 밝혀져야 한다고 믿는다.

사실 이러한 입장은 20세기 후반 창조과학의 부흥이 일어나기 전인 1950년대에 이미 등장했다. 복음주의 신학자이자 오늘날 북미주 최대의 복음주의 과학자 단체인 ASA(American Scientific Affiliation) 회원들에게 큰 영향을 끼쳤던 램(B. Ramm)은 1954년에 출간한 『과학과 성경에 관한 기독교적 견해』라는 책을 통해 근본주의 창조론 운동의 문제점을 예리하게 지적하면서, 오늘날 '진행적 창조론'(Progressive creationism)으로 알려진 이론을 제안했다.

진행적 창조론에 의하면 태초에 창조주가 생명체들을 창조했으나, 순간적인, 혹은 6천년 동안이 아니라 오랜 지구 역사에 걸쳐 창조했다고 본다. 이들은 소진화, 즉 종 내에서의 변이는 받아들이지만 대진화는 받아들이지 않는다는 점에서는 창조과학자들과 의견을 함께한다. 하지만 이들이 대진화를 받아들이지 않는 것은 성경 해석 때문이 아니라 유전학적, 고생물학적 이유 때문에 받아들이지 않는다.

진행적 창조론자들은 우주론에서도 창조과학자들처럼 "무에서 유의 창조"(Creatio ex nihilo)를 믿는다. 하지만 창조과학자들과는 달리 이들은 현대 우주론의 표준모델인 대폭발이론의 기본 개념을 받아들인다. 대폭발이론은 확정된 사실로서가 아니라, 지금까지 과학자 공동체가 발견한 증거들을 가장 설득력 있게 제시한 작업가설로서 가치가 있다고 본다. 창조론자들이 대폭발이론에 대해서 진화론자들과 입장을 달리하는 부분은 이 이론의 무신론적이고 자연주의적인 특성이다. 이런 대폭발이론의 특성은 과학과는 무관한 일종의 세계관이요, 패러다임이기 때문이다.

복음주의 전문가들 그룹에서 가장 널리 받아들여지고 있는 진행적 창조론을 이끄는 대표적인 사람과 단체를 든다면 천문학자 로스(Hugh Ross)와 그가 이끌고 있는 "Reasons To Believe"를 들 수 있다. 이들은 주류 과학계에서 제시하는 지구/우주 연대를 그대로 받아들이지만, 생물학적 대진화는 부정한다. 또한 2003년에 시작된 "Answers in Creation"도 진행적 창조론을 지지하며, 특히 젊은 지구/우주에 대한 과학적 증거들에 대해 비판적이다. 하지만 진행적 창조론의 모태가 되었던 ASA는 근래에 들어 유신론적 진화론(Theistic Evolution) 쪽으로 기울고 있는 것으로 보인다.

진행적 창조론을 복음주의 진영의 비교적 보수-중도적 입장이라고 한다면, 유신론적 진화론은 복음주의 진영의 진보적 학자들이나 자유주의 진영의 학자들이 받아들이는 견해라고 할 수 있다. 진행적 창조론에서는 창조주가 생물종들의 발달 과정에서 특별한 창조능력으로 개입한다고 보는데 비해, 유신론적 진화론자들은 창조주가 자연선택에 개입하여 진화를 인도한다고 생각한다. 유신론적 진화론에서는 자연주의 진화론의 모든 메커니즘을 그대로 받아들이기 때문에 별도의 설명을 필요로 하지 않는다. 따라서 유신론적 진화론은 적어도 과학적인 측면에서는 진화론이 갖는 모든 문제들을 갖고 있다고 할 수 있다.

3. 진화론의 문제

그러면 진화론의 문제는 무엇인가? 진화론을 비판하는 창조론자들은 모두 아마추어이며 그들의 비판은 재고의 가치가 없는 이야기들일까? 그렇지 않다. 진행적 창조론자들은 물론 특히 1980년대 후반부터 시작된 지적설계 운동가들이나 복음주의권 내에서 진화를 비판하는 사람들은 대부분 해당 분야의 전문가들이다. 이들의 비판은 성경을 과학 교과서로 받아들이는, 공학도나 딜레탕트 중심의 창조과학 운동의 목소리와는 차원이 다르다. 그러면 창조론자들이 줄기차게 지적하는 진화론의 문제는 무엇인가? 몇 가지 예를 들어보자.

우선 화학진화론부터 생각해 보자. 나는 진화론자들에게 "오파린-할데인 가설이나 이 가설에 기초한 밀러-유레이 실험, 그것을 이은 폭스 실험 따위가 정말 생명의 기원을 설명한다고 생각하는가?"라고 물어보고 싶다. 오파린-할데인 가설의 기초가 되었던 원시 대기에 대한 가설, 타르 비슷한 라세미 혼합물 정도를 만들어낸 밀러-유레이 실험이나 프로티노이드에서 미소구체(microsphere)를 만든 폭스 실험 따위는 생명의 기원과는 아무런 관련이 없는, 여느 화학 실험실에서 해 볼 수 있는 흥미로운 실험일 뿐이다. 다윈이 말한 '따뜻하고 작은 연못'(warm little pond) 따위는 순전히 상상의 산물일 뿐 실제 원시지구의 상태나 최초의 생명 출현과는 아무런 상관이 없다. 생명은 생명으로부터만 유래한다는 생명속생설은 성경에서 말하기 전에 과학에서 상식이라고 할 수 있다.

또한 그 동안 창조론자들이 오랫동안 줄기차게 지적하고 있는 중간형태의 부재는 어떻게 설명할 것인가? 과연 대진화의 증거를 화석으로부터 찾을 수 있는가? 적자(適者)의 자연선택, 혹은 돌연변이의 자연선택, 나아가 유전자 풀의 평형파괴이론(Punctuated Equilibria Theory)을 통해 대진화가 일어난다는 것을 자연에서나 실험실에서 증명할 수 있는가? 진화론자들은 그 동안 고전적인 중간형태로 제시해 왔던 시조새, 말, 실라칸트 등의 화석에 대한 창조론자들의 비판에 대해 무조건 무시하기보다 성실하게 답변해야 한다.

현대 지질학의 기초가 되고 있는 동일과정설은 어떤가? 과연 지구의 역사를 현재 지구상에서 일어나고 있는 과정만으로 모두 설명할 수 있다고 보는가? 나는 창조-진화 논쟁과는 무관하게 지구의 역사를 균일설 혹은 동일과정설로 해석하는 것보다는 격변의 역사, 다시 말해 수많은 격변들의 연속으로 지구의 역사를 해석하는 다중격변모델이 타당하다고 믿는다.[3]

2008년 1월호 「천문학」(Astronomy) 잡지에 의하면 현재 전 세계적으로 179개의 운석공이 발견되었으며, 아직 확정되지는 않았지만 운석공인 듯이 보이는(probable) 곳이 111개에 이르고 있다(이들은 대부분 지구 표면의 30% 밖에 안 되는 육지에서만 발견된 것들이므로, 실제 운석공의 숫자는 이보다는 세 배 이상 더 많다고 봐야 한다). 그 외에 운석공 가능성을 염두에 두고 조사하고 있는 충돌구조들(impact structures)만도 수백 개에 이르고 있다. 이들 중 한 대륙을 멸종시킬 수 있는 직경 30km 이상 되는 운석공들만도 28개에 이르며, 전 지구적 멸종을 가져올 수 있는 직경 100km 이상 되는 운석공도 5개나 된다. 그 중 하나가 바로 멕시코 유카탄 반도의 칙술룹(Chicxulub)에서 발견된 직경 180km에 이르는 대형 운석공이다.[4]

물론 대규모 운석충돌만이 지구에서 일어난 수많은 격변들의 유일한 이유였다고 할 수는 없을 것이다. 대규모 화산폭발이나 쓰나미, 지진, 산사태 등 대규모 운석 충돌에 이은 2차적 격변들이나 운석 충돌과 무관한 격변들도 충분히 생각해 볼 수 있을 것이다. 근래 백악기 멸종의 주된 원인은 대규모 화산폭발이라는 새로운 주장이 제시되고 있는 것은 흥미로운 일이다.

지난 30여 년 간 중생대를 마감하게 한 대격변, 흔히 K-T 경계멸종이라 부르는 대멸종은 6500만 년 전에 지구와 충돌한 칙술룹 소행성 때문이라는 이론이 지배적이었지만, 근래 프린스턴 고생물학자 켈러(Gerta Keller) 등은 이에 이의를 제기하면서 인도 데칸 지방에서 일어난 일련의 거대한 화산폭발이 K-T 경계멸종의 원인이었다는 새로운 주장을 제시하고 있다. 이 연구에 의하면 대한민국 넓이의 20여배에 달하는 거대 용암 지역 데칸 트랩의 화산폭발의 주요 폭발 단계에서 화산이 분출한 기체는 거의 비슷한 시기에 칙술롭 소행성이 지구와 충돌하면서 대기권 속으로 방출한 기후 변화 기체의 10배를 분출했다고 한다.[5]

칙술럽 운석공이나 데칸 트랩 등은 지구 역사에서 일어난 격변의 일부 예들일 뿐이다. 이러한 격변의 흔적들이 지구 역사의 중요한 시대 변화와 연대가 일치한다면, 우리는 이로부터 어떤 결론을 내릴 수 있을까? 지구 역사에서 전 지구적 멸종을 일으킨 여러 차례의 격변이 일어난 것이 분명하다면, "현재는 과거의 열쇠"라는 동일과정설의 슬로건은 "현재는 과거의 부분적 열쇠일 뿐"이라고 고쳐야 할 것이다.

요약한다면 "학교에서 배우는 것은 모두 뻥이다"라고 주장하는 창조과학적 자세도 문제지만, "지구가 둥근 것이 사실이듯 진화는 사실이다"라는 식의 진화론자들의 극단적이고 이데올로기적 태도도 진리에 이르는 걸림돌이 될 수 있다. 양쪽 모두 인식의 대상으로부터 자신을 분리시켜(detach) 객관적이고 관조적 태도를 견지하려 했던 선인들의 테오리아(theoria) 이상과는 거리가 먼 태도들이다. "내 해석과 주장은 도무지 틀릴 수 없다"는 경직되고 폐쇄적인 태도는 진리를 추구하는 바른 자세가 아니다.

4. 잠정적, 개방적 자세

그렇다면 우리는 어떤 자세를 가져야 할까?

첫째, 학문이라는 것 자체가 가치중립적일 수 없다는 것을 인정해야 한다. 이것은 지난 세기 새로운 과학철학자들이 발견한 중요한 쾌거라고 할 수 있다. 특히 기원 논쟁과 같이 까마득한 과거에 일어난, 그래서 직접적인 실험이나 재현이 어렵고 대부분 간접적인 증거에 의존할 수밖에 없는 경우에는 해석자의 세계관이 간접적 증거들의 해석에 큰 영향을 미치게 된다.

해석이라고 하는 것은 유한한 인간이 미지의 대상을 인식하려고 할 때 불가피하게 부딪히는 문제이다. 사람이 전지전능해서 모든 것을 본질 그대로 알고, 모든 것을 자신의 의지대로 행할 수 있는 존재라면 굳이 해석이 필요하지 않을 것이다. 그러나 시간 내적 존재인 인간이 유한한 지식과 제한된 자료를 근거로 대상을 인식하려 할 때 해석이라고 하는 것은 일종의 존재론적 필요라고 할 수 있다. 창조-진화 논쟁은 본질적으로 인간의 유한함, 이 세계를 바라보는 관점의 차이, 사용하는 용어나 개념의 불확실함 등으로 인해 앞으로도 끝없이 계속될 것이다.

둘째, 그렇기 때문에 우리는 기원 논쟁과 관련하여 잠정적, 개방적 태도를 유지해야 한다. 창조-진화 논의는 학문적, 신앙적 논쟁을 가장한 이데올로기적 오염이 쉽게 일어날 수 있는 분야이다. 학문적 논의에 관한 한 어느 누구도 진리의 '전매특허'를 가진 사람은 없으며, 학문적 논의에서 자신의 주장에 대한 경직된 태도를 갖게 되면 '학문적 마녀사냥'이 일어날 수 있다.

자연주의적 진화론이나 성경 문자주의는 둘 다 '종교적' 근본주의의 특성을 갖고 있으며, 학문적 유연성이 없다는 공통점을 갖고 있다. "나는 성경을 해석하지 않고 있는 그대로 믿는다"라고 주장하는 것이나 "진화가 과학이 아니라면 과학은 없다"라는 식의 경직된 자세는 학문적 발전, 나아가 진리에 이르는 가장 큰 장애가 될 수 있다. 개방적 자세, 특히 자신의 주장과 반대되는, 혹은 자신의 주장을 비판하는 목소리에 대해 개방적 자세를 가질 때 오류의 가능성은 그만큼 줄어들 것이다.

셋째, 진화론자들은 진화론의 형이상학적(혹은 '종교적') 신념을 솔직히 인정해야 한다. 창조론이 유신론적 전제를 깔고 있듯이 진화론은 무신론이요 모든 초월적인 요소를 배제하려는 자연주의적 신념을 배경에 깔고 있다. 헉슬리가 지적한 바와 같이 "다윈이즘은 이성적 대화 영역에서 생물의 창조주와 같은 하나님의 모든 개념을 제거했다. 다윈은 어떤 초자연적인 설계자도 필요하지 않음을 지적했다; 자연선택이 알려진 모든 생명체들을 설명할 수 있기 때문에 진화에서 초자연적인 존재를 위한 여지는 없다."[6] 이것은 결국 기원에 관한 모든 초월적인 요소를 제거하고 남는 인간은 앙상한 단백질 덩어리로서의 물질뿐임을 지적하는 것이다.

어떠한 초자연적인 것도 인정하지 않는 자연주의적 진화론은 이데올로기의 요소를 고루 갖추고 있다. 진화론이 자연주의와 결합하면서 인간의 지식은 오로지 물질적이고 우주 내적인 지식에 국한되게 되었다. 진화론이 인간의 인식의 지평을 넓힐 것이라는 자연주의자들의 예상과는 달리 도리어 인간의 지식을 물질세계에만 제한시켰다. 우리는 인류 역사에서 경직되고 이데올로기화 한 기독교 신앙이 지식의 진보를 제한해 왔던 것처럼, 진화론과 결합한 각종 이데올로기들이 지식의 지평을 크게 제한하는 시대에 살고 있다.

　결론적으로 기원 논쟁, 즉 창조-진화의 논쟁은 본질적으로 과학을 매개로 한 두 근본주의 세계관의 충돌이라고 할 수 있다. 이데올로기적 자연주의에 근거한 진화론이나 성경 문자주의에 근거한 창조과학은 둘 다 근본주의적, 이데올로기적 특성을 갖고 있다. 그래서 서로로부터 배우려는 겸손한 자세, 잠정적이고도 개방적 태도를 갖기보다는 귀를 막고 상대를 타도의 대상으로 생각하려는 경향이 강하다. 그러므로 성경 문자주의자들은 성경의 용도를 다시 생각해 보는 것이 필요하고, 자연주의 진화론자들은 인식의 지평을 넓히려는 열린 마음이 필요하다. 그래서 비생산적인 파열음보다는 건설적인 논쟁을 통한 지적 지평의 확대 혹은 진리의 포구에 이르기 위해 서로 노력하는 것이 필요하다. 그렇게 할 때 우리는 비로소 학문이 이데올로기화 되는 것을 방지할 수 있다.

[반성과 토의를 위한 질문]

1. 성에 대한 저자의 견해는 언뜻 지적 설계론에 근거하고 있는 것으로 보인다. 지적 설계론이 자연주의에 대항하는 가장 효과적인 방법일 수 있다는 지적 설계론자들의 주장을 평가해 보라.

2. 창조-진화 논쟁에서 해당 분야 전문가들의 견해를 존중해야 한다는 것의 성경적 기초, 혹은 기독교 세계관적 기초는 무엇일까? 전문가들이 빠질 수 있는 함정은 없는가?

3. 저자는 학문하는 사람들에게도 '세계관적 헌신'을 피할 수 없다고 말한다. 사회과학이나 인문과학이 아닌, 자연과학이나 공학 등의 분야에서도 '세계관적 헌신'이라는 것이 영향을 미치는가? 그렇다면 어떻게 영향을 미칠 수 있는지 말해 보자.

4. 저자는 창조론 운동에서 아마추어리즘과 포퓰리즘을 경계해야 한다고 주장하면서 아마추어리즘의 가장 큰 특징으로 '신학적 정체성'(theological identity)의 부재를 지적한다. 창조과학 운동 외에 기독교 역사에서 신학적 정체성의 부재가 문제가 된 예를 찾아보라.

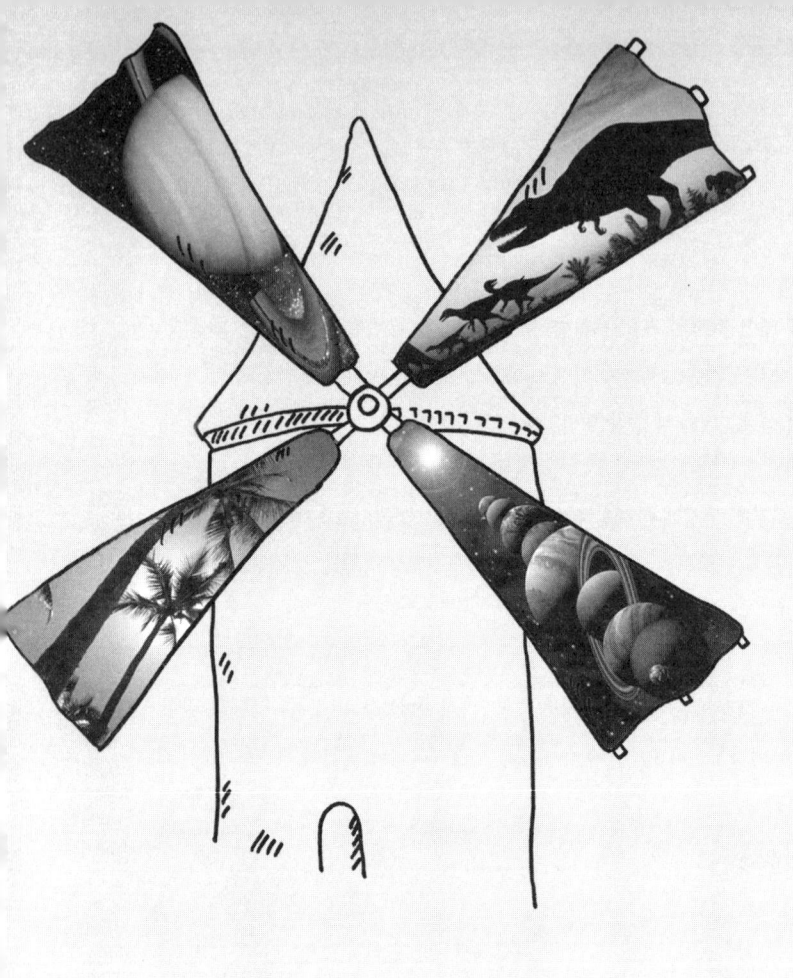

V. 학문과 이데올로기

부록논문: 기독교와 과학

학문과 이데올로기

지금까지 살펴본 것처럼, 그리고 야스퍼스(Karl Jaspers, 1883-1969)가 지적한 것처럼 학문은 세계관적입니다. 학문이 세계관적 헌신에 기초하고 있다는 것은 여러 가지 함의를 갖습니다. 그것은 학문이 객관적 사유활동의 결과라고 생각한 희랍인들의 이상에서 벗어나는 일이며, 나아가 학문도 이데올로기화 할 수 있음을 보여주는 것입니다. 그 한 예로 인류 진화 연구에서 가장 유명한 사기극으로 밝혀진 필트다운인(Piltdown Man) 사건을 들 수 있습니다.

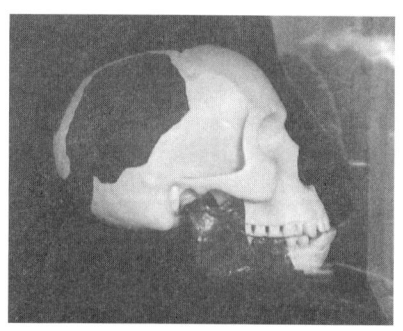

〈그림5-1〉 도슨이 설립한 변호사 사무실 로비에 전시되고 있는 필트다운인 모형

1908년, 런던 시내에서 남쪽으로 60km 정도 떨어진, 서섹스주의 작은 마을 필트다운에서 도로 보수 작업을 하던 인부 한 사람이 인간 두개골의 일부(頭頂部)를 발견했습니다. 그는 이 두개골을 인근에서 변호사(solicitor) 사무실을 개업하고 있던 아마추어 고생물학자 도슨(Charles Dawson)에게 주었습니다. 그 후 1911년 후반까지 도슨은 자갈 구덩이 옆에 쌓아둔 자갈 더미에서 몇몇 두개골 조각을 더 발견했습니다. 이어 1912년 초, 그는 발견한 두개골 조각들을 대영박물관(British Museum) 고생물학자 우드워드(Arthur Smith Woodward)에게 가져갔습니다.

 1912년 6월 초, 도슨과 우드워드는 당시 인근 헤이스팅스(Hastings)에서 공부하고 있던 31세의 프랑스 신부이자 고생물학자 샤르댕(Pierre Teilhard de Chardin)과 함께 필트다운의 자갈 구덩이에 대한 일련의 발굴을 시작했습니다. 그래서 더 많은 두개골 조각들이 발견되었으며, 샤르댕은 코끼리 어금니를 발견하기도 했습니다. 이 때 다른 포유동물들의 뼈들과 함께 필트다운인의 아래턱뼈도 발견되었습니다. 드디어 1912년 12월 18일, 도슨과 우드워드는 런던지질학회(Geological Society of London)에 최초의 영국인 화석, 나아가 인간의 진화 조상이라고 할 수 있는 뼈를 영국의 필트다운에서 '발견' 했다고 공식적으로 보고함으로써, 그 유명한 필트다운인(Piltdown Man) 신화가 시작되었습니다.

 필트다운인의 뼈들은 턱뼈와 두개골의 일부이며, 턱뼈는 치아를 제외하면 원숭이와 비슷했고, 치아는 원숭이보다 사람을 닮은 마모된 형태였습니다. 한편 두개골은 현대인의 것과 비슷했습니다. 이 두 뼈들은 최초 발견자의 이름을 따라 이안트로푸스 도소니(Eoanthropus dawsoni)라는 학명이 붙여졌고, 50만 년 전의 것이라고 추정되었습니다. 도슨은 자신이 발견한 화석이 1907년, 독일에서 발견된 하이델베르크 원인(Mauer Mandible)에 견줄 만하다고 생각했습니다.

하지만 학자들의 의견은 다양했습니다. 파리 자연사박물관의 부울이나 미국 고생물학자 오스본과 같은 전문가들은 이미 그 때 원숭이의 것과 흡사한 턱뼈를 가지고 사람의 것과 비슷한 두개골과 결합시키는 것을 반대했습니다. 고생물학자들은 이 두 개를 결합시키기 위해서는 송곳니가 있어야 한다고 말했는데, 바로 다음해 8월, 구덩이 옆의 자갈 더미에 앉아 있던 샤르댕의 발밑에서 송곳니가 '발견' 되었습니다. 이 뼈들 외에도 필트다운 구덩이에서는 코끼리, 매스토돈(mastodon), 물소(rhinoceros), 하마, 비버, 사슴 등의 뼈를 비롯하여 원시적인 도구와 얇은 부싯돌들도 발견되었습니다. 마지막으로는 화석 코끼리의 대퇴골까지 발견되었는데, 그것은 크리켓 경기에서 사용하는 배트와 비슷했습니다.

이러한 화석들을 보고 이미 그 때 일부 학자들은 이 모든 뼈들은 사기극이라고 주장했습니다. 그러나 유럽 대륙보다 오래된 자기의 '뿌리'를 발견하려는 열망으로 가득 찬 영국인들에게 이러한 의혹은 아무런 문제가 되지 않았습니다. 그들은 코끼리 대퇴골은 용도는 모르지만 어떤 원시적인 도구일 것이라고 쉽게 결론을 내렸습니다. 유럽대륙에서는 크로마뇽인, 네안데르탈인을 비롯하여 많은 오래된 인류화석들이 발견되는데, 이상하게도 영국에서는 내세울만한 화석이 전무한 판국에 드디어 기다리던 화석이 발견되었기 때문이었습니다. 조상 화석에 대한 영국인들의 열망이 필트다운인 등장의 배경이 된 것입니다.

게다가 1915년에는 필트다운인에 대한 의심을 완전히 없애준 사건이 일어났습니다. 그 해 초, 도슨은 제1 필트다운인을 발견했던 곳에서 수마일 떨어진 다른 자갈구덩이에서 제2 필트다운인을 발견했다고 발표했습니다. 그러나 아무도 제2 필트다운인이 발견된 정확한 위치는 몰랐습니다. 우드워드는 발굴된 뼈들을 공개하고 있지 않다가 도슨이 죽은 다음해인 1917년에 공개했습니다. 그런데 놀랍게도 그 뼈들은 필트다운인이 진화 중간형태임을 증명하는 데 정확하게 필요한 바로 그 뼈들이었습니다. 놀랍게도 필트다운인과 관련하여 원하는 뼈들은 무엇이든지 발견되는 듯 했습니다.

사람들은 더 이상 의심하지 않고 필트다운인의 뼈의 두개골 위 부분은 사람에 가깝고 아래턱뼈는 원숭이에 가까웠기 때문에 필트다운인이야말로 사람의 진화과정을 증명해 주는 완벽한 중간형태라고 생각했습니다. 그래서 필트다운인은 1938년 12월, 「사이언스」(Science) 표지 기사로까지 등장했고, 권위 있는 『대영백과사전』(Britannica Encyclopedia)에 인류의 진화 중간형태로 수록되기도 했습니다.

필트다운인의 문제는 처음 발견된 지 45년 후에 그 전모가 완전히 드러났습니다. 1953년, 오클리(Kenneth P. Oakley), 위너(Joseph Weiner), 클라크(Wilfred Le Gros Clark) 등은 필트다운인의 뼈가 완전히 조작된 것임을 밝혀냈습니다. 1953년에 화석 뼈의 상대적 연대를 정하는 새로운 방법이 도입된 것입니다. 원래 이 연대측정법은 1892년, 프랑스 광물학자(mineralogist) 카르노(Carnot)가 발견한 것이었습니다. 카르노는 땅속의 물에 녹아있는 불소(원소기호 F)는 뼈나 치아 속에 천천히 축적되기 때문에 땅속에 묻혀있는 화석 뼈 속의 불소의 양은 시간에 따라 증가한다는 사실을 발견했습니다. 그러나 카르노의 발견은 당시에는 별다른 주의를 끌지 못한 채 사람들의 뇌리에서 잊혀졌습니다. 그런데 카르노의 이 발견을 처음으로 주목한 사람이 바로 오클리였습니다. 그는 이 방법을 사용하면 한 곳에서 출토된 뼈들의 상대적 연대를 측정할 수 있다는 사실에 주목했습니다. 즉 오래된 뼈일수록 불소가 많을 것이며, 최근의 뼈일수록 불소의 양이 적을 것이라고 예측한 것입니다.[1]

이 방법으로 필트다운인 화석의 두개골과 턱뼈를 검사한 결과 두개골 위부분에서는 불소가 상당량 검출되었으나, 턱뼈에는 불소가 전혀 함유되어 있지 않은 것으로 나타났습니다. 따라서 턱뼈는 그렇게 오래된 화석이 아니라는 것이 판명되었습니다. 두개골 위 부분에도 불소가 많이 함유되었으나, 50만년이 아닌 수천 년 전의 것으로 추정되었습니다.[2] 또한 방사능탄소 연대측정법으로 조사한 결과 두개골 위 부분은 520-720년 정도 된 것으로 드러났습니다. 역사적 연구를 통해 1348-9년에 그 지역을 휩쓸었던 전염병으로 인해 수많은 사람들이 죽었고, 그 시체들은 필트다운 공유지(Piltdown Common)에 집단으로 매장된 것도 밝혀졌습니다.

이런 정보들을 토대로 다시 정밀한 검사를 실시했는데, 놀랍게도 뼈들은 오래된 듯이 보이게 하려고 화학약품(potassium bichromate)으로 처리했다는 사실이 밝혀졌습니다.[3] 다른 석기들과 뼈들은 의도적으로 미리 묻어둔 것으로 드러났으며, 두개골은 오래된 듯이 보이게 하려고 암갈색으로 착색되었습니다. 아래턱뼈는 어린 암컷 오랑우탄의 것이었으며, 아래턱뼈의 치아는 위턱뼈의 치아와 맞추기 위하여 줄로 갈았고 송곳니도 심하게 마모된 것처럼 보이게 하려고 줄로 갈았습니다. 턱뼈를 두개골과 이어주는 관절 부위는 두개골과 맞지 않는다는 사실을 숨기기 위하여 파손되었습니다.

턱뼈와 송곳니가 오랑우탄의 것임은 1982년, 콜라겐 반응(collagen reaction)을 통해서 결정적으로 증명되었습니다. 오늘날 오랑우탄은 보르네오와 수마트라에서만 발견되기 때문에 필트다운인의 뼈가 발견된 그 구덩이에 오랑우탄의 송곳니를 집어넣은 사람은 틀림없이 아래턱뼈도 오랑우탄의 것임을 알고 있는 사람이었을 것입니다. 구덩이에서 발견된 포유동물들의 뼈는 영국의 다른 지역에서 온 것이었고, 석기들과 매스토돈 어금니는 튀니지아(Tunisia)에서, 하마의 어금니는 말타섬(Island of Malta)에서 가져온 것으로 추정되었습니다.

그렇다면 도대체 누가 이 사기극의 범인이었을까요? 아직까지도 누구의 소행인지는 확실하게 밝혀지지 않았습니다만, 분명한 것은 여행을 많이 한 사람으로서 화석들이나 고고학적 발견물들을 다량 소장하고 있는 사람의 소행이었던 것은 틀림이 없는 것 같습니다. 물론 가장 가능성이 높은 범인은 말할 필요도 없이 도슨 자신이 아닐까 생각됩니다. 특히 사기극이 엉성했던 점으로 미루어 그럴 가능성이 높다고 할 수 있습니다.

하지만 어떤 사람들은 이 사기극이 생각보다 전문적이었다고 생각하기 때문에 도슨이 개입되기는 했지만, 그는 단지 다른 사람의 사기극의 중간다리 역할만을 했을 뿐이라고 주장하기도 했습니다. 그래서 밀러(Ronald Miller)는 대영박물관의 스미스(Sir Grafton Elliot Graham Smith)가 범인이라고 주장했으며,[4] 블라인더맨(Charles Blinderman)은 보석상이자 아마추어 지질학자인 애봇(Lewis Abbott)을 범인으로 지목하기도 했습니다.[5] 하버드 대학의 굴드(Stephen Jay Gould, 1941-2002) 교수는 샤르댕(Pierre Teilhard de Chardin, 1881-1955)이 개입했다고도 했으며,[6] 놀랍게도 윈슬로(John Winslow)는 셜록 홈즈(Sherlock Holmes)의 탐정소설로 유명한 코난 도일(Sir Arthur Conan Doyle)에게 혐의를 두기도 했습니다.[7] 코난 도일은 젊을 때 의사로서 훈련을 받았으며, 필트다운 구덩이로부터 불과 수마일 떨어진 곳에서 살고 있었기 때문이었습니다.

놀라운 것은 필트다운 사기극과 관련하여 적어도 12명이 사기극 연출 혐의를 받았는데, 이들은 모두 그 분야의 전문가들이었고 사기극을 위한 자료들을 사용할 수 있는 위치와 기회를 가진 사람들이었습니다. 그러나 아직까지도 과학 역사상 가장 큰 사기극으로 평가되는 필트다운인 사기극의 주범이 누구인지는 정확하게 밝혀지지 않았습니다.[8]

필트다운인 사기극은 현대 진화론 지질학 체계를 만들었다고 할 수 있는 영국 지질학회의 기라성 같은 대가들을 모조리 속였습니다. 나아가 전 세계의 지질학자들을 근 반세기 가까이 속이는 데 성공했습니다. 필트다운인을 주제로 작성된 박사논문만도 500편 이상에 이르는데, 20세기 최고의 해부학자의 한 사람이라고 여겨지는 키이쓰(Sir Arthur Keith)는 특히 이에 대한 연구를 많이 했습니다. 그의 유명한 저서 『유구한 인간』(The Antiquity of Man)은 주로 필트다운인에게 초점이 맞추어져 있습니다. 이런 많은 연구들이 뒤따랐음에도 불구하고 이 엉성한 사기극은 발각되지 않았습니다. 그것도 48년이라는 오랜 세월동안 말입니다. 이 사기극이 밝혀진 후에 쥬커만(Baron Zuckerman)은 앞으로 인류 조상의 화석을 찾는데, 어떤 과학적인 근거가 있다고 해도 그것은 한번쯤 의심해 볼 여지가 있다고 했습니다.

결론적으로 필트다운인은 완전히 조작된 것이었습니다. 이것을 조작한 사람들은 오랑우탄의 턱뼈와 죽은 지 몇 백 년 된 사람의 두개골을 인류의 진화조상인 것처럼 보이게 하려고 치밀하게 화석을 위조했습니다. 사실 조금만 주의를 기울였더라도 이 사기극은 초기에 발견될 수 있었을 것입니다. 아니 처음부터 화석을 여러 사람들에게 공개하기만 했더라도 사기극은 일찌감치 밝혀졌을 것입니다. 화학약품으로 처리된 것은 물론, 아래턱뼈에 있는 오랑우탄의 치아에는 줄로 연마된 자국이 있었고, 아래턱과 위턱뼈의 어금니들이 서로 맞게 정렬되지 않았으며, 또한 서로 다른 각도로 연마되었고, 송곳니는 너무 많이 연마되어 치수(齒髓, pulp) 구멍이 드러났기 때문에 이를 메운 것 등은 식별하기 어려운 것이 아니었습니다. 이런 분명한 증거가 있음에도 불구하고 48년이나 온 세계를 속일 수 있었다는 것은 편견이 얼마나 잘못된 결론에 이를 수 있는가를 보여주는 고전적인 예라고 할 수 있습니다.

 필트다운인 사건은 단순히 민족주의 이데올로기가 과학적 연구에 어떤 영향을 미치는가를 보여주는 한 예에 그치지 않습니다. 타락한 인간의 마음속에는 본성적으로 거짓을 믿고 싶어 하는 마음이 있음을 보여줍니다. 거짓을 믿고 싶어 하는 인간의 마음을 잘 보여주는 또 다른 예는 흔히 '미확인비행물체'(Unidentified Flying Object)로 번역되는 UFO 연구에서도 볼 수 있습니다.

거짓을 믿고 싶은 마음

UFO와 관련하여 가장 드라마틱한 사건을 들라면 로스웰(Roswell) 사건이라고 할 수 있습니다. 1947년 6월 14일, 미국 뉴멕시코주 로스웰 북서쪽 120km 지점에 있는 한 목장에 어떤 물체가 떨어졌는데, 목장 주인 브라젤(W.W. 'Mac' Brazel)이 처음 이 물체를 발견했습니다. 그리고 그는 누가 이 쓰레기들을 이곳에 버렸는지, 누구에게 이것들을 청소하라고 해야 할지를 곰곰이 생각하다가 인근에 있는 로스웰 공군기지(Roswell Army Air Field)가 책임이 있을 것이라 생각하고, 공군기지로 가서 보안관

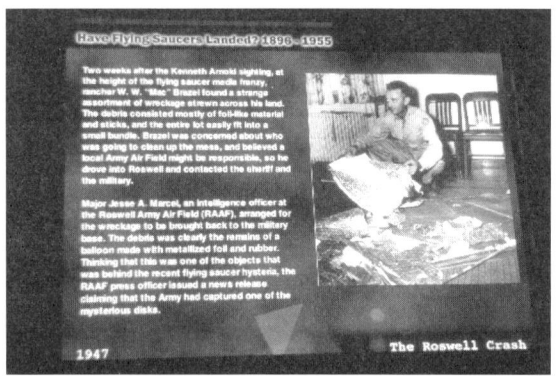

〈그림5-2〉 로스웰 사건의 보도. UFO 현상의 속성을 보여주는 대표적인 사례이다.

과 담당자들을 만났습니다.

브라젤의 방문 후 RAAF의 공보장교였던 마르셀(Jesse A. Marcel) 소령은 잔해들을 텍사스주 포트 워쓰(Fort Worth)에 있는 제8 공군(Eighth Air Force) 사령부로 운반했습니다. 이들은 '알루미늄과 비슷한' 금속성 포일, 비닐 테이프, 꽃이나 '상형문자' 같은 것이 표시된 다른 테이프들, 나무 막대 등 총 2.3kg 내외의 기구(balloon) 잔해였습니다. 그런데 마르셀 휘하의 호트(Walter Haut) 중위가 이들을 당시에 떠들썩하던 비행접시와 관련된 것이라고 생각하고(이 물체를 발견한 지 열흘 후에 미국의 아놀드(Kenneth Arnold)가 최초로 현대적인 UFO를 목격했다고 발표했다), 공군이 신비로운 비행원반을 포획했다고 발표했습니다.

이 발표는 곧 폭발적인 반향을 일으켰습니다. 이것은 "RAAF가 로스웰 지역 목장에 떨어진 비행원반을 포획하다"란 제하의 헤드라인 뉴스로 전 세계에 퍼졌고, RAAF에는 기자들로부터 전화가 빗발쳤습니다. 예상치 않은 반응에 당황한 공군 당국은 기상장교 뉴턴(Irving Newton)과 제8 공군 사령부의 램시(Roger Ramsey) 준장을 통해 그들이 발견한 것은 일상적인 기상 관측용 기구와 레이더 반사경이라는 정정기사를 발표했습니다. 다행히 이러한 해명은 널리 받아들여졌고, 시간이 지나면서 '로스웰 사건'은 UFO 연구자들의 뇌리에서조차 사라졌습니다.

로스웰 이야기가 다시 수면위로 떠오른 것은 한참 뒤인 1980년이었습니다. 이미 1950년경에 사기죄로 기소된 뉴턴(Silas Newton)과 게바우어(Leo GeBauer)가 꾸며낸 얘기를 언론들이 다시 흥미진진하게 각색하여 발표했기 때문입니다. 이들은 브라젤의 농장에 UFO가 추락했으며, 이 때 UFO의 잔해와 4구의 외계인으로 추정되는 시체가 발견되었다고 했습니다. 심지어 1995년에는 외계인으로 추정되는 시체를 해부하는 필름까지 공개하면서 이것이 진실인 것처럼 선전했습니다. 이 사기극에 장단을 맞추어 그해 11월 26일 KBS 1TV는 일요스페셜을 통해 로스웰 필름 전체를 방영하기도 했습니다. 하지만 전문가들은 이 필름에 등장한 여러 사진들은 희미하고 조작된 것이라고 말합니다.

로스웰 사건은 단순히 호기심의 문제만이 아니었습니다. 이것을 떠벌린 사람들은 브라젤 농장의 잔해들은 고도의 기술을 가진 외계인 비행선으로부터 수거한 것이라고 하면서 자신들이 이 외계인 기술을 이용하여 '유전 탐사기'를 개발했다고 주장하기도 했습니다. 그리고 이런 황당한 루머에 속는 어수룩한 여러 투자자들을 모으기도 했습니다. 그러나 비행접시가 추락했다는 사기극은 이미 많은 사람들에게 널리 알려졌기 때문에 여러 해 동안 UFO 조사자들도 공식적인 제재조치를 취하지 않았습니다.

그러다가 이 꾸며낸 얘기가 점점 증폭되자 급기야 미 공군은 1994년에 공식적으로 로스웰에서 발견된 잔해는 '프로젝트 모굴'(Project Mogul)이라는 일급기밀의 기구실험 결과임을 발표했습니다. 이 실험은 구 소련이 핵실험을 할 때 발생되는 음파를 검출하기 위한 목적으로 이루어진 것이었습니다. 그리고 외계인 시체와 관련된 루머는 인형을 고공의 기구로부터 떨어뜨린 실험이 왜곡되게 전해진 결과라고 밝혔습니다. 이렇게 명백히 전모가 밝혀졌음에도 불구하고 일부 UFO 지지자들은 아직까지도 미국 정부가 UFO 잔해와 외계인들의 시체를 보관하고 있다고 주장하면서 이 사건의 전모를 공개하라고 촉구했습니다.

하지만 이 세기적 의문은 1997년 무어(Charles Moore) 박사가 『로스웰에서의 UFO 추락 : 현대적 신화의 시작』이란 책을 통해 자세히 밝혔습니다. 1947년 6월에 수행된 프로젝트 모굴의 선임과학자였던 무어는 1992년까지 그 프로젝트에서 수행된 실험의 구체적인 목적을 모르고 있었습니다. 후에 그는 자신의 노트와 기록들을 재구성 해보고서야 비로소 로스웰에 떨어진 잔해가 '프로젝트 모굴'에서 사용된 특수 임무의 기구에서 떨어진 것임을 확인했습니다. 당시 기구 코너에는 레이더 추적을 위한 반사경들이 달려있었는데, 이 반사경들은 발사 나무(balsa wood), 스코치 테이프, 뉴욕의 한 장난감 회사가 만든 테이프 등으로 서로 고정되어 있었습니다. 테이프에는 자주색, 녹색의 꽃무늬 디자인이 있었는데, 우습게도 몇몇 사람들은 이것을 상형문자라고 해석했습니다.

사실 당시 미 공군의 공식적인 발표에 대해 그 후 30여 년 간 아무도 의심을 제기하지 않았습니다. 그런데 30여년이 지난 후 사람들의 기억이 희미해지고 관련된 당사자들의 분명한 증언을 확보하기 어렵게 되자 UFO 신봉자들이 초기의 잘못된 발표를 꼬투리 삼아 황당무계한 거짓 시나리오를 또 다시 만들어 유포했던 것입니다. 그런데 어떻게 그런 거짓말이 전 세계적으로 널리 퍼질 수 있었을까요? 이것은 미국 정부의 기밀문건을 다루는 방식과도 관련이 있었습니다.

미국과 소련의 냉전이 시작되던 1947년 당시, 미국 정부는 기밀정보를 분류할 때 1급, 2급, 3급 비밀로 나누어 단계마다 필요한 조치를 취했습니다. 그러나 더 중요한 정보인 경우에는 '구획화된'(compartmentalized) 정보라고 분류해서 공식적으로 그 정보에 '접근할 필요가 있는' 사람들 외에는 접근이 원천적으로 봉쇄되었습니다. 말할 필요도 없이 그런 정보에 접근하는 사람들의 책임과 이를 위반했을 때의 처벌은 더 가혹했습니다. 그러니 이런 것을 연구하는 학자들의 접근은 불가능했고, 이것이 일반인들에게는 정부에서 뭔가 꺼림칙한 것을 숨기고 있는 듯이 보였던 것입니다.

결국 로스웰 사건은 직후에 일어난 최초의 UFO 목격담과 냉전시대 미국의 기밀문서 취급 방법을 교묘하게 활용한 지능적인 사기극이었다고 할 수 있습니다. 지능적인 사기극에는 반드시 이익을 보는 사람들이 있는가 하면 손해를 보는 사람들이 있습니다. 이 사건을 미끼로 특종에 목마른 매스컴들은 목을 축이게 되었고, UFO 신봉자들은 자신들의 주장을 세상에 전할 기회를 갖게 되었습니다. 또한 이 거짓 시나리오를 대서특필해서 매상을 올린 출판사들도 이익을 본 집단이라고 할 수 있습니다. 하지만 이러한 음모를 몰랐던 대중들은 손해를 본 집단이라고 할 수 있을 것입니다.

이런 사기극은 비단 로스웰 사건 뿐만이 아닙니다. 지금도 비슷한 거짓말들이 수없이 돌아다니고 있습니다. 아폴로 우주인이 달에 갔다 왔다는 것을 거짓이라고 주장하는, 소위 '달 착륙 음모론'도 그런 것들 중의 하나입니다. '음모론자들'은 왜 공기도 없는 달에서 성조기가 펄럭이는가, 왜 달 표면에 달착륙선의 분사 자국은 없는가, 왜 달 표면에서 찍은 사진에서 그림자들의 방향과 길이가 서로 다른가, 그 때 정말 갔다면 왜 지금은 안 가는가, 그 때 달에 착륙했으면 지금은 화성 정도는 갔어야 하는 것 아닌가, 왜 달 착륙 음모론을 공표하려고 한 사람들은 모두 의문사 했는가 등 밑도 끝도 없는 얘기들을 늘어놓으면서 아폴로 우주인들의 달 착륙은 전 세계를 상대로 한 최고의 사기극이라고 주장합니다.

한걸음 더 나아가 '음모론자들'은 미국 폭스 TV에서 2001년 2월 15일에 방영했다는 "인류는 달에 착륙했는가?"라는 대담 프로를 증거로 제시하기도 합니다. 이것은 사회자와 '달 착륙 음모론자', 그리고 NASA 대표가 나와 단순히 루머를 해명하는 프로그램인데도 사람들은 마치 달 착륙 음모가 TV에 방영될 만큼 근거가 있는 것처럼 부풀립니다. 그리고 TV에 방영된 달 착륙 장면은 일명 51번 지역으로 불리는 네바다주 사막의 비밀 군사기지 내부에서 촬영되었다는 구체성을 띤 제법 솔깃한 주장도 합니다. 또한 현재의 우주복으로는 수 백 도에 이르는 달 표면의 일교차나 강력한 태양풍을 견딜 수 없다는 과학자인 체 하는 주장도 있습니다. 모두가 다 일고의 가치도 없는 '카더라 통신' 내지 '유비통신'에 기초한 '아니면 말고' 식의 주장들입니다.

도대체 민주주의 국가라는 미국에서, 그것도 세계 최고의 과학자 집단이라는 NASA에서, 그것도 수십만 명의 사람들과 수천 명의 최고 박사들을 동원하여 수행했던 아폴로 계획이 모두 거짓이었다는 것이 말이 될까요? 그렇다면 그 동안 지구에 가져온 400kg 이상의 월석은 어디서 가져왔나요? 네바다 사막에서 가져왔을까요? 지금도 달 표면에서 작동하고 있는 지진계나 반사경 등 여러 과학기기들은 도대체 누가 그곳에 갖다 놓은 걸까요?

로스웰 사건이나 달 착륙 음모론 얘기를 들으면서 저는 타락한 인간에게는 거짓을 믿고 싶어 하는 본능이 있지 않은가라는 생각을 해 봅니다. 아무리 믿을만한 기관에서 믿을만한 발표를 해도 그것은 믿지 않고, 대신 사람들은 아무도 보증하지 않는 황색 저널들을 더 믿으려고 합니다. 최고의 전문가들을 통해 오랫동안 연구·조사한 결과보다 삼류 타블로이드 신문에 실린 밑도 끝도 없는 얘기를 더 신뢰하려고 합니다.

비슷한 논리가 하나님을 믿는 데도 적용되는 듯합니다. 한 예로 온 우주가 유신론으로 가득 차 있는데도 사람들은 우주가 저절로 존재하게 되었고, 저절로 운행되고 있다고 주장합니다. NASA 과학자들의 발표보다도 더 분명한 설계의 흔적이 온 세상에 가득한데도 사람들은 하나님이 없다고 말합니다. 우주만상에 어느 것 하나 저절로 되었다고 해서는 설명할 수 없지만, 사람들은 저절로 되었다는 거짓말을 믿고 싶어 합니다. 이에 대해 성경은 이미 오래 전에 사람들이 "… 마음에 하나님 두기를 싫어하매 하나님께서 그들을 그 상실한 마음대로 내버려 두사 합당하지 못한 일을 하게 하셨"다고 말합니다(롬 1:28). 시편 기자는 그런 사람을 가리켜 어리석은 사람이라고 말하면서 "어리석은 자는 그의 마음에 이르기를 하나님이 없다 하는도다"라고 지적합니다(시 14:1).

어쩌면 하와가 하나님의 말씀보다 사탄의 거짓말을 더 그럴듯하게 여겼던 것도 비슷한 맥락이 아닐까요? 다만 타락하기 전의 하와는 오늘 우리들처럼 참보다 거짓을 선호하는 '본능적' 충동은 없었을 것이고, 의지를 사용하여 선과 악을 선택할 수 있는 자유가 있었겠지요. 하지만 타락한 이후 인간에게는 참보다는 거짓을 선호하는 강한 본성적 성향이 생긴 것으로 보입니다. 이제 인간은 거짓의 아비인 마귀의 자식이 되어 "거짓을 말할 때마다 제 것으로" 말하게 되었습니다(요 8:44). 그렇다면 구원 받은 성도들은 마땅히 거짓을 믿고 싶어 하는 본성적 성향을 의지적으로 거부하고, 오직 사랑 안에서 참된 것을 하여 범사에 그에게까지 자라가야 할 것입니다(엡 4:14).

요약하면 사람들의 마음속에는 거짓을 믿고 싶어 하는 본성이 있습니다. 수천의 박사들이 연구한 결과보다 밑도 끝도 없는 삼류 황색 저널의 보도를 더 믿고 싶어 하는 것이 타락한 인간의 마음입니다. 인간이 믿고 싶어 하는 거짓말 중에서 가장 큰 거짓말은 하나님이 없다고 하는 것입니다. 이것은 마치 많은 작품을 전시하고 있는 곳에서 관람을 하던 사람이 이 작품들은 누가 만든 것이 아니라 저절로 존재하게 된 것이라고 큰 소리로 말하는 것과 같습니다. 이것은 지식이 없어서가 아니라 잘못된 용기 때문이라고 할 수 있습니다.

무신론자의 용기[9]

한 해가 가고 새로운 해를 맞는다는 것은 모든 사람들이 또 한 살의 나이를 먹는다는 것을 의미합니다. 그리고 이것은 우리가 이 세상에 사는 연수가 또 한 해 줄었다는 뜻이기도 하고, 세상에 대해 그 만큼 더 알게 되었다는 뜻이기도 하지요. 하지만 저는 쉰을 넘어 인생의 끝자락이 저만치 보이는데도 이해하지 못하는 것들이 많습니다. 그 중의 하나가 바로 어떻게 사람이 나이가 들어가면서도 무신론자로 남아있을 수 있을까 하는 점입니다.

젊었을 때는 뭘 몰라서 남의 주장을 제 것인 양 아무렇게나 주워섬기다 보니 무신론을 주장할 수 있다고 합시다. 그런데 나이가 들어 인생이 무엇인지 알만한 나이가 되었는데도 여전히 자칭 무신론자라고 주장하는 사람들이 있다는 것은 정말 신기합니다. 아마 그들은 보통 사람들은 상상도 할 수 없는 엄청난 용기를 가졌든지, 아니면 인생이 무엇인지, 자신이 누구인지 아직 제대로 몰라서 그렇다고 할 수밖에 없습니다. 그러면 무신론자들이 가진 용기는 어떤 것들일까요?

첫째, 무신론자들은 충분히 조사해보지 않고도 신이 없다고 단정 짓는 용기를 갖고 있습니다. 우주가 얼마나 광대한지 우리는 아직도 그 끝이 어딘지도 모르고, 그 우주의 한 귀퉁이도 제대로 조사해보지 않았는데 어떻게 신이 없다고 주장할 수 있을까요? 아니 우주는 그만 두고 지구만 해도 너무 엄청나서 우리가 다 조사할 수 없는데, 어떻게 신이 없다는 결론을 내릴 수 있을까요? 아이러니컬하게도 정말 신이 없다고 주장하려면 전능자가 되어야 합니다. 신이 없음을 증명하기 위해 전능함이 필요하니까요.

현대 과학철학자들이 고전적 귀납주의를 비판할 때 백조의 예를 듭니다. 고전적 귀납주의를 알기 쉽게 설명하자면 "한국의 백조는 희다. 미국의 백조도 희다. 호주에 있는 백조도 희다. 따라서 모든 백조는 희다"라고 주장하는 것입니다. 여기에 대해 현대 과학철학자들은 엄격한 귀납주의는 지구상의, 아니 우주의 모든 백조가 다 희다는 것을 증명하기 전까지는 "백조는 희다"라는 보편적 언명(general statement)을 해서는 안 된다고 말합니다.

이것은 신 존재 증명에서도 마찬가지입니다. "신이 없을 가능성이 있다"고 말하는 것은 그나마 좀 이해할 수 있지만, 신이 없다고 단정하는 것은 보통 용기로는 불가능한 일입니다. 만의 하나 신이 존재한다면 어떻게 합니까? 파스칼의 말과 같이 신이 있다고 했다가 없는 것은 밑져 봤자 본전이지만, 없다고 동네방네 떠들고 다니다가 신이 있음이 증명된다면 보통 낭패가 아닐 것입니다. 게다가 그 신이 그리스-로마 신화에 나오는, 자신도 잘 추스르지 못하는 어설픈 신이라면 몰라도 성경이 말하는 인간의 창조주요 심판주인 분이라면 어떻게 하겠습니까? 이런 엄청난 위험 부담이 있는데도 불구하고, 용감하게 신이 없다고 주장하려면 보통 사람이 갖지 못한 대단한 용기가 있어야 합니다.

둘째, 무신론자가 되려면 자신의 운명에 대한 엄청난 용기를 가져야 합니다. 이 우주를 초월하는 신이 없다고 하는 것은 모든 가치와 판단의 궁극적인 근거가 오직 자신임을 의미합니다. 아무런 의식도 없는 물질세계가 그런 근거는 될 수 없으니까요. 인생을 살아가면서 직면하는 무수한 문제들에 대하여 궁극적으로 책임지는 사람도, 해결자도 초월자가 아닌 자신일 수밖에 없음을 의미합니다. 하지만 한정된 경험만으로도 우리는 인간이라는 존재 자체가 매우 연약함을 압니다.

물론 무신론자들이라 해서 인간이 모든 문제를 스스로 다 해결할 수 있다고 생각하지는 않겠지요. 하지만 인간이 직면하는 본질적 문제들에 대한 궁극적 해결의 가능성 없이 인생을 어떻게 살아갈 수 있을까요? 누구에게나 예고 없이 찾아올 수 있는 불치의 병고, 미구(未久)에 닥칠 죽음, 때로는 자식의 죽음을 지켜봐야 하는 상황 등. 자신이 할 수 있는 일이 아무 것도 없는 기가 막힌 상황에서조차 오로지 자신만을 쳐다볼 수 있는 사람들의 용기. 그것은 분명 보통 용기가 아닙니다.

우리가 직면하는 여러 사건, 사고들은 조심하면 일어날 확률이 줄어든다고 해도, 인생이 근원적으로 직면하는 죄의 문제는 어떻게 합니까? 죄라는 말이 부담스럽다면 불교적인 용어로 업(業)이라 해도 좋습니다. 인생의 모든 짐을 불완전하기 이를 데 없는 자신이 모두 지겠다, 혹은 질 수 있다고 생각하는 것은 대단한 용기입니다. 실제로 짐을 질 수 있는지와는 무관하게 그렇게 생각한다는 것 자체가 경이로운 것이지요.

마지막으로 제가 정말 존경하는 무신론자들의 용기는 자신의 존재의 소멸에 직면하는 용기입니다. 신의 존재를 부인하고 모든 초자연적인 것들의 존재를 부정하는 것은 결국 자신에 대한 초자연적인 요소들을 부정하는 것입니다. 무신론자들은 영혼이나 정신은 영원한 것이 아니며 다만 물질적 현상일 뿐이라고 생각합니다. 이것은 곧 죽음은 한 개체와 인격의 완전한 소멸을 의미합니다. 태어나지 않았다면, 혹은 태어났더라도 의식할 수 없을 때 죽었다면 모를까 자신의 존재를 의식하게 된 후에 영원에 잇대는 아무런 끈도, 대책도 없이 존재의 소멸에 직면한다는 것은 정말 대단한 용기가 아닐 수 없습니다.

구약 시대 사람들은 죽으면 열조들, 즉 조상들이 있는 곳으로 돌아간다고 믿었고, 기독교가 전래되기 전에 살았던 우리 선조들도 죽은 후에 먼저 가신 조상님들을 뵐 것을 생각하면서 부끄럽지 않은 삶을 살기 위해 노력했습니다. 그런데 무신론자들은 무덤 저 너머에 있는 세계에 잇대어 있지도 않으면서 이 땅의 삶만으로 뭔가 의미와 보람을 찾으면서 살아갈 수 있다고 믿습니다. 자신의 존재가 영원히 소멸되는 것을 알면서도 죽음을 담담하게 직면할 수 있다는 것은 역전의 용사들보다, 어쩌면 순교자들보다 더 용감한 일입니다. 영원을 사모하는 욕구, 존재의 영속에 대한 소망은 인간의 가장 강력한 본능인데 어떻게 그 본능이 없는 것처럼 담담할 수 있을까요? 무신론자들에게 존재의 소멸은 모든 삶의 블랙홀과 같습니다.

세상에는 신앙을 위해, 신념을 위해, 때로 나라와 민족을 위해 죽는 사람들이 있습니다. 하지만 그들도 영원에 대한 아무런 소망이 없이 존재의 소멸에 직면하는 경우는 흔치 않습니다. 그러므로 소멸조차도 두려워하지 않는 무신론자들, "신이 없으면 얼마나 좋을까", 혹은 "신이라는 것은 존재하지 않을 거야", 혹은 "아무래도 신은 없는 것 같아"라고 피할 여지를 남겨둔 무신론 '회색분자'가 아니라 신은 없는 것이 분명하다고 믿는 리처드 도킨스 같은 무신론자는 보통 사람들은 상상도 할 수 없는 견인불발(堅忍不拔)의 용기를 가졌든지, 아니면 시편 기자가 말한 것처럼 어리석어서 그렇다고 밖에 할 수 없습니다(시 14:1, 53:1).

흥미롭게도 시편 기자는 무신론자들을 가리켜 '어리석은 자'라고 말하는 것에 더하여 저들을 "부패하고 그 행실이 가증하니 선을 행하는 자가 없도다"라고 말합니다(시 14:1). 하나님이 없다고 하면 학문 활동도 부패하고 소행이 가증할 수 있습니다. 학문 활동에서 부패하고 소행이 가증한 예는 드물지 않습니다. 그 중의 한 예는 바로 인류 진화의 중요한 증거로 사용되고 있는 자바인 화석입니다.

탐욕의 희생양

자바인(Java Man)은 19세기 후반, 네덜란드 해부학자이자 의사인 듀보아(Eugene Dubois)가 자바에서 찾은 화석입니다. 그는 다윈의 진화론에 매료되어 원숭이와 인간의 진화 고리를 찾기 위해 당시 네덜란드가 식민통치하고 있던 인도네시아에 갔습니다. 자바에서 화석 발굴 작업을 시작한지 1년 뒤인 1890년, 드디어 그는 트리닐(Trinil) 가까이에 있는 솔로강(Solo River) 언덕에서 아래턱뼈(下顎骨) 조각을 발견했습니다. 그리고 그 다음 해에는 그 주변에서 어금니 하나를, 다음 달에는 1m 떨어진 곳에서 두개골 위 부분을 발견했습니다. 이어 1892년 8월에는 두개골 위 부분을 발견했던 곳으로부터 15m 정도 떨어진 곳에서 사람의 골반과 무릎관절을 연결하는 대퇴골(넓적다리뼈)을 발견했습니다. 10월에는 또 다른 어금니를, 이어 동시에 두개의 어금니를 더 발견했습니다. 그 후 1898년에 그는 먼저 발견했던 동물의 어금니에 해당한다고 추측되는 앞어금니 하나를 더 발견했습니다.

이렇게 만들어진 것이 자바인이며 진화론자들은 이 뼈들의 연대를

50만년 정도 되었다고 추정했습니다. 듀보아는 "자바인은 인간도, 원숭이도 아닌, 인간과 원숭이의 특징을 공유하는 진짜 중간형태"라고 주장했으며, 이로 인해 그는 일약 세계적인 명사가 되었습니다. 그리고 1899년, 그는 암스테르담 대학의 지질학 특임 교수(Prof. of Extraordinary of Geology)가 되었고, 1907년에 정교수가 되어 1921년까지 그곳에서 가르쳤습니다.

〈그림5-3〉 자바인 화석. 듀보아를 세계적인 지질학 교수로 만들었지만, 중간형태로서의 자격은 전혀 없다.

한 무명 의사를 세계적인 지질학 교수로 만들었던 자바인 유골. 그것은 정말 진화 중간형태였을까요? 듀보아는 자바인을 기초로 인간은 홍적세 중기로부터 진화했다고 주장했지만, 그의 화석은 처음 발표되었을 때부터 격렬한 논쟁을 일으켰습니다. 토론에 참여한 많은 사람들은 화석에 대해 회의적이었으며, 의견도 여러 갈래로 나뉘어졌습니다. 독일의 병리학자 피르히호프(Rudolph Virchow)는 대퇴골과 두개골이 너무 멀리 떨어져 발견되었으므로 한 개체의 것으로 볼 수 없다고 주장했습니다. 자바인에 대해 대체로 영국 학자들은 인류의 화석으로, 독일 학자들은 원숭이의 것으로, 프랑스 학자들은 원숭이와 사람의 중간형태로 보았습니다. 켐브리지대학의 해부학자 키이쓰(Arthur Keith)는 자바원인의 두개골은 분명히 사람이라고 했고, 터너(William Turner)는 자바원인의 대퇴골은 병에 걸린 것 같으며 두개골도 앞이마가 평평한, 소두증(小頭症)에 걸린 여자의 두개골과 매우 흡사하다고 지적했습니다.

  자바인에 대한 논쟁이 쉽게 끝나지 않은 이유의 상당 부분은 듀보아의 탐욕과 관련이 있습니다. 1900년까지만 해도 그는 자바인이 인류 진화의 빠진 고리라고 선전하면서 사람들에게 화석들을 보여주었지만, 그 후 20년 동안 자바인에 대한 어떤 공식적인 토론에도 참가하지 않았고 화석도 공개하지 않았습니다. 듀보아는 자바인이 '빠진 고리'(missing link)로 받아들여지기를 원했지만, 이미 발표 초기에 자바인에 대한 그의 해석을 두고 많은 논쟁이 일어나자 화석에 대한 논의와 공개를 중지한 것입니다. 혹자에 의하면 듀보아가 자바인을 발견하기 전이었던 1889년, 슈발브(G. Schwalbe)가 자바인 두개골 윗 부분을 가지고 자기보다 훨씬 탁월한 업적을 발표한 것 때문에 위협감을 느껴서 계속 화석을 공개했지만, 나중에는 자기에게 돌아올 명예가 다른 사람들에게 돌아갈 것 같으니까 화석 공개를 중지했다고 했습니다.

  듀보아는 일평생 자신이 발견한 자바인의 두개골 위 부분과 대퇴골은 같은 개체의 것이며, 자신의 화석이 유일한 것이라고 주장했습니다. 다른 사람이 자바인과 비슷한 화석을 발견했다고 하면 즉각 그는 이를 비판하고 부인했습니다. 새로 발견된 화석과 자신의 화석을 면밀히 연구하여 조그마한 차이라도 보이면, 자신의 화석은 그 화석과는 다른 유일한 것임을 주장했습니다. 후에 자바에서 듀보아의 것과 비슷한 화석을 많이 발굴했던 퀘니그스발트는 듀보아에 대해서 "… 그는 질투하는 애인과 같이 설명할 수 없는 사람이었다. 피테칸트로푸스[자바인]에 대하여 자기와 조금만 다른 해석을 하는 사람은 누구라도 그의 개인적인 원수가 되었다"고 했습니다.

사실 듀보아의 연구는 처음부터 의문 투성이었습니다. 그는 자바인의 두개골을 발견하기 직전에 이미 자바인과 같은 지층에서 와드잭 두개골(Wadjak Skull)이라는 두개골을 발견했는데, 이 두개골의 용적은 각각 1,650cc로서 1,000cc 정도였던 자바인의 두개골보다 훨씬 컸으며 형태상으로도 현대인과 다를 바가 없었습니다. 하지만 자바인의 뼈를 발굴하고 이것이 인간과 원숭이를 이어주는 진화 조상의 것이라고 발표하면서, 정작 듀보아는 와드잭 두개골은 숨겼습니다. 1895년, 듀보아는 와드잭 두개골들을 자바에서 자신의 집으로 후송한 후에는 아무에게도 보여주지 않았습니다. 그러다가 1920년 5월, 스미스(Stuart A. Smith)가 '탈가이인'(Talgai Man)의 유골을 발표하면서 이들이 최초의 '호주 원주민의 조상'이라고 주장하자, 듀보아는 즉각 자신은 이미 30년 전에 그 뼈들을 찾았노라고 발표했습니다!

왜 듀보아는 와드잭 두개골의 발견을 그렇게 오랫동안 숨겼을까요? 이는 와드잭 두개골은 '빠진 고리'가 되기에는 두개골 용적이 너무 컸기 때문이었습니다. 자바인을 발표할 때 직전에 발견된 와드잭 두개골들을 함께 발표하면 자바인은 '빠진 고리'로 인정받지 못할 것이 분명했습니다. 와드잭 두개골 외에도 듀보아는 '빠진 고리'로서 자바인의 유일성을 강조하기 위해 의도적으로 이보다 더 현대적인 화석들이 발견되면 자바인과 같은 연대를 지정하지 못하도록 했습니다. 그가 와드잭 두개골을 숨긴 것은 고생물학계에 자신이 발견한 자바인을 유인원으로 받아들이도록 하기 위해서였습니다. 결과적으로 듀보아는 의도적으로 자바인을 인류 진화의 증거로 제시하기 위해 수많은 사람들을 속였다고 할 수 있습니다. "과학의 이름으로…"(In the name of science…)!!

듀보아의 얘기는 학문 활동에서 학자의 탐욕이 어떤 영향을 미치는가를 보여주는 예라고 할 수 있습니다. 학자들은 불편부당(不偏不黨)을 철칙으로 삼고 진실과 사실 앞에 자신의 전 존재를 내 맡길 거라는 일반인들의 기대와는 달리 학문 활동에도 개인의 탐욕이 얼마든지 게재될 수 있음을 보여줍니다. 자바인의 화석 뿐 아니라 다른 많은 고생 유골들도 대체로 발견자의 해석과 동일한 해석을 한다는 조건으로만 원본 화석에 접근을 허용하거나 원본 사진을 사용하도록 허락합니다. 고생 인류에 대한 연구가 어려운 이유 중의 하나가 바로 이 원본 화석에 대한 접근이 쉽지 않다는 것과 더불어 원본 화석에 대한 해석의 자유가 매우 제한적임을 들 수 있습니다.

학자의 탐욕은 일반 학문의 분야에만 국한된 것이 아닙니다. 하나님의 말씀을 연구한다는 성경 연구에도 인간의 탐욕이 넘실거리고 있습니다. 제가 근무하는 TWU는 사해사본(Dead Sea Scroll) 연구로 유명합니다. 그런데 저는 늘 그렇게 중요한 사본이 왜 발견된 지 60년이 지나도록, 전 세계에 그렇게 많은 구약학자들이 있는데 아직도 연구가 완전히 끝나지 않았는지 궁금했습니다. 그래서 전공하는 동료 교수에게 물어

봤더니만, 놀랍게도 인류 진화 연구와 비슷한 탐욕이 그곳에도 개재되어 있었습니다. 즉 사본은 극히 제한된 사람들에게만 공개될 뿐 아니라 그것을 소유한 사람의 해석 이외의 해석은 허용하지 않는다는 기가 막힌 얘기를 들었습니다. 성경 연구에서 20세기 최대의 발견이라는 사해 사본이지만, 그곳에도 어김없이 인간의 탐욕이 개재되어 있었습니다.

인간은 본래 하나님의 형상대로 지음을 받았지만, 타락한 후에는 삶의 전 영역에서 부패한 본성이 드러나게 되었습니다. 많은 분들이 탐욕이라고 하면 흔히 물질이나 명예, 권력 따위만을 생각하지만, 학문을 포함하여 세상에 있는 모든 것이 탐욕의 대상이 될 수 있습니다. 하나님을 떠난, 혹은 하나님과 무관한 어떤 것, 아니 하나님의 절대 주권 아래에 두지 않은 것은 무엇이든 탐욕의 대상이 될 수 있습니다. 기업뿐 아니라 교회에도, 정치활동만이 아니라 선교활동에도 탐욕이 섞일 개연성이 상존합니다. 종교적인 냄새가 나는지 여부와 무관하게, 겉으로 내세우는 요란한 구호와 무관하게 인간의 모든 활동에는 탐욕이 개재될 수 있습니다. 그러므로 정치인이나 기업인만이 아니라 세계적인 대학자도 탐욕의 희생양이 될 수 있습니다. 큰 교회를 만들어서 말도 안 되는 변명을 하면서 자식에게 세습하는 사람이 있는가 하면, 종종 신학대학 총장도, 교단 총회장도 탐욕의 제물이 되는 것입니다. 탐욕은 거침이 없고 탐욕의 희생양에는 제한이 없습니다.

결론적으로 지금까지 우리는 가장 인간의 편견과 욕심이 반영되지 않을 것 같은 과학 연구도 정치나 사업 등과 같이 이데올로기, 탐욕, 거짓말 등이 얼마든지 포함될 수 있음을 살펴보았습니다. 과학적 연구는 그렇지 않을 것이라고 생각한 것은 과학의 본질과 그 과학을 연구하는 사람의 본성을 오해했기 때문입니다. 우리는 과학은 하나님의 형상대로 지음 받은 인간의 활동이면서 동시에 타락한 인간의 활동이라는 점을 염두에 두어야 합니다. 그러면서 동시에 과학적 활동에 있어서 인간의 편견이나 도그마가 포함되는 것을 막으려면 사실 주장과 진리 주장을 구분해야 합니다.

사실 주장과 진리 주장

학문의 세계는 논리의 세계입니다. 논리적으로 적합한 주장일수록 사실성, 혹은 신뢰도가 높다고 봅니다. 그리고 논리를 전개하는 대상, 논리의 적합성을 판단하는 근거나 기준에 따라 인문과학, 사회과학, 자연과학 등으로 나눌 수 있습니다. 이 중 자연과학은 논리를 전개하는 대상이 물질세계이고, 논리적 적합성의 근거나 기준이 직접적인 실험이나 관찰인 경우가 많습니다. 그러므로 사람이나 사회 구조를 대상으로 하는 인문과학이나 사회과학에 비해 물질세계를 대상으로 하는 자연과학은 주관이나 편견이 개입될 소지가 비교적 적다고 할 수 있습니다.

하지만 근래 국내외적으로 이슈가 되는 기원 논쟁은 상당 부분 자연과학적 측면이 있는데도 불구하고 치열한 논쟁이 일어나고 있습니다. 기원 논쟁은 비단 창조론자들과 진화론자들 사이에서만이 아니라 같은 창조론자들 내에서도 뜨겁게 일어나고 있습니다. 이것은 주장의 차이로 인한 단순한 논쟁에 그치지 않고 신앙적 확신으로 인한 비난까지 난무하여 쉽게 해결될 기미가 보이지 않습니다. 유독 기원 논쟁에만 이처럼 신앙적 요소가 강하게 개입하는 이유는 무엇일까요? 기원 논쟁을 복잡하게 만드는 요인 중의 하나는 과학적 사실과 성경적 진리를 혼동하기 때문이라고 할 수 있습니다.

과학적 사실이란 과학적 방법을 사용하여 연구되고(investigated), 세워지고(established), 입증됩니다(substantiated).[10] 과학적 사실은 (실제로는 그렇지 않을지라도) 관측자의 주관이나 선입견과 독립적인 것을 이상(理想)으로 생각합니다. 즉 정확하게 이루어진 실험이라면 누가 어디서 실험을 하는지에 무관하게 동일한 결과를 얻을 것이며, 모든 사람들은 이 결과에 동의합니다. 그러고도 과학적 사실의 정확성을 향상시키기 위해 전문가 심사(peer review)나 인증제도(accreditation)와 같은 사회적, 제도적 장치들이 있습니다.

동일한 실험이라도 실험을 한 사람에 따라 결과가 다를 때라도 사람들은 분노하지 않습니다. 다른 결과를 얻은 사람들에 대해 성토 혹은 분노하기보다 실험이나 관측, 조사가 어디에서부터 잘못 되었는지를 살펴봅니다. 그리고 데이터가 정확한지를 검증하기 위해 더 정확한 연구를 합니다. 한 예로 제가 아는 어떤 분은 아인슈타인의 상대성이론이 틀렸다고 주장하면서 몇 년 전에 자신의 주장을 담은 『아인슈타인의 허풍』이라는 책을 출판했습니다. 하지만 그 내용에 찬성하지 않는 사람이라도 아무도 그분에 대해 분노하지 않습니다. 다만 정말 그분의 주장이 맞는지, 아니면 어디서 잘못되었는지를 살펴볼 뿐입니다.

이해 비해 성경적 진리는 성경이 제시하고 있는 역사, 계시, 증언 등에 근거하고 있습니다. 그리고 진리의 편에 서지 않는 것은 틀린 것이 아니라 바르지 않다고 봅니다. 한 예로 정직하게 사는 것이 옳다고 하는 것은 진리 선언입니다. 만일 누군가가 부정직한 것이 옳다고 주장한다면, 그것은 무지한 것이 아니라 바르지 않은 것이고, 비윤리적인 것입니다.

사람들이 창조주 하나님을 인정하는 것도 일종의 진리 주장에 해당합니다. 이 세상에 살면서 창조주가 없다고 주장하는 것은 남의 집을 공짜로 빌려서 살면서 자기 집이라고 주장하는 것처럼 옳지 않습니다. 그래서 하나님을 거부하는 이스라엘을 보면서 이사야 선지자는 "소는 그 임자를 알고 나귀는 그 주인의 구유를 알건마는 이스라엘은 알지 못하고 나의 백성은 깨닫지 못하는도다 하셨도다"(사 1:3)라고 한탄한 것입니다.

이사야 시대 뿐 아니라 지금도 그런 사람들이 있습니다. 작년 연말부터 무신론자들의 모임인 영국 인본주의자협회는 영국 전역을 운행하는 버스 중 800대에 "하나님은 아마도 없을 것이다. 이제 걱정을 멈추고 당신의 인생을 즐겨라"(THERE'S PROBABLY NO GOD. NOW STOP WORRYING AND ENJOY YOUR LIFE)는 광고판을 설치했습니다. 이 광고를 후원했던 옥스퍼드대학의 무신론자 도킨스(Richard Dawkins)는 애초에 "신은 없다"라는 단정적인 문구를 원했지만, 버스 광고회사가 "영국의 광고 가이드라인에 맞추기 위해선 단정적인 주장을 피해야 한다"고 설득했다고 합니다. 개나 고양이도 주인을 알아보는데, 사람들은 자기 주인을 몰라보는 치매에 걸린 것이지요.

그러면 과학적 사실과 성경적 진리는 어떤 관계가 있을까요? 이 두 가지는 여러 가지 면에서 다르면서도 상호보완적입니다. 사실 주장은 내용의 정확성 여부에 관심이 있지만, 진리 주장은 내용의 옳고 그름에 관심이 있습니다. 진리 주장은 규범적(normative)이지만, 사실 주장은 기술적(descriptive)입니다. 사실 주장은 귀납적이지만, 진리 주장은 선언적이요 연역적입니다. 사실 주장은 윤리와 무관하지만, 진리 주장은 윤리와 밀접한 관련이 있습니다. 사실을 모르는 사람은 무지한 사람일 뿐이지만, 진리를 받아들이지 않는 사람은 바르지 않은 사람, 때로는 비윤리적인 사람일 수 있다는 의미입니다.

사실 주장과 진리 주장을 구별하는 것은 창조-진화 논쟁에도 유용할 수 있습니다. 기원 논쟁의 상당 부분은 사실과 진리를 혼동한 것에서 기인했습니다. 사실에 대한 지식이 다르다고 해서 분노하는 것은 사실 주장과 진리 주장을 혼동한 까닭입니다. 예를 들어 천지와 그 가운데 모든 생명체들을 누가, 무엇을 위해 창조했는가 하는 것은 진리 주장의 대상이 될 수 있습니다. 하지만 하나님이 정확하게 언제, 구체적으로 어떤 과정을 거쳐 우주와 생명체를 창조했는가는 과학적 탐구의 대상이요, 사실 주장의 대상입니다. 우주가 젊은가, 아니면 오래 되었는가에 대한 주장은 논쟁의 대상이 아니라 연구의 대상이라는 의미지요.

우주/지구가 6천년이어야 한다거나 140억년 되어야 한다고 주장하는 것은 규범적 진술로서 사실 주장을 진리 주장과 혼동한 것이라 할 수 있습니다. 우주/지구가 젊은지, 오래 되었는지는 연구해야 하는 문제입니다. 진리 주장을 기술적으로 진술하는 것도 문제지만, 그보다 사실 주장을 규범적으로 진술하게 되면 문제가 더욱 복잡해집니다. 현금의 기원 논쟁의 상당 부분은 바로 사실 주장을 진리 주장과 혼동했기 때문입니다.

사실 주장과 진리 주장의 혼동에 더하여 이 두 주장이 밀접하게 관련되어 있다고 주장해도 문제가 복잡해질 수 있습니다. 예를 들어 우주/지구의 연대가 얼마나 오래 되었는지를 조사하는 것은 엄격한 과학적 사실의 영역이라고 할 수 있습니다. 그런데 우주/지구가 오래 되었다고 주장하는 것은 진화론과 타협한 것이고, 진화론은 무신론이고, 무신론은 비성경적이며 비진리라고 주장하는 것은 사실 주장과 진리 주장을 잘못 관련지은 것입니다. 바로 여기에서 기원논쟁의 폭력성이 생겨납니다.

창조주가 없다는 주장이나 이 세계에는 아무런 의미나 목적이 없다는 주장은 비진리에 해당하는 것입니다. 이것은 무지한 것이라기보다 부정직한 것이고 나쁜 것입니다. 하지만 창조방법이나 창조시기에 대한 의문은 과학적 연구의 대상이자 사실 주장의 영역입니다. 기원 논의와 관련하여 불필요한 논쟁을 피하기 위해서는 사실 주장과 진리 주장을 혼동하지 않을 뿐만 아니라 이 두 가지를 잘못 연관 짓지 않도록 주의해야 합니다. 사실 주장에 대해서는 성실한 연구자세가 필요하고, 진리 주장에 대해서는 겸손한 경청자세가 필요합니다. 이러한 자세가 바로 과학에 대한 기독교적 관점의 기초가 되기 때문입니다.

부록논문

기독교와 과학[1)]
_기독교 신앙과 근대 과학정신에 대한 역사적, 신학적 조망

와타나베 마사오(渡邊正雄)가 쓴 『과학자와 기독교』이라는 책에 동서양의 과학관을 대비시킨 다음과 같은 예화가 있다.

"인도인과 중국인과 미국인 세 사람이 나이아가라 폭포를 구경하러 갔다. 폭포를 보고 인도인은 이 엄청난 자연의 조화 속에 존재하는 미지의 신을 생각했으며, 중국인은 폭포 옆에 아담한 정자를 짓고 오랜 친구와 차를 마시면서 이런 저런 세상 돌아가는 일을 나누면 얼마나 즐거울까 생각했다. 이에 비해 미국인은 어떻게 하면 이 엄청난 물의 에너지를 사용할 수 있을까 생각했다."[2)]

이 예화는 다분히 서구적 입장에서 만든 예화이지만 동양정신과 서양정신의 한 단면을 보여주고 있으며, 서구에서 근대과학이 출현한 이유를 보여준다.

1. 왜 근대과학이 서구에서?

그러면 왜 이러한 정신이 서구에서 발달했을까? 근대과학의 발흥이라고 할 수 있는 16,7세기 과학혁명이 왜 서구에서 일어났을까? 당시에 중국이나 인도, 아랍에도 유럽에 못지않은 과학이 있었는데, 왜 이들 지역에서는 근대과학이 출현하지 않고 유독 유럽에서 근대과학이 발생했는가? 이에 대해서는 여러 학자들 간에 의견의 일치가 이루어지지 않고 있다. 어떤 이들은 기독교정신이 과학정신과 상통하는 점이 있어서 기독교사회였던 서구에서 근대과학이 출현했다고 주장하는가 하면, 어떤 이들은 희랍정신의 부활이라고 할 수 있는 르네상스 때문이라고 주장하기도 하고, 어떤 이들은 르네상스를 일으킨 중세의 대학 전통으로부터 근대과학의 연원을 찾기도 한다.

이러한 근대과학의 기원과 더불어 과학사에서 활발하게 연구되고 있는 주제 중 하나는 과연 과학과 기독교는 어떤 관계에 있는가이다. 이 문제에 관해서는 역사적으로 많은 연구가 이루어져 왔으며 역시 학자들마다 극단의 의견 차이를 보이고 있다.

첫번째 부류의 사람들은 과학과 기독교는 역사적으로 대립관계에 있다고 주장한다. 이러한 대립구도를 주장한 대표적 인물로는 미국의 화이트(A.D. White, 1832-1918)를 들 수 있다. 그는 『기독교계에서 과학과 종교의 투쟁사』라는 책의 서문에서 다음과 같이 말했다.

"과학의 자유를 위한 위대한 성전(聖戰) - 몇 세기 동안이나 계속되어 온, 그리고 아직까지도 계속되고 있는 투쟁 - 의 윤곽을 이제부터 묘사하려고 한다. 그것은 격렬한 항쟁이었다. 시저나 나폴레옹이나 몰트케 등이 치른 비교적 단기의 전쟁에 비하여, 더욱 장기적이고 더욱 맹렬한 전투, 더욱 끈덕진 포위, 빈틈없는 전략에 의한 싸움이었다."[3]

비슷한 주장이 영국의 러셀(Bertrand Russell, 1872-1970)에 의해서도 제기되었다. 일생을 교회를 적대시하며 합리주의자로, 그리고 인본주의자로 자처하던 러셀은 종교와 과학에서 "종교와 과학 사이에는 오랜 투쟁이 있었는데, 최근 몇 년 전까지도 과학은 변함없이 승리를 과시했다"고 주장했다.[4] 나아가 그는 과학은 인간의 고통을 감소시키는데 기여한 반면, 기독교신학은 인간의 '야만상태'를 조장했다고 비난했다.[5] 그는 종교는 전제로부터 연역적으로 진행하고, 과학은 큰 가정들로부터가 아니라 관찰이나 실험을 통해 발견한 개별적 사실에서 출발한다고 주장하면서 신학과 과학의 싸움은 권위와 관찰 사이의 싸움이라고 주장했다.[6]

화이트나 러셀의 주장처럼 과연 기독교와 과학은 불구대천의 원수인가? 여기에 대해 두 번째 부류의 사람들은 정반대의 견해를 제시하고 있다. 미국의 사회학자 머튼, 네덜란드의 과학사학자 호이까스 등이 이 부류에 속하는 학자들이라고 할 수 있다.[7] 이들의 주장에 의하면 근대과학의 출현은 기독교로부터 절대적인 도움을 받았으며, 기독교정신과 과학정신은 여러 가지 면에서 일맥상통한다고 했다. 실제로 근대과학이 탄생한 이후 많은 경건한 과학자들은 끊임없이 기독교와 과학을 조화시키기 위하여 노력했다.[8]

물론 과학과 기독교의 관계를 연구하는 입장에는 이러한 양극적인 입장만 있는 것은 아니다. 영국 랑카스터대학(University of Lancaster)의 과학사학자인 부룩도 과학과 기독교는 서로 밀접하게 관련되어 있기 때문에 쉽게 그들의 관계에 대해 단순한 일반화는 불가능하다는 점을 지적하고 있다. 그는 과학과 기독교의 관계를 '갈등'(conflict) 혹은 '조화'(harmony)라는 말로 단순화시키는 대신, 과학과 기독교의 관계가 얼마나 복잡, 미묘하며 다양한가를 제시하고 있다. 그는 과학과 종교를 서로 완전히 다른 두 실체로 이원화시키기보다 필요에 따라 두 영역의 경계를 적당히 이동시킴으로써 두 영역이 상호 상당히 많은 부분에서 중첩된다는 점을 제시하고 있다.[9]

과연 과학과 기독교의 진정한 관계는 무엇인가? 과연 근대과학은 희랍정신으로부터 출발했는가? 아래에서는 먼저 근대과학이 희랍정신의 소산이라는 주장에 대한 반론을 간단히 제시하고자 한다. 그리고 과학과 기독교의 갈등을 보여주는 몇몇 역사적 예들을 재해석하고, 나아가 과학의 근본정신이 기독교신앙과 공유하고 있는 점들을 살펴봄으로 기독교신앙이 근대과학의 출현에 어떠한 기여를 했는지를 살펴보고자 한다.

2. 근대과학은 희랍문화의 소산인가?

많은 사람들이 근대과학이 희랍정신으로부터 유래했다고 믿지만,[10] 자세히 살펴보면 희랍정신만으로는 근대과학의 탄생을 모두 설명할 수 없다. 이에 대한 첫번째 이유로는 희랍사람들의 신관에서 찾을 수 있다. 희랍신화에 잘 나타나 있는 바와 같이 그들의 신관은 다분히 범신론적이었다. 숲속에는 온갖 신들과 요정들이 살고 있었으며, 하늘에는 하늘을 다스리는 신이, 바다에는 바다를 다스리는 신이 있었다. 달을 지배하는 신이 있었는가 하면 태양을 지배하는 신이 있었고, 불을 다스리는 신이 있었는가 하면 전쟁을 관장하는 신도 있었다. 비록 희랍인들에게 신은 다른 동양적 신들처럼 전횡적 능력을 휘두르는 존재는 아니었을지라도, 이들의 모든 삶은 신들의 존재와 밀접한 관계가 있었다. 이들의 마음을 상하게 했다가는 여러 가지 재난이 닥치기 때문에 사람들은 이들의 비위를 맞추는데 급급했다. 이들에게 우주만상과 그 가운데 일어나는 자연적 현상들은 신들의 활동무대이기도 하면서 다른 한편으로는 그 자체가 신성을 띠고 있었다. 그러므로 자연에 대한 인간의 조작은 허용되지 않았으며, 이런 자연의 조작에 대한 금기로부터 자연과학이 탄생할 수는 없었다.

또한 고대 희랍인들의 학문적 이상을 살펴보더라도 희랍적 정신만으로 근대적 과학의 탄생을 설명하기는 어렵다. 희랍인들에게 학문적 이상은 자연에 대한 관조였다. 오늘날 학자(scholar), 혹은 학교(school)라는 단어들은 '관조'라는 의미의 희랍어 '스콜레'(σχολη)라는 말에서 왔다.[11] 자연에 대해 아무런 이해관계를 갖지 않고 객관적 심성으로 자연을 바라보는 것이 희랍적인 이상이었다. 이러한 사물에 대한 객관적 관조는 철학과 같은 인문학의 발달에는 직접적으로 기여했다고 생각된다. 이것은 오늘날 'philosophy'가 희랍어로 '사랑'을 의미하는 '필로스'(φίλος)와 '지혜'를 의미하는 '소피아'(σοπία)가 결합된 '필로소피아'(φίλοσοπια)라는 것에서도 나타난다.

혹자는 이러한 관조적 정신과 애지(愛智) 사상이 인문학 뿐 아니라 자연과학 연구의 정신도 되었다고 주장한다. 지식의 실용성이나 지식으로 인한 힘의 획득에 대한 생각이 없이 지식 그 자체를 사랑한 희랍적 정신이 근대과학의 기반이 되었다는 것이다. 그러나 이 주장에 대해서는 이의를 제기할 수 있다. 자연에 대한 관조와 애지사상은 사변적 학문, 비실용적 학문을 발전시킬 수 있을지는 몰라도, 자연에 대한 적극적 조작과 연구된 과학의 실용성을 앞세웠던 근대과학 정신과 반드시 일치한다고는 볼 수 없기 때문이다. 근대과학 정신은 자연의 조작을 통해 인간에 대한 자연의 위협을 제거하고, 나아가 자연에 대한 통제력을 획득하는 것을 이상으로 삼았다.

3. 기독교와 과학

과학은 자연에 대한 연구이지만 이 연구의 모티브는 과학 내부에 있지 않았다. 과학적 연구를 촉발시켰던 여러 가지 외적 요인들 중에서 가장 중요한 것은 종교였다고 할 수 있다. 특히 고대를 거쳐 중세까지 종교가 과학에 미친 영향은 가히 절대적이었다. 한 예로 고대 천문학은 - 오늘날의 용어로는 점성술이지만 - 정확한 제삿날을 알기 위해 연구되었으며, 실제로 천체를 연구하던 사람들은 대부분 승려들이었다. 메소포타미아에서 최초의 숫자는 신전 창고에 보관된 물품을 계수하기 위해 사용되었다. 인도에서 최초로 영(零)에 대한 개념이 발달한 것은 인도의 불교와 힌두교에 흔히 나타나는 공(空)과 무(無)의 사상과 무관하지 않다.

종교와 과학의 밀접한 관련성을 고려할 때, 기독교가 근대과학과 밀접한 관련을 가졌을 것이라고 생각하는 것은 자연스런 일이다. 서구에서 근대과학이 발생했고 중세 서구사회의 지배적인 종교가 기독교였기 때문에 이 둘은 어떤 형태로든 영향을 주고받았을 것임에 틀림없다. 그러면 구체적으로 어떤 영향을 주고받았는지 살펴보자.

(1) 피조물로서의 자연

먼저 우리는 기독교의 자연관을 들 수 있다. 기독교인들은 자연계가 하나님의 솜씨를 드러내는 것을 찬양하지만, 결코 자연 그 자체를 숭배하지는 않는다. 웅장한 자연 앞에서 인간은 경외감을 느끼지만, 이는 자연 그 자체의 위엄에 대한 경외감이 아니라 이를 지으신 창조주 하나님에 대한 경외감이다. 자연계에 관한 한 하나님은 인간으로 하여금 "바다의 물고기와 하늘의 새와 가축과 온 땅과 땅에 기는 모든 것을 다스리게" 했다.[12] 하나님은 자신이 창조하신 자연을 인간이 숭배하는 것을 가장 가증한 죄로 정하셨다. 자연을 인간이 조작할 수 있는 대상으로, 인간의 지배 아래 두었다는 성경의 가르침은 근대과학이 출현할 수 있는 정신적 기초가 되었음은 부인할 수 없다.[13]

(2) 근대 학문 이상

다음으로는 근대의 학문 목표와 기독교적 이상의 관련성이다. 근대적 과학 정신은 자연을 인간의 연구 대상으로 파악하고 이들에 대한 연구를 통해 하나님의 창조 섭리를 발견하고 나아가 연구 결과를 피조세계 관리와 이웃 사랑에 사용하려는 기독교적 이상과 일치한다. "아는 것이 힘이다"라고 하여 최초로 힘으로서의 지식관을 표현했던 프란시스 베이컨(Francis Bacon, 1561-1626)은 단순히 앎 그 자체를 중시했던 주지주의적 희랍 이상을 탈피하고 새로운 기독교적 지식의 이상을 표현했다고 할 수 있다.

베이컨은 지식의 힘을 "건전한 이성과 올바른 신앙에 의해서" 옳게 사용만 한다면 인류의 고통은 덜어질 것이라고 했다. 인간은 원래 하나님의 형상대로 지음 받은 특별한 존재였지만, 타락함으로 여자들에게는 해산의 고통이, 남자들에게는 땅의 저주가 임하게 되었다.[14] 베이컨에게 학문 혁신의 중심적인 목표는 학문의 힘으로 이러한 인류의 비참함을 덜어주려는 것이었다. 그의 사상은 "지식을 인류의 행복을 위하여"라고 요약된다. 비록 베이컨의 사상을 모두 기독교적이라고 말할 수는 없지만, 근본에 있어서 그의 학문혁신론은 기독교 세계관이나 인간관과 일맥상통하며, 결국 기독교적 인류애에서 출발한 것이라고 할 수 있다.[15]

(3) 두 권의 책

근대과학을 만든 주역들은 자연을 연구하는 것을 하나님의 말씀인 성경을 연구하는 것과 같은 차원으로 보았다. 그들은 과학적 연구를 통해 자연이 하나님의 피조세계임을 드러낸다고 믿었다. 과학혁명의 주역이었던 이태리의 갈릴레오(Galileo Galilei, 1564-1642)는 우리에게는 두 권의 성경이 있다고 했다. 첫 번째 성경은 우리가 흔히 '성경'이라고 부르는 것이고, 두 번째 성경은 '자연이라는 책'이라고 했다. 그래서 그는 하나님 자신과 그분의 뜻을 알기 위해서는 이 두 권의 책을 모두 읽어야

한다고 했다.[16]

당시 갈릴레오는 자신의 가장 중요한 후원자 중의 한 사람이었던 토스카나 대공의 모친인 크리스티나 대공비(大公妃)에게 보낸 편지에서 "성경도 자연현상도 다 같이 하나님의 말씀에 유래하고 있습니다. 전자는 성령의 명령을, 후자는 하나님의 말씀을 충실하게 집행하는 것으로서 말입니다"라고 했다.[17]

이러한 갈릴레오의 견해는 성경을 "하나님의 말씀을 기록한 책"으로, 우주와 자연을 "하나님의 솜씨를 기록한 책"으로 본 프란시스 베이컨의 견해와 같다.[18] 뉴턴 역시 그의 『프린키피아』에서 천지만물은 하나님의 피조물이며, 자연을 연구하는 것, 즉 우주라고 하는 책을 연구하는 것은 마치 제2의 성경을 연구하는 것과 같음을 분명히 했다.[19]

자연을 연구하는 것과 기독교신앙의 긍정적 관계는 미국에서도 볼 수 있다. 신앙의 자유를 찾아 신대륙에 이주해 온 청교도들은 신앙적 필요성과 더불어 실제적 필요성 때문에 과학 연구를 적극 장려했다. 한 예로 탁월한 과학적 업적으로 인해 1713년 런던왕립협회 회원(Fellow of the Royal Society)으로 선출된 코튼 매더(Cotton Mather, 1663-1728)를 들 수 있다. 그는 1726년에 출판된 『목사를 지원하는 사람의 지침』에서 목사가 되고자 하는 사람들은 자연과학과 수학을 공부하도록 강력하게 권하고 있다.[20] 또한 1721년에 출판된 『기독교 철학자』 서문에서 그는 이 책의 목적이 "과학은 종교에 있어서 적이 아니라 오히려 유력하고 놀라운 자극(유인)이 된다는 것을 입증"하는 것이라고 밝히고 있다. 또한 1장 첫 부분에서는 하나님께서 창조하신 '자연의 책'(The Book of the Creatures)을 배우는 것은 '성경'(The Book of Scriptures)을 이해하는 데에 매우 유익하다고

말했다.[21]

(4) 하나님을 아는 지식

자연을 하나님의 피조물로 이해하고 연구하는 사람들은 과학을 통해 하나님이 어떤 분인지를 알 수 있다고 생각했다. 자연을 연구할 수 있다는 말은 자연에 질서가 있음을 의미하고, 이는 곧 하나님의 성품 중 하나인 질서를 반영한다고 믿었던 것이다. 근대에 들어와 자연의 질서에 대한 확신은 신플라톤주의(Neo-Platonism)라는 이름으로 기독교 과학자들의 마음을 사로잡았다. 아리스토텔레스적인 사고가 지배적이었던 중세 교회에 플라톤의 이원론적 우주관과 피타고라스(Pythagoras, BC c.560-480)의 수리적, 기하학적 우주관이 결합한 신플라톤주의가 소개되자 새로운 과학의 기운에 고무되던 당시 경건한 크리스천 과학자들은 대부분 이 사상을 받아들였다.

몇몇 예를 들면 코페르니쿠스나 갈릴레오, 케플러, 뉴턴 등은 우주를 아리스토텔레스적이 아닌 신플라톤주의적 사고방식으로 이해하려고 했다. 폴란드의 가톨릭 천문학자 코페르니쿠스(Nicholas Copernicus, 1473-1543)는 관측에 근거한 것이 아니라, 프톨레마이오스(Ptolemaios, c.100-170)의 주전원(周轉圓 epicycle)이 하나님의 창조질서에 위배된다는 사실 때문에 천동설을 배격하고 지동설을 주장했다. 독일의 개신교도 천문학자 케플러(Johannes Kepler, 1571-1630)는 행성의 궤도를 기하학적 도형과 음악의 화성으로 표현하고자 했다. 갈릴레오는 성경은 라틴어로 씌어져 있기 때문에 (당시는 모두 라틴어 성경을 사용하고 있었다) 라틴어를 배워야 성경을 읽을 수 있는 것처럼, 우주는 수학이라는 언어로 쓰인 책이므로 수학을 공부하지 않으면 우주를 이해할 수 없다고 주장했다. 자연의 언어로서 수학의 중요성을 제창한 갈릴레오에 이어 영국의 뉴턴(Isaac Newton, 1642-1727)은 물체의 운동과 행성 궤도, 중력의 법칙을 수학적으로 정식화했다.

이들이 자연의 수리적 질서에 대한 확신을 갖게 된 근거는 말할 것도 없이 하나님은 질서의 하나님이라는 확신이었다. 하나님이 이 세계를 수학적으로 만들었다는 신플라톤주의적 확신은 희랍의 아리스토텔레스적 자연철학을 극복하고 근대과학을 탄생시키는데 결정적인 역할을 했다. 우주의 수학적 질서에 대한 확신이 근대 초기의 과학자들의 신앙과 어떤 관계에 있었는가를 보여주는 고전적인 예는 케플러였다.

케플러는 행성의 궤도를 다섯 개의 정다면체를 사용하여 표현할 수 있음을 발견하고,[22] 그에게 지동설을 가르쳐준 매스틀린(Michael Mastlin) 교수에게 이 사실을 이렇게 편지했다: "저는 이것을 발표하려고 생각합니다. 자연이라고 하는 책 속에서 인정되기를 바라시는 하느님의 영광을 위하여 … 저는 신학자가 될 생각이었습니다. 그러나 이제야말로 천문학에서도 하느님께 영광을 돌릴 수가 있었던 것입니다."[23] 또한 케플러는 천문학자들은 자연이라는 책에 대한 하나님의 사제들로서의 자신의 지성의 영광을 위해서가 아니라, 무엇보다도 먼저 하나님의 영광을 염두에 두어야 한다고 말했다.[24]

천문학을 연구하는 케플러의 동기는 신학을 공부하는 동기와 다르지 않았다. 시편 19편은 그에게 천문학 연구의 확고한 동기를 제공했다: "하늘이 하나님의 영광을 선포하고 궁창이 그 손으로 하신 일을 나타내는도다. 날은 날에게 말하고 밤은 밤에게 지식을 전하니 언어가 없고 들리는 소리도 없으나 그 소리가 온 땅에 통하고 그 말씀이 세계 끝까지 이르도다".[25] 극한의 가난과 처참한 30년 전쟁의 소용돌이 속에서, 페스트로 아내와 자식을 잃는 비참한 현실 속에서도 케플러로 하여금 일평생 천문학자로서의 길을 걷게 한 것은 자신의 연구가 하나님을 영화롭게 한다는 확신이었다. 그는 성직자들이 성경을 연구하여 하나님의 뜻을 발견하고 이를 사람들에게 전해주는 것과 같이, 자신은 천체의 운행을 연구하여 거기에 나타난 하나님의 뜻과 솜씨를 사람들에게 증거하는 천문학의 제사장이라고 생각했다.

근대 초기의 과학자들이 하나님에 관한 지식을 얻는 것은 비단 자연과 하나님을 주목함으로서만 얻게 된 것은 아니었다. 이들은 자연계를 연구하는 인간의 모습을 통해서도 하나님이 어떤 분인지에 대한 지식을 얻을 수 있다고 믿었다. 그들은 인간이 하나님의 형상대로 지음 받았기 때문에 인간에게는 하나님의 형상이 남아 있다고 믿으며, 자신이 자연을 연구할 수 있는 것은 하나님이 주신 재능이라고 생각했다. 이들은 자신들의 창의성과 독창성은 바로 인간에게 남아있는 하나님의 형상의 반영이라고 여겼다.[26]

또한 자연에 질서가 있는 것을 인간이 발견할 수 있다고 확신할 수 있었던 것은 인간의 내면에 자연의 질서에 공감할 수 있는 질서에 대한 감각이 있다고 믿었기 때문이며, 이것은 곧 하나님의 형상의 반영이라고 생각했다. 질서에 대한 내적 감각에 대하여 화이트헤드는 "만물의 질서', 특히 '자연의 질서'가 존재한다는 '본능적인' 신념이 없다면, 산 과학은 존재할 수 없다"고 하면서 자연의 질서에 대한 인간의 선험적 확신을 본능이라고 표현했다.[27] 그러나 기독교적 인간관에서 볼 때 이

'본능'은 말할 필요도 없이 인간에게 남겨진 하나님의 형상이다. 하나님의 질서의 성품이 그의 형상대로 지음 받은 인간에게 남아있으며, 자연의 질서는 인간의 질서감각과 공명함으로 밝혀지는 것이다.

(5) 지식의 공개념

과학연구를 통해 얻어진 지식을 이웃과 나눔으로 이웃 사랑을 실천하는 것은 기독교적 사랑의 실천 방법 중의 하나이다. 지식을 추구함에 있어서 서구 사회를 꽃피운 중요한 정신은 지식에 대한 공개념이었다. 근본적으로 개인이 진리와 지식을 추구하더라도 얻어진 진리와 지식은 개인의 소유가 아니라 모두의 것이라는 지식의 공유 정신이 오늘의 서구를 있게 한 것이다. 이러한 지식의 공개념으로 인해 서구에서는 일찍부터 장학금 제도 등이 발달했으며, 왕이나 귀족들이 학자들의 순수연구를 돕는 후원자로서의 역할을 기꺼이 감당한 경우를 흔히 볼 수 있다. 한 예로 논쟁적 성격 때문에 일생동안 교회와 껄끄러운 관계 속에 지냈던 갈릴레오가 죽을 때까지 다른 직업을 갖지 않고 연구에 열중할 수 있었던 가장 중요한 까닭은 토스카나 대공의 물질적, 재정적, 정치적 지원 때문이었다.

또한 지식의 공유 전통은 오늘날 서구의 도서관, 박물관, 기록 보관소(archives) 등이 발달하는 밑거름이 되었다. 오늘날 국제적인 현안이 되고 있는 지적 소유권에 대한 논의도 결국 서구의 지식 공개념에서 출발했다고 볼 수 있다. 어떻게 보면 실용신안, 의장, 신물질 등에 대한 특허, 출판물이나 컴퓨터 소프트웨어 따위에 대한 지적 소유권 등으로 인해 지식의 무상 공유가 제한되고 있는 듯이 보이는 면이 없지는 않다. 그러나 이것은 새로운 지식의 창출을 가속화시키기 위해 불가피한 것이라고도 할 수 있다. 실제로 100여 년 전부터 본격적으로 시작된 지적 소유권 개념은 서구의 과학이나 기술을 한 차원 도약시키는 데 중요한 견인차 역할을 했다.

서구에 비해 동양에서는 지식의 공개념이 훨씬 희박했다. 서구에 비해 동양에서는 지식의 공개념의 상징이라고 할 수 있는 도서관이 빈약했고, 그나마 있는 도서관은 대부분 만인의 것이 아니라 일부 특수층을 위한 것이었으며, 따라서 지식도 특권층에게만 편중되어 있었다. 잘 알려진 바와 같이 10세기경까지 아랍 과학은 세계 정상급이었으나, 대부분 후대에 전달되지 못하고 사장되었다. 근대과학의 출현 이전까지 중국에서도 유럽에 못지않은 과학이 있었지만, 다른 사람들과 지식을 나누어지지 못한 탓에 근대과학의 출현으로 이어지지 못했다. 예를 들면 중국 고사에서 우리는 가끔 불치의 병을 고칠 수 있는 한약 비방이 의원의 죽음과 함께 영원히 사라져 버렸다는 얘기를 들을 수 있다. 마찬가지로 일본에서도 지식의 사유화 개념이 나타난다. 일본 무협소설에는 좋은 칼을 만드는 비법이 비법 소유자의 죽음과 더불어 사라졌다는 얘기가 등장한다. 비슷한 얘기가 우리 고사에도 있다.

그러면 이러한 서구의 지식 공유 전통은 어디에서 온 것인가? 일부에서는 지식의 공개념의 근원을 희랍적 전통에서 찾는다. 자연에 대한 관조나 이해관계를 떠난 객관적 진리 추구라는 희랍적 학문이상은 자연스럽게 지식의 공개념으로 이어질 수 있기 때문이다. 물론 희랍적 전통의 기여를 무시할 수는 없지만 나는 "모든 진리는 하나님의 진리"라는 기독교의 지적 전통과 더불어 "네 이웃을 네 몸과 같이 사랑하라"고 한 성경 정신이 지식의 공유 전통을 확고히 했다고 생각한다. 성경은 자기가 가진 것을 이웃과 나눌 것을 권장할 뿐 아니라, 개인의 지적 능력은 이웃을 섬기기 위해 하나님께서 주신 선물이라고 가르치기 때문이다.[28]

(6) 현대 과학 개념의 기독교적 뿌리

지금까지 우리는 과학적 정신과 기독교적 정신 사이의 유사성을 중심으로 기독교신앙이 과학의 발달에 끼진 긍정적인 영향들에 대하여 살펴보았다. 그러면 기독교신앙이 직접적으로 현대과학의 발달에 기여한 바는 없는가? 여기에 대해 우리는 현대 과학 개념의 주요 부분이 기독교교리로부터 '개념적 틀'(conceptual framework)을 제공받았음을 지적할 수 있다. 몇 가지 예를 들어보자.[29]

첫째는 뉴턴의 절대 공간, 절대 시간의 개념이다. 뉴턴은 『프린키피아』에서 공간 내에서 물체의 이동을 기술하기 위해 먼저 인간의 감각으로부터 독립된 절대 공간과 절대 시간을 가정하고 있다. 뉴턴은 그 당시에 자신이 절대 공간, 절대 시간을 생각할 수 있었던 것은 영원하며 우주적이며 부동의 절대자로서 성경의 하나님을 모르고서는 불가능한 일임을 밝히고 있다. 1713년에 출판된 『프린키피아』 제2판 "일반적 주해" 부분의 일부를 살펴보자: "… 그는 영원하시고 무한하시고 전능하시고 전지하시다. 즉 그의 시간은 영원부터 영원에 이르며 그의 존재는 무한에서 무한으로 미친다. … 그는 언제까지나 변하지 않으시고 어디에든지 계신다. … 그는 시간과 공간을 설정하신다."

1936년, 뉴턴의 막대한 자필 유산이 포츠머쓰 소더비 경매장(The Southeby sale of the Portsmouth Collection)에 나올 때까지 200여 년 동안 뉴턴의 성경연구에 대해서는 별로 알려진 바가 없었다. 그러나 1936년 이후, 뉴턴이 위대한 과학적 발견에 이르게 된 많은 연구 자료들을 검토해 본 학자들은 그가 자신의 물리학 연구보다 오히려 성경 연구에 더 많은 시간을 사용했음을 발견하고는 놀랐다. 지금까지 밝혀진 바에 의하면, 뉴턴은 성경의 주제에 관하여 무려 130만 단어에 이르는 방대한 글을 썼다.[30]

또한 과학에서 보존이라고 하는 개념도 기독교적 기원을 갖거나 기독교 교리에 의해 지지되는 경우가 많은 예이다. 창조행위는 하나님에 의해서만 이루어지므로 원자, 에너지, 운동량, 전하 등은 인간이나 자연의 힘으로 파괴되거나 생성될 수 없다는 생각은 자연스럽게 질량 보존, 에너지 보존, 운동량 보존, 전하 보존 따위의 개념으로 연결될 수 있다.

성경이 기초가 된 과학적 발견은 물리학에만 국한되지 않았다. 1864년 불란서 미생물학자 파스퇴르(Louis Pasteur, 1822-1895)가 생명은 자연발생할 수 없음을 증명한 것도 생명의 창조는 오직 하나님에 의해서만 이루어질 수 있다는 기독교적 개념에서 출발한 것이다. 또한 미국의 마우리(Matthew Maury)는 시편 8:8에 나타난 '해로'(海路)에 대한 언급에서 힌트를 얻어 바다에 해류가 있음을 발견했다.[31]

(7) 역사적 증거

기독교와 과학의 긍정적 관계에 대한 또 다른 평가는 역사적 연구로부터 찾아볼 수 있다. 과학사에서 기독교와 과학의 관계를 긍정적으로 평가하기 시작한 것은 금세기에 들어와서 본격적으로 시작되었다. 미국의 여성과학사가인 도로디 스팀슨이 1935년 "17세기 영국에서의 퓨리터니즘과 신철학"이라는 논문에서 처음 이러한 주장을 했는데, 여기서 '신철학'이란 근대과학을 의미한다. 스팀슨 이후 이 문제를 종합적이며, 정량적으로 검토한 사람은 미국 사회학자 로버트 머튼(Robert K. Merton, 1910-2003)이었다. 그는 독일 사회학자이며 경제학자였던 막스 베버(Max Weber, 1864-1920)의 『프로테스탄티즘의 윤리와 자본주의 정신』이라는 책으로부터 시사를 받아 프로테스탄티즘과 근대 과학정신과의 관계를 조사하기 시작했다.[32]

우선 머튼은 과학혁명 당시 영국 과학자들의 종교를 조사한 결과 개신교도가 압도적으로 많다는 흥미 있는 사실을 발견했다. 그는 다른 방대한 자료를 조사한 후 다음과 같은 프로테스탄티즘의 요소들이 근대과학을 촉진시키는데 커다란 영향을 끼쳤음을 지적했다: (1) 자연의 연구는 하나님의 창조 솜씨를 더욱 깊이 이해하는 것이다; (2) 하나님의 솜씨에 대한 깊은 이해를 통해 하나님의 지혜와 능력과 선하심을 찬미할 수 있다; (3) 감정보다는 이성에 따라 생각하고 행동하는 프로테스탄트 합리주의는 과학적 합리주의와 유사하다; (4) 일을 바르게 처리하기 위해 경험을 중시하는 프로테스탄트의 전통은 실험을 중시하는 근대과학의 특성과 유사하다. 이러한 머튼의 주장은 격렬한 찬반양론의 논쟁을 불러 일으켰다. 그러나 머튼의 주장은 당시 지도적 과학자들의 종교적 성향에 대한 자세한 조사를 근거로 하고 있으므로 상당한 설득력을 갖고 있다.[33]

머튼의 뒤를 이어 과학적 정신과 프로테스탄티즘의 긍정적 관계에 대한 연구는 네덜란드의 과학사가 호이카스(R. Hooykaas)에 의해 이루어졌다. 그는 『종교와 근대과학의 발흥』이라는 책에서 흔히 생각하는 바와 같이 희랍적 전통에서는 근대과학이 탄생하기 어려움을 지적했다. 그리고 청교도의 윤리가 근대 과학의 정신과 유사함을 지적하면서 머튼과 같이 근대과학이 발흥하던 당시 지도적 과학자들의 종교적 배경을 분석했다. 그 결과 당시 유럽 전반에 걸쳐 개신교도들 중에 과학자들이 많으며 특히 개신교도들 중에 실험과학자가 많음을 지적했다.[34]

물론 머튼이나 호이카스의 주장에 대해 비판적 시각을 갖는 과학사가들도 있다. 그러나 이들이 청교도나 개신교도들의 작업윤리를 과학정신과 관련지은 것에 대해서는 비판할 수 있겠지만, 이들이 제시한 분명한 통계적 증거, 즉 전체 인구에 비하여 개신교도 과학자들이 압도적으로 많다는 사실은 받아들이지 않을 수 없다.

4. 갈릴레오 재판은?

기독교와 과학이 본질적으로 갈등 관계에 있지 않다면, 갈릴레오의 지동설 재판은 어떻게 보아야 하는가? 흔히 기독교와 과학의 적대적 관계를 주장하는 사람들이 단골 메뉴로 제시하는 가장 중요한 역사적 증거는 교황청에 의한 갈릴레오 재판이다. 이 재판에 대한 종래의 해석이 잘못되었다는 연구결과가 발표된 지도 50년이 지났는데, 아직도 이런 오해를 가진 사람들을 주변에서 흔히 볼 수 있다. 그래서 아래에서는 이탈리아 태생의 MIT 과학사가였던 산티아나(Giorgio De Santillana)가 1955

년 『갈릴레오의 죄』(The Crime of Galileo)라는 책을 통해 처음으로 갈릴레오 재판에 대한 새로운 해석을 제시한 이래 오늘날 주류 과학사가들이 받아들이고 있는 견해들을 간단히 소개한다.

피사 태생의 이탈리아 천문학자이자 물리학자요 수학자인 갈릴레오(Galileo Galilei, 1564.2.15.-1642.1.8)는 일찍부터 코페르니쿠스처럼 많은 주전원(周轉圓, epicycle)을 가정해야 하는 어색한 아리스토텔레스와 프톨레마이오스의 천동설은 하나님의 창조원리에 맞지 않는다고 생각하고 있었다. 그러던 중 1609년, 갈릴레오는 네덜란드에서 망원경이 발명되었다는 소식을 듣고, 직접 망원경을 제작하여 여러 천체들을 관측했다. 그래서 달이 완전한 구(球)라고 믿고 있던 당시의 상식을 뒤엎고 달에 산과 계곡이 있음을 밝혀냈다. 또한 당시에는 모든 천체들이 지구를 중심으로 회전한다고 생각했는데, 목성도 그것을 중심으로 회전하는 네 개의 위성을 갖고 있음을 발견했다(물론 지금은 목성의 위성이 훨씬 더 많음이 알려져 있지만). 그는 달 표면의 관측과 네 개의 목성위성을 발견하면서 강력한 지동설 주장자로 변해갔다.

갈릴레오는 1610년에 파도바대학의 교수직을 그만두고 고향 피렌체로 돌아가서 토스카나 대공인 메디치가의 전속 과학자가 되었다. 그 후로도 그는 천문관측을 계속하여 1612-13년에는 태양흑점에 관한 서한을 발표했다. 이때부터 갈릴레오는 자신의 천문관측 결과에 의거하여 코페르니쿠스의 지동설을 확신하게 되었다. 갈릴레오는 성경과 지동설의 모순성에 관하여 제자들에게, 그리고 자신이 섬기는 토스카나 대공의 어머니 크리스티나 대공비 등에게 편지 형식으로 써 보냈다. 이것은 당시 천동설을 공식적으로 인정하고 있던 교황청과 마찰을 일으켰으며 결국 재판정에 서게 되었다.

제1차 재판 때에 교황은 바오로 5세(Paul V, 1552-1621)였다. 그리고 이 재판에서 사건을 심리한 사람은 예수회 소속의 벨라르민(Robert Bellarmine, 1542-1621) 교황청 추기경이었다. 재판 결과 벨라르민은 1616년 3월 5일, 갈릴레오에게 지동설을 가르치는 것에 대해 경고했다. 갈릴레오는 로마의 이단심문소(The Holy Office)에 직접 소환되지는 않았지만, 앞으로 지동설은 단순한 가설로서만 가르치고 사실로서는 가르치지 말라는 경고를 받았다. 이 재판으로 인해 갈릴레오는 의기소침하게 되었고, 그 후 몇 년간 필을 꺾었다.

그러나 그 후 갈릴레오는 추기경 시절부터 가까운 친구였던 우르반 VIII세(추기경 이름은 Maffeo Barberini)가 교황으로 등극하자 다시 활발한 저술 활동을 시작했다. 실제로 우르반 VIII는 갈릴레오에게 여러 가지 편의를 제공했고, 갈릴레오는 오랫동안 준비해왔던 야심작 『두 세계간의 대화』를 준비했다. 그리고 이 책으로 인해 갈릴레오는 제2차 재판에 회부되었다. 1632년 2월에 출판된 『두 세계간의 대화』는 우르반 VIII세가 지동설을 엄격하게 가설로서만 제시한다는 조건 하에 출판을 승인한 책이었다. 그러나 출판 과정에서 이러한 가설은 빠졌고, 갈릴레오는 교황을 자극하는 내용을 책 속에 포함시켰다. 갈릴레오는 제1차 재판의 경고에 저촉되지 않는 형식으로 지동설을 제시하려고 했지만, 『두 세계간의 대화』는 발간된 지 5개월 뒤인 7월에 교황청 금서목록에 올랐다. 그리고 1633년 1월, 그는 이단심문소의 명령으로 로마에 소환되었다.[35]

『두 세계간의 대화』에서 갈릴레오는 세 명의 인물을 등장시켜 바른 우주 체계가 어느 것인지를 제시했다. 등장인물로는 갈릴레오 자신을 나타내는 살비아티(Salviati), 아리스토텔레스주의자들을 나타낸 심플리치오(Simplicio, 바보라는 뜻), 지적 호기심이 넘치는 제3자인 사그레도(Sagredo)였다. 심플리치오는 전통적인 스콜라 학자로 프톨레마이오스의 지구중심체계와 아리스토텔레스의 자연철학을 옹호했다. 살비아티는 코페르니쿠스의 태양중심 체계와 새로운 과학을 주장했다. 이 세 사람은 베네치아에 있는 사그레도의 집에 모여 장장 나흘 동안의 토론을 벌였다. 이 토론 속에서 갈릴레오는 살비아티의 입을 통해 심플리치오로 표현된 교황과 일부 아리스토텔레스를 지지하는 예수회 학자들의 바보스러움을 예리하게 비꼬았다. 그리고 놀라운 글 솜씨로 새로운 우주 체계, 즉 지동설의 우위성을 주장했다. 이 책이 출판되자 교황은 어렵지 않게 책에 등장한 심플리치오가 자신임을 알아채고 노발대발했으며, 이것은 곧 종교재판으로 연결되었다.

　1633년 6월 22일에 끝난 재판의 결과는 갈릴레오의 유죄선고였다. 그는 무섭지는 않았으나 두 달 동안의 가택연금이라는 실형을 선고받았다. 물론 끝까지 진실한 가톨릭 신자로 남아있기를 열망했기 때문에 그는 자신의 유죄를 평결한 교황청의 결정에 절대 순종할 수밖에 없었다. 그가 이단심문소를 나오면서 "그래도 지구는 돈다"라고 중얼거렸다는 것은 당시의 정황으로 미루어 전혀 사실일 수 없으며, 이는 아마 갈릴레오를 존경하는 제자들이 만들어서 그의 비문에 새겨 넣은 것으로 생각된다.[36]

　이 갈릴레오 재판은 지난 수백 년 동안 많은 사람들이 기독교와 과학의 적대적인 관계를 보여주는 고전적인 예로 제시되었다. 그러나 지난 세기 중엽부터 시작된 연구결과들은 갈릴레오 재판이 과학에 대한 기독교의 적대 관계 때문이 아님을 보여주고 있다. 현재 받아들여지고 있는 갈릴레오 재판 원인은 대체로 다음 두 가지로 요약될 수 있다.[37]

첫째는 갈릴레오의 논쟁적 성격이다. 사실 1543년, 코페르니쿠스가 『천구의 회전에 관하여』라는 책에서 처음으로 지동설을 제시한 이래 많은 유럽의 지식인들이 지동설을 받아들였지만, 갈릴레오가 교황청과 갈등을 빚을 때까지 70여 년 간 교황청은 한 번도 지동설 자체를 문제 삼지 않았다. 한 예로 갈릴레오와 비슷한 시기에 살았던 케플러(Johannes Kepler, 1571-1630)를 들 수 있다. 그는 1609년, 화성관측 결과를 『신천문학』이라는 책으로 출판했다. 그는 여기에서 행성의 운동에 관한 제1법칙인 "타원궤도의 법칙"과 제2법칙인 "면적속도 일정의 법칙"을 발표하여 코페르니쿠스의 지동설을 수정, 발전시켰다. 하지만 케플러가 이 주장으로 인해 교황청으로부터 어떤 마찰을 빚었다는 기록은 없다.

이에 비해 갈릴레오는 책 뿐 아니라 서신, 강의 등을 통해 자신의 주장을 끊임없이 주장하면서 교황청의 성경해석에 이의를 제기하고 반대의견을 가진 사람들을 공격했다. 갈릴레오 재판의 새로운 해석가들은 이러한 갈릴레오의 논쟁적 성격이 지동설 재판의 중요한 변수였음을 지적한다.

둘째는 당시의 복잡한 정치, 외교상의 알력이다. 당시 로마에는 갈릴레오를 시기하는 사람들이 공모하여 갈릴레오를 함정에 빠뜨릴 기회를 찾고 있었다. 그들은 갈릴레오가 유죄 평결을 받도록 하기 위해 1616년, 벨라르민 추기경 앞에서 심문받은 문서를 제출했으며 거기에는 다음과 같은 내용이 있었다: "갈릴레오는 상기 위원[벨라르민 추기경]에 의하여 … 지구가 움직인다는 견해를 포기할 뿐만 아니라 말로든지 글로든지 어떤 형태로도 주장하거나 가르치거나 옹호하지 말라는 명령을 받았다. 만약 이를 어길 때에는 교리 성성(聖省)이 그에 합당한 행동을 취할 것이다. 이 금령에 대하여 갈릴레오 본인은 수락했으며 순종하기로 약속했다."[38]

그러나 갈릴레오는 벨라르민으로부터 지동설을 가르치지 않겠다는 어떤 금령도 받은 적이 없으며, 자신이 지동설을 가르치지 않겠다고 서약한 적도 없었다. 심지어 상당히 학문적이었던 벨라르민은 당시에는 지동설도 천동설과 같이 결정적인 증거가 없었기 때문에 단지 가설로서만 가르친다면 괜찮다고까지 했다. 이러한 당시의 정황을 설명하기 위해 갈릴레오는 벨라르민이 실제로 그에게 주었던 통지서까지 제출했지만 이것은 받아들여지지 않았다. 벨라르민은 이미 죽었기 때문에 그의 직접 증언을 기대할 수도 없었다. 근래의 연구에 의하면 재판에 사용되어 갈릴레오 단죄의 근거가 되었던 그 문서는 상사의 아무런 서명이 없는 괴문서로서 갈릴레오의 적들이 이단심문소 서기를 매수하여 만든 위조문서였을 것으로 추측된다.

이 외에도 갈릴레오의 후원자였던 토스카나 대공이 정치적으로 교황과 갈등을 빚고 있었다는 것도 갈릴레오의 유죄 평결과 무관하지 않은 것으로 평가된다. 당시 토스카니 공국은 날로 세력이 강해지고 있었던 데 비해 교황청의 권위는 약화 일로에 있었다. 이러한 때 교황은 토스카나 대공이 가장 신임하는 사람을 처벌함으로써 자신의 입지를 세우고자 하는 의도가 있었던 것으로 보인다. 이런 정황을 고려한다면 갈릴레오 재판은 더 이상 교회와 과학, 혹은 신앙과 과학의 충돌을 보여주는 예로 사용되어서는 안 될 것이다.

5. 성경과 과학이 모순될 때

갈릴레오 재판이 기독교신앙의 본질과의 갈등이 아니었다면, 성경 혹은 기독교교리는 과학과 아무런 갈등도 없는가? 그렇다면 요즘도 가끔 들리는 교회와 과학 간의 갈등은 무엇 때문일까? 여기에 대해 우리는 먼저 원칙적으로 성경과 과학은 한 하나님으로부터 유래한 것이므로 모순이 없어야 한다고 말할 수 있다. 갈릴레오의 지적처럼 "성경은, 그것의 참된 의미가 이해되기만 하면, 결코 비진리를 말할 수 없다."[39] 그러나 성경말씀과 과학적 증거를 해석하는 인간이 불완전하기 때문에 생기는 모순까지 존재하지 않는다고 말할 수는 없다. 그러면 성경과 과학이 모순되는 듯이 보일 때 우리는 어떻게 할 것인가? 아래에서는 400여 년 전 성경과 과학이 충돌할 때 가져야 할 태도에 대해 갈릴레오가 제시했던 바를 풀어서 제시한다.

(1) 우리는 자신의 성경해석이 바른지 살펴야 한다.

이에 대한 몇 가지 예를 들어보자. 먼저 535년, 코스마스라는 성직자는 『기독교 지지학(地誌學)』이라는 책에서 지구의 반대편이 있다는 사실을 부정하고 지구는 길이가 폭의 두 배인 평행사변형이라고 주장했다.[40] 그는 자신의 주장을 증명하기 위해 인도와 이디오피아를 방문하기도 했으나, 성경의 내용을 문자적으로 해석하여 이러한 결론에 이르게 된 것이다.[41] 물론 성경을 문자 그대로 받아들이는 것도 성경해석법의 하나라고 할 수 있다. 하지만 이에 너무 집착하게 되면 코스마스와 같은 오류에 빠질 수 있음을 염두에 두어야 한다.

  두 번째 예는 중세 교회가 받아들이고 있었던 천동설이다. 성경에는 지구가 움직이지 않는다는 직접적인 언급은 없지만, 태양이 움직인다는 것을 강하게 암시하는 구절은 여러 개 있다. 태양이 지구의 주위를 돌고 있다는 주장은 주로 성경의 시적인 표현에 근거하고 있다. 물론 이러한 주장은 이미 근대가 시작될 때 코페르니쿠스의 저술과 갈릴레오 등을 통해 반박되어진 바 있다. 그러나 아직까지 일부 근본주의자들 가운데 천동설을 주장하고 있는 사람들이 있음은 놀라운 일이다. 일반적으로 시적인 표현이란 과학적 엄밀성 보다는 현상의 단순한 기술을 통해 깊은 종교적 진리를 전하려는 목적을 갖고 있다. 때때로 시적인 표현 속에도 과학적인 함의가 없는 것은 아니지만, 이것은 어디까지나 그 표현의 주된 목적이 아님을 기억해야 한다.

  오늘날 근본주의 과학자들 중에서는 지구나 생명의 연대에 관한 탄소연대측정이나 여타 방사성동위원소 연대측정의 결과를 받아들이지 않는 사람들이 있다. 심지어 상대론이나 양자론, 여러 가지 방법을 통해 측정한 별까지의 거리나 빛의 속도 불변 원리, 지동설 등 현대 물리학과 천문학의 기본적인 명제조차도 부정하는 사람들이 있다. 성경에 구체적인 언급이 없는 과학적 사실들에 대해 언급할 때는 매우 조심해야 한다. 그렇지 않으면 자칫 수세기 전 교황청이 과학적 사실에서 범했던 오류를 재현할 위험성이 있다.

  성경은 인간에 대한 하나님의 사랑을 보여주며, 타락한 인간을 구원하시려는 하나님의 계획을 드러내는 것이 주목적이지 과학 교과서는 아니다. 때로 과학적 적용이 가능한 언급이 있지만, 어디까지나 이것은 부차적인 것임에 유의해야 한다.

(2) 과학적 증거가 분명한지 살펴야 한다.

이에 대한 가장 좋은 예는 진화론이라고 할 수 있다. 영국의 헉슬리 (Thomas H. Huxley, 1825-95) 같은 사람은 지구가 둥근 것이 사실이듯이 진화가 사실이라는 식으로 진화의 사실성을 주장하고 있지만, 성경은 명백히 모든 생물들은 처음부터 '그 종류대로' 창조되었음을 가르치고 있다.[42] 얼마나 오랜 시간이 걸려 생물이 창조되었는지는 모르지만, 현존하는 생물들의 자연적 변이에는 분명히 한계가 존재하고, 화석의 증거에서도 분명히 빠진 고리(missing link)가 발견되지 않고 있는 데도 진화되었다고 믿는 것은 성경적인 태도가 아님은 물론 과학적인 태도도 아니다.

러셀이 말한 것처럼 "과학은 언제나 임시적이며, 현재의 이론들은 조만간 수정(修正)되어야 할 것으로 밝혀짐을 기대하고 있으며, 그것의 방법이 완전하고 종국적인 증명에 도달하는 것이 논리적으로 불가능하다는 점을 염두에 두고"[43] 있다면, 과학과 종교는 충돌하지 않는다. 베리 (R.J. Berry)가 지적한 것과 같이 과학이 순수하게 'how'에만 관심을 갖고 종교는 'why'에만 관심을 갖는다면, 과학과 신앙은 큰 충돌을 일으키지 않을 수 있다.[44] 과학과 종교의 갈등의 근본적인 원인은 과학이 종교적인 색채를 띠거나 종교가 과학적인 색채를 띨 때 발생한다. 무신론, 유물론, 자연주의와 결부된 현대 생물 진화론은 다분히 종교적인 함의를 갖는다. 진화론자들이 인간이나 생물의 자연적 기원을 주장하는 것은 종교에서 다루는 인간이나 생물의 존재 의미와 밀접한 관계가 있기 때문이다.

(3) 성경도 분명한 듯하고 과학도 분명한 듯한데 서로 모순될 때는 기다리는 자세가 필요하다.

이는 성경의 해석이 잘못될 수도 있고 과학적 증명이 틀렸을 수도 있기 때문이다. 어느 것이 맞고 어느 것이 틀렸는지가 불분명할 때, 결론을 보류한 채 기다리는 것은 진리에 대한 태만이 아니라 겸손이다. 화이트헤드가 지적한 바와 같이 "… 과학과 종교 사이에 충돌이 있다고 해서 확고한 증거가 있는 이론을 버려서는 안 된다. … 조금이라도 폭넓은 사상사적 관점에서 전망하는 감각의 소유자라면, 조용히 기다리면서 서로 저주하는 일을 삼가야 할 것이다."[45] 또한 "형식 논리학에서 모순은 패배를 나타내지만, 참다운 지식의 발전에 있어서 모순은 발전의 첫걸음이 된다"는 그의 지적도 염두에 두어야 한다.[46] 모순되는 두 사실에 대해 잠잠히 기다리지 못하는 것은 성급함이요 일종의 교만이다. 모순되는 듯이 보이는 두 주장이 있을 때는 인내하며 기다려야 할 것이다. 섣부른 판단은 자칫 하나님의 진리를 대적할 위험이 있기 때문이다.

6. 맺는말

지금까지 살펴본 바와 같이 기독교와 근대과학은 언뜻 보기에 대립적인 듯이 보이는 면도 있지만, 자세히 살펴보면 기독교적 세계관, 인간관, 자연관 등이 근대과학의 탄생에 중요한 기여를 했음을 볼 수 있다.

이처럼 기독교와 과학의 긍정적 관계에도 불구하고, 한편으로 우리는 과학과 기독교를 직접 관련지으려고 하는 시도에는 한계가 있음을 인정해야 한다. 화이트헤드의 말처럼 본질적으로 "과학은 기독교를 긍정도 부정도 할 수 없다. 기독교라는 것은 과학을 초월한 곳에 있는 것으로서, 과학과 같은 차원에서는 논할 수는 없"기 때문이다.[47] 갈릴레오가 말한 것과 같이 성경은 우리에게 "어떻게 하늘나라로 갈 수 있는가" (How to go to heaven)를 가르치려는 것이 목적이지 "어떻게 하늘이 운행되는가"(How the heavens go)를 가르치려는 것이 아니기 때문이다. 즉 과학은 자연이 운행하는 과정에 대해, 기독교는 자연을 창조하고 운행하도록 한 창조주에 대해 말하고 있다. 자칫 성경의 비과학성에 집중하다가 성경의 초과학성을 놓친다면 이는 참으로 어리석은 일일 것이다.

이러한 과학과 기독교의 관계 설정의 본질적인 한계에도 불구하고 기독교가 최근 과학에 대해 관심을 갖지 않을 수 없는 이유는 오늘날 과학적 이론이라고 하는 것들 중에 과학적 증거에 기초하지도 않으면서 과학의 한계를 넘어, 아니 과학이라는 이름으로 가장하여 교회를 허물며 창조주 하나님에게 도전하고 있는 사상들이 있기 때문이다. 실제로 우리는 무신론, 유물론, 결정론, 자연주의 따위를 과학적 사고의 기초인 것처럼 주장하는 것이나 "No Master, No God!"의 계몽주의적 정신이 과학정신인 것처럼 호도되고 있는 것에 대해 경계해야 할 것이다.

[반성과 토의를 위한 질문]

1. 저자는 학문이나 신앙이 이데올로기에 오염되지 말아야 할 것을 주문한다. 과연 인간이 이데올로기적 오염으로부터 완전히 자유로운 학문 활동을 할 수 있는가? 그렇게 하려면 어떤 노력이 필요한지 말해 보자.

2. 일부 학자들은 과학이 발달할수록 기독교와 과학은 점점 적대적인 관계가 된다고 주장한다. 이 주장을 어떻게 평가할 수 있으며, 이런 주장의 배경은 무엇이라고 생각하는가?

3. 그 동안 과학과 기독교가 적대적임을 주장해 온 사람들은 대표적인 예로 갈릴레오 재판을 제시했다. 이에 대해 산티아나는 갈릴레오 재판에 대한 종래의 해석이 바르지 않음을 밝혔고, 이로 인해 사람들이 과학과 기독교의 적대적 관계에 대한 오해를 풀게 되었다. 그렇다면 과연 갈릴레오 재판에 대한 재해석이 성경적 과학관을 세우는데 긍정적인 역할만을 했다고 볼 수 있는가? 교회론적 관점에서 갈릴레오 재판을 다시 평가해 보자.

부록 – 인터뷰 기사

"대중적 캠페인에 목매지 말고, 연구에 집중해라"[1]

최근 창조과학회와 '창조론'으로 대립했던 양승훈 교수. 그는 스스로를 돈키호테라 비유했다. "한때 창조과학회의 핵심인 '젊은 지구론'과 '단일격변설'을 사도신경처럼 신봉하면서 돈키호테처럼 '창'을 꼬나 매고 온 세상을 쫓아다니면서 많은 사람들을 찔러댔다"고 고백했다.

한국창조과학회를 창립하는 일을 주도했고, 부회장까지 맡았던 양 교수는 훗날 "한 창조론자의 회개"라는 글을 통해 일종의 양심선언을 했다. 창조과학에 대한 자신의 주장에 문제가 있었음을 시인하고 입장을 수정했다. 양 교수는 당시에 견딜 수 없는 양심의 가책을 이렇게 토로했다.

"'젊은 연대'와 '오랜 연대' 사이에서 시계추처럼 왔다 갔다 하며 정말 혹독한 지적 고문 속에서 지냈습니다. 그동안 저는 젊은 연대와 오랜 연대의 틈바구니에서 수많은 날밤을 지새웠습니다. 그렇게 확실하다고 생각했던 젊은 연대가 공부를 하면 할수록 사정없이 허물어지는 기가 막힌 상황에서 밤잠을 제대로 잤다면 그게 도리어 이상했겠지요."

양 교수의 고백은 하나님에 대한 회개인 동시에 사람들에 대한 사과였다. 과거에 틀린 주장을 한 것에 대한 회개라기보다 하나님 앞에서 창조론 연구에 성실하지 못한 것에 대한 회개이자, 진지하게 연구하지도 않았으면서 전문 학자의 연구 결과를 쓰레기 취급한 것에 대한 반성이었으며, 학문성도 없는 대중적인 문헌들을 근거로 수많은 강연을 하러 다닌 것에 대한 사과라고 양 교수는 설명했다.

양 교수는 창조과학과 신앙을 붙들고 밤낮으로 씨름하던 끝에 '다중격변'이라는 모델을 붙잡고 불가지론의 늪에서 가까스로 벗어날 수 있었다. 이후 그는 다중격변에 대한 연구를 거듭해 『창조와 격변』(예영, 2006)을 통해 자신의 연구 결과를 담아냈다.

하지만 그를 자유롭게 만든 다중격변론은 오히려 창조과학회를 불편하게 만들었다. 창조과학회의 핵심인 단일격변설을 정면으로 반박한다고 생각했기 때문이었다. 양 교수에게는 창조론의 대안이었지만, 창조과학회는 진리에 대한 도전으로 받아들였다. 창조과학회는 양 교수를 향해 자진 탈퇴하지 않으면 제명하겠다고 했고, 양 교수는 결국 탈퇴를 선택했다.

양 교수는 자신의 탈퇴가 분열과 다툼으로 이어지는 것이 아니라, 진지한 반성과 창조과학의 신학적 전제에 대한 전반적인 점검이 이루어지기를 바라며 조심스럽게 입을 열었다. 적어도 복음주의 계열의 전문 학자들의 얘기에는 귀를 기울였으면 하는 바람도 전하면서 창조과학회가 대중적 캠페인에만 목을 매지 말고 진지하게 연구해야 한다며 일침을 놓았다.

창조론에 대한 입장이 변하기까지 어떤 과정이 있었는지, 과학계와 복음주의권에서 창조과학회의 위상이 어떤지, 이번 창조론 논쟁으로 창조과학회와 한국 교회가 배웠으면 하는 것은 무엇인지 양 교수에게 물었다. 인터뷰는 전화 통화와 이메일을 통해 진행됐다. 아래는 인터뷰 전문이다.

오랫동안 몸담았던 창조과학회를 강요에 의해 탈퇴한 셈이지만, 조직의 방향이나 신학에 동의하지 않으면 떠나는 건 당연한 것 아닌가?

물론이다. 그러나 젊은 지구론을 선호했던 한국창조과학회지만, 그것을 신조로 채택하거나 회원들에게 강제하지는 않았다. 몇 년 전에 '6천년 창조연대'(지구와 우주의 나이가 6천년이라는 주장)를 신조로 채택하자는 말이 나온 적이 있었지만, 여러 사람들이 반대해서 채택되지 않았다. 내가 아는 한 지금도 창조과학회 내에는 '6천년 우주 연대'에 찬성하지 않는 사람들이 꽤 있다.

그런데 이번에 나에 대한 문제가 불거지니까 창조과학회에서 이사들에게 6천년 창조연대를 공식적인 자리에서 공개선서를 하도록 했다고 한다. 나는 창조과학회가 회원들이나 리더들에게 6천년 창조연대를 신조나 정관 등을 통해 강제한다면, 그에 찬성하지 않는 사람들은 미련 없이 창조과학회를 떠나야 한다고 생각한다.

현 창조과학회의 핵심 주장에 대해 "이건 아니다"하고 결론짓게 되기까지의 과정을 설명해 달라.

창세기와 과학의 양립 가능성의 도전을 받고 1980년부터 1987년까지 엄청난 확신 속에서 창조과학운동에 참여했다. 이 운동은 틀릴 수 없고 틀려서도 안 된다고 생각했기에 나의 인생을 걸겠다고 결심했다. 한 때 공부하고 있던 물리학 박사과정을 집어치우고 창조과학으로 박사를 하러 미국엘 갈까 생각하기도 했다.

창조과학의 트레이드 마크라고 할 수 있는 6천년 우주연대와 단일격변설에 대해 의심을 갖기 시작한 것은 1987년이다. 당시 시카고대학 물리학과에서 박사 후 연수 과정을 할 때였는데, 아내가 공부하던 위튼대학 교수들과 교제할 수 있는 기회가 있었다. 그런데 복음주의의 바티칸이라 불리는 위튼대학 교수들이 하나같이 창조과학회의 주장에 대해 비성경적이고 비과학적이라고 반대하는 게 아닌가. 당시 창조과학 열정으로 충만해 있던 나는 깜짝 놀랐다. '아니 성경을 믿는다는 사람이 창조과학도 안 믿다니. 이 사람들이 정말 예수 믿는 사람들 맞아?' 나는 분노했다. 그래서 당시 신학과 원로 교수를 찾아가서 따지기도 했다. 그런데 인근에 있는 트리니티복음주의신학교 구약학 교수들도 창조과학은 비성경적이라고 반대하는 것 아닌가. 당시 정말 황당했다.

그 후에 공부를 하면 할수록 내가 그토록 열정적으로 전하던 것들이 아마추어들의 향연일 뿐이라는 생각이 들기 시작했다. 하지만 이 문제를 전문적으로 파고들 형편은 되지 못했다. 그래서 1991년, 대학에 휴직을 신청하고 위스콘신대학(Madison) 과학사학과에 입학해 창조론 역사를 공부하기 시작했다. "1950년대 미국 복음주의자들이 탄소 연대를 두고 어떻게 분열했는가"를 추적하는 연구를 석사 논문으로 제출했고, 이 논문은 후에 *J. of American Scientific Affiliation*에 전문이 게재되기도 했다.

　미국에 과학사를 공부하러 오긴 했지만, 물리학자로서 정체성을 버릴 수 없었기에 과학사와 더불어 방사성동위원소 연대측정에 대한 전문적인 문헌들을 읽기 시작했다. 그리고 해당 분야의 논문과 전문 서적들을 읽어나가면서 깜짝 놀랐다. 여러 해 동안 창조과학 강연에서 사용하던 아마추어 문헌들과는 달리 방사능 연대측정법은 매우 치밀하게 고안된 방법이고, 내가 비판했던 방사능 연대의 여러 문제들이 대부분 해결되어 큰 문제가 되고 있지 않다는 것을 알게 되었기 때문이다.

　또한 방사능 연대측정법은 다른 연대측정법들에 의해 상호 검증이 되는 등 믿을 만한 방법이라는 점을 부인할 수 없었다. 그러나 나는 어떤 증거가 나오더라도 6천년 우주연대는 절대 틀릴 수 없다는 확신이 워낙 강했기 때문에 끙끙거리기만 하고 구체적인 행동을 취하지는 못하고 있었다.

　그러다가 1997년, 기독교세계관대학원(VIEW)을 설립하는 일을 위해 대학을 사직하고 캐나다 밴쿠버로 가게 되었고, 창조론 연구를 전업으로 삼게 되었다. 연구실에서 창조론 연구에 전념하면서 다양한 문헌 연구와 탐사 여행을 겸하기 시작했다. 창조론 탐사 여행은 나의 창조론 공부의 가장 중요한 부분이었다. 수십 차례의 주요한 야외 탐사를 비롯해 미국과 세계 14개국에 있는 세계적으로 주요한 고생물학 및 고고학 박물관을 30여 개 이상 돌아다녔다. 연구를 하면 할수록 6천년 창조연대와 단일격변으로는 설명할 수 없는 증거들이 쌓여갔다.

다중격변설에 대해서 연구하게 된 계기는?

2003년 중반쯤이다. 프랑스 최고의 창조론자 퀴비에가 1829년에 출간한 『지면의 격변들에 관한 강의』라는 책을 읽다가 처음으로 다중격변에 대한 아이디어를 얻었다. 당대 최고의 고생물학자였던 파리과학원의 퀴비에 역시 처음에는 노아의 홍수라는 단일격변으로 모든 것을 설명하려고 노력했다. 그러나 그 역시 연구를 진행하면서 단일격변만으로는 도저히 지구의 역사를 설명할 수 없다는 딜레마에 빠졌다.

그는 결국 노아의 홍수 이전에도 여러 차례 홍수가 있었다는 가정을 하지 않고는 파리 분지에서 발견되는 지층과 화석들을 설명할 수 없다는 결론에 이르게 되었다. 하지만 당시에는 지질학이라는 학문이 막 생겨났고, 천문학적인 증거도 별로 없었기 때문에 이 모델을 다듬을 수 있는 데이터가 별로 없었다. 때문에 퀴비에는 다중격변론을 하나의 개념으로만 제시해놓았다.

퀴비에의 다중격변설을 처음 접하면서 "어쩌면 이 이론을 다듬게 되면 지금의 딜레마를 해결할 수 있을 것"이란 생각이 번개처럼 스쳤다. 지금은 퀴비에가 살았던 200여 년 전과는 비교할 수 없을 만큼 지질학, 천문학, 우주론 등의 분야의 증거들이 산더미처럼 쌓여있기 때문이다. 특히 지구와 달은 물론 수성·금성·화성 등 태양계 내의 행성들에 무수히 남아 있는 대규모 운석 충돌의 흔적들은 내게 다중격변에 대한 확신을 주는 결정적인 증거가 되었다.

하지만 아직도 다중격변설은 하나의 모델이요 가설일 뿐이다. 제안한 사람의 입장에서는 분명한 듯이 보이지만, 다른 사람들이 볼 때는 허점이 많을 것이다. 6천년 우주연대나 단일격변설이 틀린 것은 분명한 것으로 보이지만, 다중격변설 역시 아직 많은 연구가 필요한 이론일 것이다. 이 이론이 확정 혹은 반증되기까지는 훨씬 더 많은 연구가 이루어져야 할 것이다.

창조론의 교과서라 불리는 『창조론 대강좌』(CUP, 1996)를 본인이 직접 펴냈다. 출간된 시기를 되짚어보면 한창 창조론에 대해서 많이 고민하던 시기였는데, 그때는 왜 그런 언급을 안 했는가?

부끄럽지만 나는 젊은 연대와 오랜 연대 사이에서 시계추처럼 왔다 갔다 하는 오랜 세월을 보냈다. 그 기간 동안에는 젊은 연대 문헌들을 보면 그게 맞는 듯 하고, 오랜 우주 문헌을 보면 그게 맞는 것 같았다. 그래서 『창조론 대강좌』를 쓰면서, 특히 연대 부분을 쓰면서 젊은 연대의 증거들과 오랜 연대의 증거들을 동시에 제시한 것이다. 전체적으로는 젊은 연대 쪽으로 기울어지게 쓰기는 했지만, 도대체 어느 것도 확실하게 얘기할 수가 없었기 때문이다.

그 책을 낸 후 2003년까지 정말 혹독한 지적 고문 속에서 지냈다. 젊은 연대와 오랜 연대의 틈바구니에서 수많은 날밤을 지새웠다. 그렇게 확실하다고 생각했던 젊은 연대가 공부를 하면 할수록 사정없이 허물어지는 기가 막힌 상황에서 밤잠을 제대로 잤다면 그게 도리어 이상했을 것이다. 끝이 보이지 않는 이 불가지론의 늪에서 나를 구해낸 것이 바로 다중격변모델이었다.

그렇다면 본인이 먼저 자기반성을 하는 것이 순서 아닌가?

그렇다. 그래서 나는 몇 해 전에 책과 인터넷 등을 통해 "한 창조론자의 회개"라는 회개문을 발표했다. 그 회개문은 내가 견딜 수 없는 양심의 가책 때문에 쓴 것이지 누구에게 보이기 위한 것이 아니다. 그 글은 하나님께 대한 개인적인 회개이면서 동시에 사람들에 대한 사과이기도 하다. 그 글의 핵심은 그동안 내가 틀린 주장을 한 것에 대한 회개가 아니다. 인간은 유한하기 때문에 누구라도 틀린 지식을 가질 수 있기 때문에 나의 회개는 일차적으로 하나님 앞에서 창조론 연구에 성실하지 못한 것에 대한 것이었다.

그 사과는 또 나와 의견이 다른 전문 창조론자들에 대한 무례한 언사와 행동에 대한 사과이기도 했지만, 나아가 진지한 진화론 학자들에 대한 사과도 포함되어 있었다. 나는 여전히 진화론자들의 주장에 동의하지 않지만, 창조론 논쟁을 했던 분들에 대한 학자로서의 무례한 언행을 사과한 것이다. 나는 그들처럼 성실하게, 진지하게 연구하지도 않았으면서 그들의 연구 결과를 쓰레기 취급한 것을 반성했다. 지금까지도 학문성도 별로 없는, 대중적인 문헌들을 근거로 많은 강연을 하러 다닌 것에 대해 죄책감을 느낀다.

'오랜 지구·우주론'과 '다중격변론'을 주장하는 것이 창조과학회를 공격하기 위한 것이 아닌, 대안을 모색하기 위해서라고 했는데….

이유는 간단하다. 6천년 우주·지구연대와 노아 홍수로 지구상의 모든 것을 설명하려는 단일격변설은 신학적으로나 과학적으로 전혀 방어할 수 없는 주장이기 때문이다.

특히 오늘날 적어도 천문학 분야에서 6천년 우주연대를 주장하게 되면 천동설이나 평면지구설 지지자 취급을 받는다. 어떤 의미에서 6천년 우주연대를 주장하는 것은 400여 년 전 유럽에서 천동설을 주장하는 것보다 훨씬 더 심각한 문제라고 할 수 있다. 당시는 지동설도 천동설에 비해 그렇게 우월한 증거가 있었던 것이 아니다. 하지만 지금의 우주연대 논쟁은 그런 차원의 논쟁이 아니다. 창조과학에서 제시하는 6천년 우주연대와는 비교도 할 수 없는 정량적이고 많은 증거들이 산더미처럼 쌓여있다. 여기서 일일이 그 증거들을 제시할 필요조차 없을 정도다.

6천년 우주연대와 단일격변설은 적어도 학문적으로는 단칼에 날아가는 주장이다. 그 이론들은 전문 신학자들의 모임이나 전문 과학자들 모임에 가서는 명함도 내밀지 못한다.

솔직히 2003년에 다중격변론을 처음 구상할 때, 나는 이 이론이 창조과학회의 단일격변설을 구해낼 수 있는 유일한 대안이라고 생각했다. 그 이론을 처음 구상했던 2003년부터 발표할 때까지, 아니 지금까지도 나는 문헌 연구와 더불어 이 모델이 맞는지 끊임없이 의심하면서 탐사여행을 하고 있다. 그런데 연구를 하면 할수록 점점 다중격변설이 진화론자들의 동일과정설을 받아들이지 않으면서 격변설을 지킬 수 있는 유일한 방안이 아닐까 하는 조심스런 확신이 굳어지고 있다. 즉 노아의 홍수를 부인하지 않지 않으면서, 격변설의 신조들을 양보하지 않으면서, 자연선택의 횡포에 함몰되지 않으면서 현재의 지층과 화석들의 존재를 설명하려면 다중격변설 외에는 대안이 없는 게 아닌가 하는 생각을 하고 있다.

과학계와 복음주의권에서 한국창조과학회의 모태인 미국 창조과학연구소(ICR)의 위상은?

ICR은 미국 남부의 근본주의자들을 대변하고 있을 뿐 전체 복음주의 진영에서는 지지를 받지 못한다. 마찬가지로 창조과학은 복음주의 과학자들이나 신학자들의 모임에서 지지를 받지 못하고 있다. 여러 해 전에 북미주의 대표적인 복음주의 과학자들 모임에서 포스터 세션(Poster Session) 발표를 한 적이 있는데, 그곳에서 ICR 주장을 언급했더니 미시간에서 온 어떤 생물학자는 단호하게 "Wrong Science, Bad Theology"란 말로 자신의 입장을 요약했다. 일반 성도들 수준에서는 ICR의 주장이 받아들여지고 있지만, 전문가들 사이에서는 거의 받아들여지고 있지 않다.

세계 최대의 복음주의 기독교대학 연합체인 CCCU(Council for Christian Colleges and Universities)에서 대학 교재로 제작한 『믿음의 눈으로 본 시리즈』(한국에서는 IVP에서 번역, 출간했음)도 ICR의 창조과학을 거부하고 있다. 참고로 CCCU에는 북미주에서 위튼대학 · 메시아대학 · 칼빈대학 등 110개 주요 기독교대학들이 멤버로 참여하고 있으며, 명지대·한동대·한남대를 포함하여 전 세계 24개국의 76개 협력 대학들(Affiliated institutions)이 참여하고 있다.

<small>미국창조과학회(ICR) 내에도 전문 과학자들이나 논문이 상당하던데….</small>

물론 ICR에서도 나름대로 연구를 하고 있다. 근래 미국 창조과학연구소가 중심이 되어 창조과학 역사상 최대의 과학 프로젝트를 진행했다. 이름하여 '방사성 동위원소와 지구 연대' (Radioisotopes and the Age of The Earth: RATE)라는 프로젝트다. 이것은 10여 명의 박사급 연구원들이 여러 해에 걸쳐 진행한 연구이며, 연구비만도 120만 불이 넘는다. 창조과학 프로젝트로서 이 정도의 연구비를 사용한 적이 없음을 감안할 때 기념비적인 프로젝트라고 할 수 있다.

하지만 아쉽게도 그 연구 결과들은 포스터 세션으로 전문 학회에 한 번 발표된 것을 제외하고는 아직 제대로 된 전문 학회지에는 한편의 논문도 발표하지 못했다<small>(내가 아는 한)</small>. 막대한 성도들의 헌금을 모아서 진행한 연구이기 때문에 프로젝트 발표회를 교회나 일반 대중들을 모아놓고 하는 수준이다. 해당 분야의 전문 학회지를 통해서는 한편의 논문도 발표하지 못한 것이 오늘날 ICR의 현실이다.

> 복음주의 신학자들 중에 오랜 지구론을 지지하는 사람들이 많은 걸로 아는데….

복음주의자들 중에 오랜 우주를 지지하는 사람들은 많은 정도가 아니라 거의 전부라고 보면 된다. 복음주의 신학자들 중에서도 특히 창세기를 전공하는 구약학자들 중에는 6천년 우주연대를 지지하는 사람들이 얼마나 되는지 꼽아보라. 적어도 전문가들 사이에서 6천년 우주연대는 극소수 근본주의 진영의 의견이다. 나는 아직까지 복음주의 진영의 구약학자들이나 해당 분야 전문 과학자들 중에 6천년 우주연대를 지지하는 사람을 한 사람도 만나보지 못했다.

주류 신학계와 과학계에서 받아들이지 않는 것을 그토록 담대하게 주장하는 데는 그만한 이유가 있지 않을까. 창조과학회 내부에 수많은 석·박사가 있는 것으로 안다. 그들도 그것을 모를 리가 없을 텐데….

크게 두 가지 이유가 있다고 본다. 첫째는 신학적 기초의 부족이다. 즉 창조과학회는 이공계 학자들 중심이어서(정회원의 자격을 이공계 석사 학위 이상으로 제한) 신학적 반성의 기회가 부족했다는 말이다. 창조과학은 강력한 신학적 배경을 깔고 있는 운동인데, 주요 창조과학 지도자들이 신학적 훈련을 받지 않아서 자신들의 주장이 어떤 신학을 대변하는지에 대해 심각하게 생각하지 않았다는 말이다.

신학자들이 아무리 창조과학의 현재 주장들이 신학적 근본주의, 성경해석학적 문자주의, 종말론적 세대주의에 근거하고 있다고 해도, 그리고 현재의 주장들이 성경을 과학 교과서로 사용하는 것이고, 성경무오에 대한 편향된 시각을 반영하는 것이라고 해도 그게 무엇을 의미하는지에 대해 진지하게 생각하고 있지 않다는 말이다. 창조론운동이 건

강한 신학적 기초 위에 세워지도록 노력해야 할 때다.

둘째는 아마추어리즘 때문이다. 창조과학회 지도자들은 대부분 자기 분야에서 상당한 전문가들이며 훌륭한 과학자들이다. 하지만 창조-진화 논쟁, 특히 우주·지구의 연대나 지사학과 구체적으로 관련된 분야에서는 아마추어라는 말이다.

창조-진화 논쟁과 같이 기초과학 영역에 해당하는 연구에서 어떤 한 분야의 전문가가 된다는 것은 오랜 시간과 많은 훈련이 필요하다. 이런 분야에서 현대 과학의 결과(해석이 아닌)와 전혀 다른 주장을 할 때는 신중함과 많은 연구가 필요하다. 그런데 아쉽게도 학문적이지 않은, 다시 말해 신뢰하기 어려운 문헌들이 현 창조과학의 학문적 기초를 이루고 있다. 그래서 과학사가들은 이미 오래 전부터 창조과학을 과학이 아닌 '유사 과학' 혹은 '사이비 과학'이라고 번역할 수 있는 'Pseudoscience'로 분류하고 있는 것이다.

연대 문제만 해도 그렇다. 현재 6천년 우주연대를 강하게 주장하는 분들은 지구나 우주연대, 지질학과 관련된 분야에 있는 사람들이 아니다. 미국 창조과학회가 지구연대 분야의 전문가라고 내세우는 오스틴이나 스넬링, 모리스조차도 지구연대와 관련하여 제대로 교육을 받은 적이 없고, 창조과학자들만의 잡지가 아닌, 해당 분야의 전문 학술지에 논문을 발표한 적이 없다. 이들이 그처럼 틀렸다고 비판하는 방사성 동위원소 연대들도 본인들의 전문 분야가 아니다. 그럼에도 불구하고 이들은 대중 강연에서 전체 연대측정 결과의 2% 미만인 소수의 부정확한 결과들을 가지고 전체 방사능 연대가 틀린 것처럼 강의하고 있다. 참고로 소수의 부정확한 연구결과들은 대부분 연구자의 실험적 오류가 아니면 전문 학술지의 데이터들을 잘못 해석한 것임이 명백히 밝혀져 있다.

우주연대도 마찬가지다. 지난 번 나의 제명 문제가 불거졌을 때 창조과학회에서는 본인의 제명 문건을 작성하고, 거기에 우주가 젊었다는 것을 증거한다는 문건을 30여 개 정도 첨부하여 지도자들에게 내부적으로 회람한 적이 있었다. 그런데 그 문건들의 국내외 저자들 중에 우주연대 분야에서 연구하는 사람이 단 한 사람도 없었던 것은 물론이고, 천문학자조차 한 사람도 없었다. 그 문헌을 모으면서 편집했던 사람도 어느 대학 웹디자인학과 교수였다.

전문가들에게 귀를 기울이자고 주장하는 이유가 바로 여기에 있다. 현대 과학은 매우 전문화 되어 있기 때문에 자기 전문 분야에서 한 발자국만 벗어나도 이해하기 어려운 내용들이 많은데, 하물며 자신의 전문 분야와 전혀 동떨어진 분야에서 잘 증명된 사실들조차 엉터리라고 몰아세우는 것은 진리에 대한 열정이 아니라 학문적 만용이라고밖에 볼 수 없다.

이번 일을 통해서 창조과학회가 배웠으면 하는 바는?

창조과학회 내에 자신의 분야에서 훌륭한 연구 업적을 내고 있는 학자들이 많다. 뿐만 아니라 그들의 신앙적 순전함이나 인격적 진정성에 대해서도 의심할 여지가 없다. 또한 그들이 자신의 직접적인 연구 분야와 관련하여 쓴 책이나 대중강연 등은 대체로 별 문제가 없다. 그리고 사실 창조과학회가 시작될 때까지만 해도 한국에는 창조과학회 외에

딱히 그리스도인 과학자들의 공동체가 별로 없었기 때문에 창조과학의 신학적 입장이나 과학적 주장에 대해(자신의 전문 분야가 아니기 때문에) 진지하게 생각해보지 않았을 것이다. 하지만 이제 창조론운동의 교회 내외적 영향력을 생각한다면, 좀 더 진지하게 다른 의견들에 대해서도 귀를 기울여야 할 것이다.

현대 생물진화론을 주창한 다윈이 건강 문제로 일평생 고통 가운데 살았으면서도 매일 하루에 3시간 이상 꾸준히 자신의 연구에 집중했다는 사실로 인해 나는 지금도 부끄러움을 느낀다. 다윈보다 더 진지하게, 더 많이 공부하지도 않으면서 그의 주장을 비판하는 것에 대해 하나님 앞에서 죄송함을 느낀다. 이런 저런 매체를 통해 본인이 창조론운동의 가장 큰 문제가 바로 진지하게 연구하지 않고 대중적 캠페인에만 목을 매고 있는 것이라고 지적하는 이유도 여기에 있다.

창조과학운동의 또 하나의 문제는 잘못된 주장이 아니라 그 주장을 하는 태도라고 본다. 어차피 우리는 전지하지 않기 때문에 확실한 것처럼 보이는 것들조차 후에 보면 오류인 것들이 많다. 하지만 이러한 오류를 최소화하기 위해 적어도 학문을 업으로 하는 사람이라면 진지하게 서로 다른 의견을 가진 사람들의 얘기를 경청하는 자세가 필요하다고 생각한다. 지금과 같이 전투적이고 흑백논리적인 태도로는 학문적 토론에서 생산적이고 건강한 대화가 이루어질 수 없다. 우선 다양한 의견을 가진 창조론자들과 '소통'하는 것이 필요하고, 반대 입장에 있는 진화론자들이나 심지어 기독교 안티들의 말에도 귀를 기울일 필요가 있다고 본다. 왜 그들이 창조과학을 비판하는지, 그 비판하는 바가 무엇이며, 얼마나 근거가 있는 것인지를 진지하게 살펴볼 필요가 있다는 말이다. 그럴 때 창조론을 위한 더 나은 전략들을 세울 수 있는 것 아니겠는가.

해당 분야 전문 과학자들이나 신학자들과 좀 더 많은 대화를 나누고, 그게 어렵다면 책을 통해서라도 그들의 의견에 귀를 기울였으면 하는 것이 개인적인 소망이다. "사연을 듣기 전에 대답하는 자는 미련하여 욕을 당하느니라"(잠 18:13).

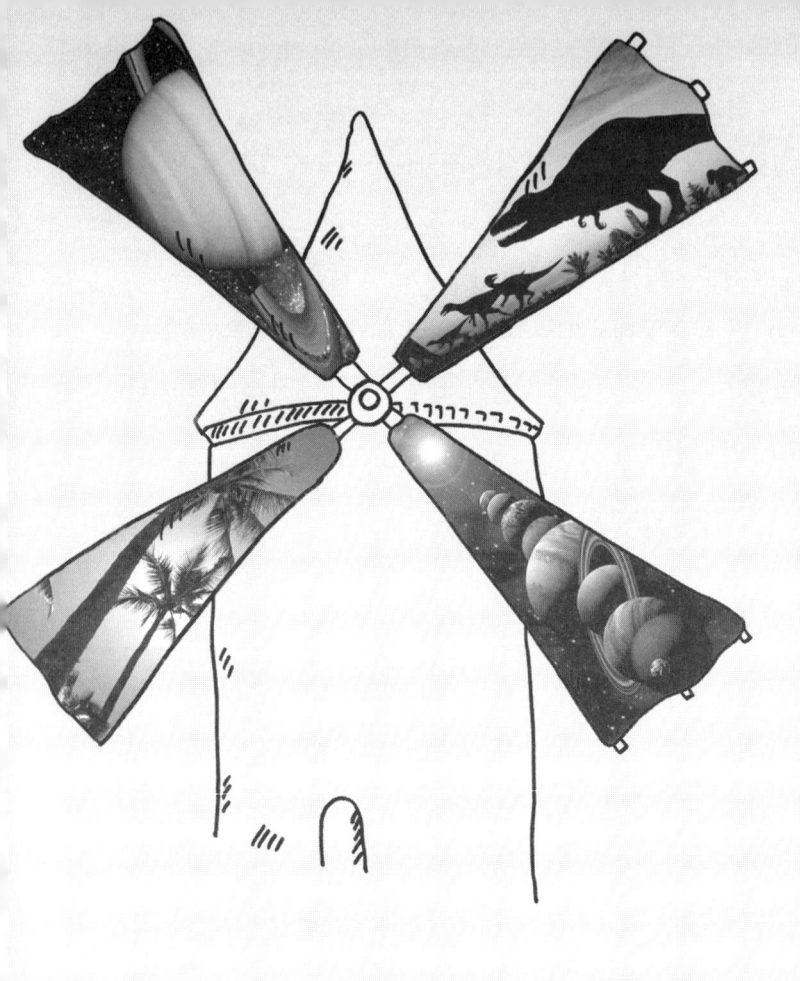

주(註)

1장

1) 「복음과상황」 210호, 2008년 3월 17일.
2) 이영욱, "현대 우주론과 기독교 신앙," 「창조론 오픈 포럼」 2(2) : 62-64 (2008. 8.).
3) "Quotations and Misquotations: Classic example from The Genesis Flood", *talk.origins* (February 7, 2002). Retrieved on 19 January 2007.
4) 이영욱, "현대 우주론과 기독교 신앙," 「창조론 오픈 포럼」, 62-64에서 재인용.
5) cf. http://www.fixedearth.com/sixty-seven%20references.htm - "That is a Total of 67 Verses from the Bible Which Say that It Is the Sun that Moves and Not the Earth! # of Verses from the Bible Which Say that It Is the Earth that Moves and Not the Sun: 0."
6) 「뉴스앤죠이」 (2008. 9. 8.).
7) 데미우르고스(그리스어: δημιουργός): '사람들'을 뜻하는 그리스어 데미오스(δήμιος)와 '일'을 뜻하는 에르고스(έργος)를 결합하여 만든 단어로서 플라톤이 물질세계를 창조했다고 생각했던 신의 이름이다.

부록논문1

1) 「창조론 오픈 포럼」 2(2) (2008. 8. 11.).
2) "Is the Bible wrong about the age of the earth?" from Russell Humphreys' DVD lecture, *Starlight and Time*, Updated & Expanded (Hebron, KY : Answers in Genesis, 2005) "Starlight and Time-20

min."

3) Humphreys' DVD lecture, *Starlight and Time*, "Starlight and Time-20 min."

4) 험프리스는 1972년 루이지애나 주립대학(Louisiana State University)에서 물리학으로 박사학위를 받았다. 그는 루이지애나 대학에 들어갈 때는 무신론자로 들어갔으나, 대학을 졸업할 때는 하나님의 창조를 믿는 창조론자가 되었다.

5) "Light itself is not the answer because its speed is fixed by the medium of space." from Humphreys' DVD lecture, *Starlight and Time*, "Starlight and Time-20 min."

6) Edward R. Harrison, *Cosmology: the Science of the Universe*, "In popular literature the Universe has a center and an edge. This is wrong... it has no center and edge."

7) 험프리스는 실제로 근래 연구들 중에는 우주가 어떤 축을 중심으로 회전하고 있다는 결과들이 있다고 주장하면서 다음의 논문을 제시했다: Borge Nodland and John P. Ralston, "Indication of Anisotropy in Electromagnetic Propagation over Cosmological Distances," *Phys. Rev. Lett.* 78(16): 3043-6 (1997). 그러나 이 논문이 '신천동설'을 지지한다는 것은 객관적 근거가 없는, 험프리스의 주관적 견해이다. 험프리스는 지구를 중심으로 한 우주의 회전을 지지하는 논문으로 "Does the Cosmos Have a Direction" 이라는 또 다른 논문을 제시하고 있다.

8) 먼 은하로부터 오는 별빛의 적색편이는 1910년대에 Vesto Slipher가 처음 발견했다: cf. *Proceedings of American Philosophical Society* 56: 403(1917).

9) Edwin Hubble, "A Relation between Distance and Radial Velocity

among Extra-Galactic Nebulae," *Proceedings of the National Academy of Sciences of the United States of America* 15(3): 168-173 (1929).

10) William G. Tifft, "Fine Structure within the Redshift-Magnitude Correlation for Galaxies," in *The Formation and Dynamics of Galaxies: Proceedings from IAU Symposium* No. 58 (Held in Canberra, Australia, August 12-15, 1973). 양자화된 적색편이는 학자들에 따라 'redshift periodicity', 'redshift discretization', 'preferred redshifts', 'redshift-magnitude band' 등으로 불리기도 한다.

11) Humphreys' DVD lecture, *Starlight and Time*, "Starlight and Time-40 min."

12) Steven W. Hawking and George F.R. Elis, "Cosmology," *The Large Scale Structure of Space-Time*, Cambridge Monographs on Mathematical Physics (Cambridge: Cambridge University Press, 1973).

13) "Our position in space is not specially distinguished in anywhere. ··· We are not in a unique location in the cosmos." from Humphreys' DVD lecture, *Starlight and Time,* "Starlight and Time-40 min."

14) "This Copernican is arbitrary, evolutionary and materialistic." from Humphreys' DVD lecture, *Starlight and Time,* "Starlight and Time-40 min."

15) "In the Biblical cosmos, we must reckon with the effects of gravity." from Humphreys' DVD lecture, *Starlight and Time*, "Starlight and Time-40 min."

16) Virginia Timble, Markus J. Aschwanden and Carl J. Hansen, "Astrophysics in 2006," eprint zrXiv: 0705, 1730 ; M.B. Bell and D.

McDiarmid, "Six Peaks Visible in the Redshift Distribution of 46,400 SDSS Quasars Agree withh the Preferred Redshift Predicted by the Decreasing Intrinsic Redshift Model," *The Astrophysical Journal* 648(1): 140-147(2006) ; W. Godlowski, K. Bajan and P. Flin, "Weak Redshift Discretisation in the Local Group of Galaxies?" *Astronomische Nachrichten* 327(1): 103-113(2006) ; Su Min Tang and Shuang Nan Jhang, "Critical Examinations of QSO Redshift Periodicities and Associations with Galaxies in Sloan Digital Sky Survey Data," *The Astrophysical Journal* 633(1): 41-51(2005).

17) 이런 논의는 대부분의 기초 물리학 서적들로부터 볼 수 있다. cf. Paul A. Tipler, *Physics for Scientists and Engineers*, 3rd edition - 한국어판: 고재걸 외 역,『물리학』(청문각, 1993) 231.

18) 험프리스의 주장이 어떤 의미를 가지려면, 태초에 지구가 블랙홀이거나 블랙홀의 사건 지평(event horizon) 내에 있고, 다른 먼 은하들은 그 바깥에 있어야 한다. 하지만 험프리스가 말하는 '섬' 우주론에서는 그런 것을 가정하지 않는다. 사건 지평 혹은 블랙홀의 반경(Schwarzschild 반경) 내에서 중력장의 분포나 중력에 의한 시간 지체에 대해서는 그 분야 전문가들의 연구가 필요하다. cf. http://casa.colorado.edu/~ajsh/schwp.html

19) "If the cosmos is an 'island,' then it has a center of mass and a center of gravitation. Then clock rate have to be different. Relativity: If the cosmos has expansion, clock rate must have been very different between center and edge. Infinitely different!" from Humphreys' DVD lecture, *Starlight and Time*, "Starlight and Time-20 min."

20) "This new creationist theory starts from a biblical basis." from Humphreys' DVD lecture, *Starlight and Time*, "Starlight and Time-

40 min."

21) Humphreys' DVD lecture, *Starlight and Time,* "Starlight and Time-20 min."

22) "During six days on earth, billions of years elapsed in the distant sky. ⋯ So light from distant galaxies could reach us, and distant objects would appear to be 'old'. ⋯ [The] age of the Universe when Adam saw it [was] 6 days, E.S.T.(Earth Standard Time)." from Humphreys' DVD lecture, *Starlight and Time,* "Starlight and Time-40 min."

23) "This theory follows straightforwardly from the Bible. ⋯ The basics of this theory are scientifically sound. ⋯ From all the science we know these conclusions are unavoidable." from Humphreys' DVD lecture, *Starlight and Time,* "Starlight and Time-20 min."

24) "God used relativity to let us see a young universe. Clocks on earth were very slow during the fourth day." from Humphreys' DVD lecture, *Starlight and Time,* "Starlight and Time-40 min."

25) "⋯ God accelerated nuclear decay during the Genesis Flood and possibly during the early creation week. And stretching the space ⋯ solves other problems." from Humphreys' DVD lecture, *Starlight and Time,* "Starlight and Time-40 min."

26) "'Humphreys' Crazy Cosmology is a biblical cosmology." from Humphreys' DVD lecture, *Starlight and Time,* "Starlight and Time-40 min."

부록논문2

1) 「창조론오픈포럼」 2(1) 2008. 1. 28.
2) 그 외에도 민 27:1; 수 17:3; 대상 4:37, 5:14, 9:4, 12; 삼상 1:1, 9:1; 느 11:4, 5, 7, 11, 12, 13, 15, 22, 12:35; 스 7:2; 습 1:1 등
3) 예를 들면, *The Timechart of History of the World : Traces 6000 years of World History*, Revised and Updated (Chippenham, UK : Third Millenium Trust, 2001)을 보라.
4) "제 111 강론 완전한 인간으로 오신 예수님" (누가복음), 「한국선교신문」 2002. 10. 8.
5) Henry H. Halley, 『최신 성서핸드북』 (기독교문사, 1973) 445-6.
6) *The Timechart of History of the World* (Chippenham, UK : Third Millenium Trust, 2001)
7) Gerald E. Aardsma, *Radiocarbon and the Genesis Flood* (El Cajon, CA : Institute for Creation Research, 1991). 이 논문에 대한 ICR의 난감한 입장에 대해서는 본서의 서문을 쓴 Henry M. Morris 박사의 글을 보라.
8) 김성일, 『홍수以後』 전 4권 (홍성사, 1988-1995)
9) 양승훈, 『창조와 격변』 (서울: 예영, 2006), 14장.
10) 아담이 셋을 낳았던 130세까지 2년에 한 자녀씩 생산했다고 보면, 그리고 그 자녀들이 다시 65세가 되었을 때부터 2년 간격으로 자녀들을 생산했다고 보면 아담이 130세가 되었을 때 이미 총 가족 숫자는 528명에 이른다.

2장

1) 양승훈, 『물에 빠져 죽은 오리』 (죠이선교회, 2006), 84-90.
2) William K. Hartmann and Donald R. Davis, *Icarus* 24: 505 (1975).

부록논문

1) 양승훈, 『물에 빠져 죽은 오리』 (죠이선교회, 2006), 296-323.
2) '케리그마' (κήρυγμα, Kerygma): '선포', '설교'라는 의미를 가진 성경 헬라어. 케리그마는 선포하는 행위(고전 2:4)와 선포된 내용(롬 16:25)을 모두 포함한다. 이 말은 신약성서에서 예수 그리스도에게 나타난 하나님의 구원행위, 즉 복음을 선포하는 것을 의미하며, 초대교회 사도들은 거의 공통적으로 케리그마에 의해 전도하였다. 바울서신에서 케리그마는 예언이 성취되었고, 예수 그리스도가 옴으로써 새 시대가 시작되었다는 것이고, 그리스도는 다윗의 후손으로 태어났으며, 성경대로 죽어 무덤에 묻혔고, 성경대로 사흘만에 부활하였다는 것 등이다.
3) 예를 들면, 『야후백과사전』(http://dic.yahoo.co.kr/)의 '해석' 등을 보라.
4) 안토니 씨슬톤(권성수, 문석호 역), 『두 지평-신약해석학과 철학적 記述』 (총신대출판부, 1998)
5) 예를 들면, Henry H. Halley, 『성서핸드북』 (서울: 기독교문사, 1971)에는 성경의 역사성과 관련된 100여개 이상의 고고학적 자료들을 요약·소개하고 있다.
6) 혹은 교착 배열법이라고도 부른다.
7) Dan and Cheryl Corner, "Dear KJV Only Advocate:" in http://www.evangelicaloutreach.org/kjvo.htm (2004.11.5.).

8) Corner, http://www.evangelicaloutreach.org/kjvo.htm (2004.11.5.).
9) Corner, http://www.evangelicaloutreach.org/kjvo.htm (2004.11.5.).
10) 광속의 가변성에 관한 Trevor Norman과 Barry John Setterfield가 Senior Research Physicist인 Lambert T. Dolphin을 위해 준비한 논문 "The Atomic Constants, Light, and Time"(1987.8.)을 보라. - http://a9.com/-/search/imageResult?q=Barry+Setterfield&t=wedding.JPG&ru=http%253A%252F%252Fsetterfield.org%252Fbio.html&u=http://setterfield.org/wedding.JPG&ih=175&iw=300&th=64&tw=109&id=GTQzswuoBWsJ을 참고하라.
11) D. Russell Humphreys, *Starlight and Time: Solving the Puzzle of Distant Starlight in a Young Universe* (Master Books, 2001) 138.
12) Gerald L. Schroeder, *Science of God: The Convergence of Scientific and Biblical Wisdom* (Broadway Book, 1998) 240을 보라.
13) http://www.fixedearth.com/ - "The belief that the Earth is rotating on an 'axis' and orbiting the sun is THE GRANDADDY OF ALL DECEPTIONS IN THE WORLD TODAY…" from Marshall Hall, *The Earth Is Not Moving: Over 400 years deception exposed. The Bible told the truth all along.*
14) http://www.fixedearth.com/sixty-seven%20references.htm - 총 67구절 중에서 본문에서 예를 든 것을 제외한 나머지 구절은 다음과 같다. 창 15:17; 19:23; 28:11; 32:31; 출 22:3; 22:26; 민 2:3; 신 11:30; 16:6; 23:11; 24:13; 24:15; 수 8:29; 10:12; 10:13; 10:27; 12:1; 삿 5:31; 8:13; 9:33; 14:18; 19:14; 삼하 2:24; 3:35; 23:4; 대상 16:30; 대하 18:34; 욥 9:7; 26:7; 시 19:4-6; 50:1; 93:1; 104:19; 104:22; 113:3; 전 1:5; 사 13:10; 38:8; 38:8; 41:25; 45:6; 59:19; 60:20; 렘 15:9; 단 6:14;

암 8:9; 욘 4:8; 미 3:6; 나 3:17; 말 1:11; 마 5:45;13:6; 막 1:32;16:2; 눅 4:40; 엡 4:26.

15) http://www.fixedearth.com/sixty-seven%20references.htm - "That is a Total of 67 Verses from the Bible Which Say that It Is the Sun that Moves and Not the Earth! # of Verses from the Bible Which Say that It Is the Earth that Moves and Not the Sun: 0."

16) http://www.fixedearth.com/ - "Redshift And Infrared Technologies Are Being Used Fraudulently To Validate The Oversized Universe Required By Big Bang Cosmology."

17) 리처드 라이트, 『신앙의 눈으로 본 생물학』 (서울: IVP, 1995), 78.

3장

1) "… the apparent conflict between espoused by conventional science and the thousands of years declared by Scripture seems to be resolvable."

2) 양승훈, 『물에 빠져 죽은 오리』 (죠이선교회, 2006), 266-70.

3) http://imagine.gsfc.nasa.gov/docs/ask_astro/answers/970325g.html 참고

부록논문

1) 「창조론오픈포럼」 2(2) (2008. 1. 28.).

2) "The Chicago Statement on Biblical Inerrancy," *Journal of the Evangelical Theological Society* 21 (December 1978): 289-96. 본 문헌

에서 인용한 문장은 번역이 쉽지 않기 때문에 분명한 이해를 위해 원문을 각주에 첨부했다.

3) "The Chicago Statement on Biblical Hermeneutics," *Journal of the Evangelical Theological Society* 25 (December 1982): 397-401. 본 문헌에서 인용한 문장도 번역이 쉽지 않기 때문에 분명한 이해를 위해 원문을 각주에 첨부했다.

4) "The Inerrancy," *JETS*, 295 says, "Infallible signifies the quality of neither misleading nor being misled and son safeguards in categorical terms the truth that Holy Scripture is a sure, safe and reliable rule and guide in all matters. Similarly, inerrant signifies the quality of being free from all falsehood or mistake and so safeguards the truth that Holy Scripture is entirely true and trustworthy in all its assertions."

5) '교과서' (Textbook), 『위키피디아』

6) *Starlight and Time*, Updated & Expanded DVD (Hebron, KY: Answers in Genesis, 2005): "My best scientific insights, including my creationist cosmology, come from following that procedure. 'He telleth the number of stars; He calleth them all by their names.' (Psalm 147:4). ⋯ So I can use that as a clue that guide me in making a cosmology that I do."

7) William W. Klein, Craig L. Blomberg and Robert L. Hubbard, Jr., *Introduction to Biblical Interpretation* (Nashville, TN: Word, 1993) - 한국어판: 류호영 역, 『성경해석학 총론』(생명의 말씀사, 1997) 48.

8) Jean Sloat Morton, *Science in the Bible* (Chicago, IL: Moody Press) - 한국어판: 양승훈 역, 『성경과학백과』(나침판사, 1984). 물순환의 발견은 19장, 해류의 발견은 53장을 보라.

9) Morton, *Science in the Bible*, 76장을 보라. 그 외에도 *Grizimek's Animal Life Encyclopedia* 제12권 421-2; Frances Harcourt-Brown, *Textbook of Rabbit Medicine* (Butterworth-Heineman, 2002) 3-6; Elizabeth V. Hillyer and Katherine E. Quesenberry, editors, Ferrets, Rabbits, and Rodents: *Clinical Medicine and Surgery*, 2nd edition (Philadelphia, PA: W.B. Saunders, 2004) ch. 15.

10) "The Inerrancy 1978," *JETS*, 295 says, "So history must be treated as history, poetry as poetry, hyperbole and metaphor as hyperbole and methphor, generalization and approximation as what they are, and so forth. Differences between literary conventions in Bible times and in ours must also be observed: Since, for instance, nonchronological narration and imprecise citation were conventional and acceptable and violated no expectations in those days, we must not regard these things as faults when we find them in Bible writers. When total precision of a particular kind was not expected nor aimed at, it is no error not to have achieved it. Scripture is inerrant, not in the sense of being absolutely precise by modern standards, but in the sense of making good its claims and achieving that measure of focused truth at which its authors aimed."

11) The Article XII of "Inerrancy 1978," *JETS*, 291-2 says, "We affirm that Scripture in its entirety is inerrancy are limited to spiritual, religious, or redemptive themes, exclusive of assertions in the fields of history and science. We further deny that scientific hypotheses about earth history may properly be used to overturn the teaching of Scripture on creation and the flood."

12) The Article XXII of ""Hermeneutics 1982," *JETS*, 401 says, "We AFFIRM that Genesis 1-11 is factual, as is the rest of the book. We DENY that the teaching of Genesis 1-11 are mythical and that scientific hypotheses about earth history or the origin of humanity may be invoked to overthrow what Scripture teaches about creation."

13) The Articles XXI of "Hermeneutics 1982," *JETS*, 401 says, "WE AFFIRM the harmony of special with general revelation and therefore of Biblical teaching with the facts of nature. WE DENY that any genuine scientific facts are inconsistent with the true meaning of any passage of Scripture."

14) The Articles XIII of "Inerrancy 1978," *JETS*, 292 says, "We affirm the propriety of using inerrancy as a theological term with reference to the complete truthfulness of Scripture. We deny that it is proper to evaluate Scripture according to standards of truth and error that are alien to its usage or purpose. We further deny that inerrancy is negated by Biblical phenomena such as a lack of modern technical precision, irregularities of grammar or spelling, observational descriptions of nature, the reporting of false hoods, the use of hyperbole and round numbers, the topical arrangement of material, varient selections of material in parallel accounts, or the use of free citations."

15) http://www.fixedearth.com/sixty-seven%20references.htm. 흥미롭게도 여기서 이들은 "두 단체가 움직이는 것은 태양이고 지구가 아니라는, 적어도 67개의 명백한 성경적 선언을 계속 부인한다"면서 ICR과 AiG를 비판하고 있다.

4장

1) Joel Olicker & Chris Schmidt, *Great Transformations* (WGBH Educational Foundation and Clear Blue Sky Productions, 2001). 이 DVD 강의의 내용은 미국 PBS를 통해 방영된 것이다.
2) Walter J. Gehring, et. al, *Science* (1994. 8. 5.)
3) 『디지털 조선일보』(Digital Chosunilbo) 1999. 4. 11.
4) 양승훈, 『기독교 세계관 렌즈로 세상읽기』(바울, 2003), 44-47.
5) 김성윤, "우리가 性에 집착하는 이유" (2002. 2. 14.) gourmet@chosun.com http://brd4.chosun.com/mbbs/BbsView?tb=FORUM37&num=192&sp=1.
6) http://lifesci.ucsb.edu/EEMB/faculty/rice/research.html.

부록논문

1) 양승훈, 「Scientific American」 (한국어판, 2009. 2.).
2) Glenn Branch and Eugenie C. Scott, "The Latest Face of Creationism," *Scientific American*, 78-85 (January 2009).
3) 양승훈, 『창조와 격변』(예영, 2006).
4) L. Alvarez, et. al, *Science*, 208 : 1095-1108 (1980).
5) G. Keller, et. al, "Did Volcanism and Climate Change Cause the K-T Mass Extinction?" *Geophysical Research Abstracts*, Vol. 10, EGU2008-A-04804(2008).
6) J. Huxley, "At Random : A Television Preview," in *Evolution after Darwin*, edited by S. Tax (Chicago : University of Chicago Press, 1960), 41.

5장

1) K.P. Oakley, "Fluorine and the Relative Dating of Bones," *Advancement of Science*, 16, 336-7(1948).

2) J.S. Weiner, *The Piltdown Forgery* (Oxford University Press, 1955).

3) 이것은 화석을 단단하게 하여 오래 보존하기 위하여 당시에 흔히 사용하던 방법일 수도 있다는 주장도 있다. Lubenow, *Bones of Contention*, 42.

4) Ronald Miller, *The Piltdown Man* (New York : St. Martin's Press, 1972).

5) Charles Blinderman, *The Piltdown Inquest* (Buffalo, NY : Prometheus Book, 1986).

6) Stephen Jay Gould, "The Piltdown Conspiracy," *Natural History* (August 1980), 8-28.

7) John Winslow and Alfred Meyer, "The Perpetrator at Piltdown," *Science* 83 (September 1983), 32-43.

8) Weiner, *The Piltdown Forgery*, 140-153.

9) 「신앙계」 2009년 1월호에 실린 글임.

10) "Fact" in 「Wikipedia」 2009. 2. 21.

부록논문

1) 본고는 기독학술교육동역회(DEW)에서 발간하는 학술지 『통합연구』(1994년)에 게재된 글을 수정한 것임.

2) 渡邊正雄(와타나베 마사오), 『科學者とキリスト敎: カリレイから現代まで』(日本國, 講談社) - 한국어판: 오진곤, 손영수 공역, 『과학자와 기

독교: 갈릴레이에서 현대까지』(서울: 전파과학사, 1988) 12.

3) Andrew Dickson White, A *History of the Warfare of Science with Theology in Christendom*, vol.1 (London, 1896), Introduction; 渡邊正雄, 『과학자와 기독교: 갈릴레이에서 현대까지』, 205-6에서 재인용. White의 책은 그 이전에 나왔던 John W. Draper, *The Conflict between Science and Religion*에 이어 나왔다.

4) Bertrand Russell, *Religion and Science* (London: Oxford University Press, 1935) - 한국어판: 송상용 역, 『종교와 과학』(서울: 전파과학사, 1977) 9.

5) Russell, 『종교와 과학』, 180.

6) Russell, 『종교와 과학』, 13.

7) R. Hooykaas, *Religion and the Rise of Modern Science* (Grand Rapids, MI: Eerdmans, 1972) - 한국어판: 손봉호, 김영식 역, 『근대과학의 출현과 종교』(서울: 정음사, 1987).

8) 예를 들면 O.E. Sanden, *Does Science Support the Scriptures?*, 2nd edition (Grand Rapids, MI: Zondervan, 1951) 등을 보라.

9) John Hedley Brooke, *Science and Religion-Some Historical Perspectives* (Cambridge University Press, 1991).

10) 예를 들면 Alfred North Whitehead, *Science and the Modern World* (New American Library, 1925) - 한국어판: 김준섭 역, 『과학과 근대세계』(서울: 을유문화사, 1993) 제1장을 보라.

11) '틈', '한가함'을 의미하는 '스콜레' (σχολη)는 '여유를 갖다', '비어 있다' 라는 의미의 동사 'σχολαζω'에서 왔다. 'σχολη'는 사도행전 19:9에서 '두란노 서원'을 지칭하는 말로 사용된다. cf. 박창환 편, 『聖書헬라어辭典』 (대한기독교서회, 1980) 404.

12) 창세기 1:26.

13) Hooykaas, 『근대과학의 출현과 종교』, 제1, 2장을 보라.
14) 창세기 3:16-9.
15) 渡邊正雄, 『과학자와 기독교』, 79-80.
16) 하나님은 우리에게 '자연이라는 책' 과 '성경이라는 책' 을 주셨다고 처음으로 말한 사람은 중세의 바로니우스라고 알려져 있다. 그러나 이 말은 갈릴레오가 인용함으로 널리 퍼지게 되었다.
17) Galileo Galilei, "Letter to the Grand Duchess Christina" (1615).
18) 베이컨의 견해는 Francis Bacon, 『학문의 진보』, 『신논리학』(Novum Organum) 등에 나타나 있다.
19) Isaac Newton, *Philosophiae Naturalis Principia Mathematica* (Mathematical Principles of Natural Philosophy) (1687.7.). 이 책은 라틴어로 씌어졌으며, 흔히 'Principia' (프린키피아)라고 부른다.
20) Cotton Mather, *Manuductio ad Ministerium* (1726).
21) Cotton Mather, *The Christian Philosopher* (1721), Introduction and Ch.1. 渡邊正雄, 『과학자와 기독교』, 125-6에서 재인용.
22) 케플러 시대에는 여섯 개의 행성 밖에 알려져 있지 않았기 때문에 여섯 개 행성들 간의 틈새는 다섯 개가 있었다.
23) 1595년 10월 3일 편지. 渡邊正雄, 『과학자와 기독교』, 28에서 재인용.
24) Kepler's "Letter to Herwart von Hohenberg" (1598.3.26.). Hooykaas, 『근대과학의 출현과 종교』, 113에서 재인용.
25) 시편 19:1-4.
26) 창세기 1:26-7.
27) Whitehead, 『과학과 근대세계』, 18.
28) 渡邊正雄, 『과학자와 기독교』, 제6장. 하나님으로부터 받은 은사를 따라 남을 섬기는 데 대한 사도들의 가르침은 고린도전서 12-14장, 요한1서 3-5장 등

에 잘 나타나 있다.

29) 이하 몇몇 예들은 渡邊正雄, 『과학자와 기독교』, 146-153에서 인용한 것이다.

30) Charles E. Hummel, *The Galileo Connection: Revolving Conflicts between Science & the Bible* (Downers Grove, IL: Inter-Varsity Press, 1986) - 한국어판: 황영철 역, 『갈릴레오 사건』 (서울: 한국기독학생회출판부, 1991) 165.

31) Jean Sloat Morton, *Science in the Bible* - 한국어판: 양승훈 역, 『성경과 학백과』 (서울: 나침판사, 1983).

32) Max Weber, *The Protestant Ethic and the Spirit of Capitalism* (New York: Charles Scribner'ςs Sons, 1958). 이 책의 독일어 원서는 1904-5년에 출판되었으며, 영어로는 1930년에 번역되었다.

33) 渡邊正雄, 『과학자와 기독교』, 139-145에서 재인용.

34) Hooykaas, 『근대과학의 출현과 종교』, 제5장.

35) 이 책의 원서 제목은 *Dialogo dei due massimi sistemi del mondo*, 영어로는 *Dialogue on the Two Principal World Systems*, 우리 말로는 『2대 세계 체계에 관한 대화』라고 할 수 있다.

36) 존경하는 스승을 기리기 위해 이런 종류의 과장이 이루어지는 것은 과학사에서 흔히 있는 일이다. 뉴턴이 사과가 떨어지는 것을 보고 중력법칙을 발견했다고 하는 것도 이런 종류의 루머에 속한다.

37) 갈릴레오 재판에 대한 재평가는 Giorgio De Santillana, *The Crime of Galileo* (University of Chicago Press, 1955)에 잘 나타나 있다.

38) Santillana, *The Crime of Galileo*, 262.

39) Galileo Galilei, "Letter to the Grand Duchess Christina".

40) *Christian Topography* (535).

41) W.E.H. Lecky, *The Rise and Influence of Rationalism in Europe*, 3장 참조.
42) 창세기 1장에는 무려 십여 차례나 하나님께서 처음부터 '그 종류대로' 생물들을 창조하셨다고 기록되어 있다.
43) Russell, 「종교와 과학」, 14.
44) R.J. Berry, editor, *Real Science, Real Faith - Sixteen leading British scientists discuss their science and their personal faith* (Eastbourne, UK: Monarch, 1991) 9.
45) Whitehead, 「과학과 근대세계」, 244.
46) Whitehead, 「과학과 근대세계」, 246.
47) Whitehead, 「과학과 근대세계」, 9.

부록-인터뷰기사

1) 박지호 기자와의 이메일 인터뷰, 「미주 뉴스앤죠이」 2008. 10. 6.(월) 23:49:17.

인명 색인

가다머 (Hans-Georg Gadamer) 130
가이슬러 (Norman Geisler) 30
갈릴레오 (Galileo Galilei) 44
게링 (W. J. Gehring) 206
게바우어 (Leo GeBauer) 249
굴드 (Steven Jay Gould) 245
그리지멕 (M. B. Grizimek) 180
김성일 90
넘버스 (Ronald L. Numbers) 53
노자 (老子) 152
놀 (Mark Noll) 30
뉴턴 (Isaac Newton) 56
뉴턴 (Silas Newton) 249
데이비스 (D. R. Davis) 121
도슨 (Charles Dawson) 241
도킨스 (Richard Dawkins) 270
듀보아 (Eugene Dubois) 261
땅뻬에 (Etienne Tempier) 188
라이스 (William Rice) 221
라페이레르 (Isaac de La Peyrere) 157
램 (Bernard Ramm) 229
러셀 (Bertrand Russell) 275

레이어드 (A. H. Layard) 132
로스 (Hugh Ross) 188
롤린슨 (Henry Rawlinson) 132
루이스 (E. B. Lewis) 205
르빈 (Michael Levine) 207
리들 (Mike Riddle) 106
리치 (C. J. Rich) 132
마르셀 (J. A. Marcel) 249
마리오트 (Edme Mariott) 180
마우리 (M. F. Maury) 288
마키아벨리 (Niccolo Machiavelli) 153
매더 (Cotton Mather) 281
매스틀린 (Michael Mastlin) 283
맥그래스 (Alister McGrath) 30
맬더스 (T. R. Malthus) 153
머튼 (Robert K. Merton) 289
모리스 (Henry M. Morris) 36, 226
몰텐슨 (Terry Mortenson) 29
무어 (Charles Moore) 250
바디만 (Larry Vardiman) 162
바오로 5세 (Paul V) 292
바움가드너 (John Baumgardner) 78

베버 (Max Weber) 289

베이컨 (Francis Bacon) 196, 280

베이트슨 (William Bateson) 207

벨라르민 (Robert Bellarmine) 292

보타 (P. E. Botta) 132

브라젤 (W. W. Brazel) 248

브랜취 (G. Branch) 225

뻬로 (Pierre Perrault) 180

산티아나 (Giorgio De Santillana) 290

샤르댕 (P. T. de Chardin) 241

세터필드 (B. J. Setterfield) 143

쉐퍼 (Francis Schaeffer) 30

슈뢰더 (Gerald Schroeder) 144

슈발브 (G. Schwalbe) 263

스미스 (S. A. Smith) 264

스칸질로 (Nathan Scanzillo) 179

스콧 (E. Scott) 225

스토트 (John Stott) 94

아놀드 (Kenneth Arnold) 249

아처 (Gleason Archer) 30, 95

알스마 (Gerald E. Aardsma) 89

어거스틴 (Augustine of Hippo) 12, 152

어셔 (James Ussher) 81

오클리 (K. P. Oakley) 243

와타나베 마사오 (渡邊正雄) 273

요세푸스 (T. F. Josephus) 88

우드워드 (A. S. Woodward) 241

우르반 8세 (Urban VIII) 292

워커 (Tas Walker) 189

워필드 (B. B. Warfield) 30

위너 (Joseph Wiener) 243

윌라드 (Dallas Willard) 30

윌머트 (Ian Wilmut) 222

윗콤 (John C. Whitcomb, Jr.) 39

주커만 (Baron Zuckerman) 246

카르노 (N. L. S. Carnot) 243

카이저 (Walter Kaiser) 30

칼빈 (John Calvin) 12, 29, 52

캐롤 (Sean Carroll) 207

케플러 (Johannes Kepler) 56, 282

켈러 (Gerta Keller) 233

코페르니쿠스 (Nicholas Copernicus) 12, 67, 146, 282

코페르니쿠스 원리 (Copernican Principle) 67

퀴비에 (George Cuvier) 307

크리스티나 대공비 (Grand Duchess Christina) 281

클라크 (W. Le Gros Clark) 243

키이쓰 (Arthur Keith) 246

토레이 (R. A. Torrey) 95

티프트 (William G. Tifft) 66

파스퇴르 (Louis Pasteur) 288

페인 (B. H. Payne) 158

프라이스 (G. M. Price) 140, 226

피르히호프 (Rudolph Virchow) 262

하트만 (W. K. Hartmann) 121

핫지 찰스 (Hodge Charles) 30

핼리 (Edmond Halley) 180

허블 (E. P. Hubble) 65

헉슬리 (Thomas Huxley) 235, 298

험프리스 (D. R. Humphreys) 58, 62

호빈드 (Kent Hovind) 39

호이카스 (R. Hooykaas) 290

호트 (Walter Haut) 249

홀 (Marshall Hall) 146

화이트 (A. D. White) 274

화이트헤드 (A. N. Whitehead) 284

휴메이슨 (M. L. Humason) 65

용어 색인

『70인역』 (*Septuagint*) 88

AiG (Answers in Genesis) 22, 64

K-T 경계멸종 36, 232

RATE (Radioisotopes and the Age of The Earth) 162

Reasons to Believe 229

가수분해 (hydrolysis) 108

간격의 하나님 (God-of-the-Gaps) 54, 109

『갈릴레오의 죄』(*The Crime of Galileo*) 291

고다드 우주비행센터 (GSFC) 168

『과학자와 기독교』 273

과학적 이단 (scientific heresy) 122

구속사 (redemptive history) 133

『군주론』 153

근본주의 15, 30, 41, 126

『기독교 강요』 12, 52

나이아가라 폭포 273

다중격변모델, 다중격변론 (Multiple Catastrophe Model) 15, 29, 232, 309

다중기원론 (polygenism) 158

단성생식 215

단속평형설 (Punctuated Equilibria Theory) 213

단일격변설 14, 34, 49

달 착륙 음모론 252

답관체 (acrostic) 135

대폭발이론 36, 54, 67, 141

대홍수설 22

더듬이 다리 (antennapedia) 207

데칸 트랩 (Deccan Trap) 233

『도덕경』 152

도플러효과 (Doppler Effect) 59, 65

동시 연대측정법 (isochronic dating) 28

동일과정설 (Uniformitarianism) 37, 231, 310

『두 세계간의 대화』 153

따뜻하고 작은 연못 (Warm Little Pond) 231

런던지질학회 (Geological Society of London) 241

로스웰 사건 248

『로스웰에서의 추락』(*UFO Crash at Roswell*) 250, 251

로슬린연구소 (Roslyn Institute) 222

록키산맥 24

『맛소라 사본』 (*Massoretic Text*) 81

먼 우주 (deep space) 68
무에서 유의 창조 (Creatio ex nihilo) 229
물순환 (hydrologic cycle) 180
미국국립표준국 (NIST) 68
미국창조과학연구소 (ICR) 42, 63
미소구체 (Microsphere) 108
미주복음주의기독교대학연합체 (CCCU) 29, 311
미친 우주론 (crazy cosmology) 78
미항공우주국 (NASA) 168
밀러-유레이 실험 (Miller-Urey Experiment) 231
방사성 동위원소 연대측정 27, 39, 54
배경신념 (background belief) 212
밴쿠버기독교세계관대학원 (VIEW) 15, 113
베들레헴의 별 170
『별빛과 시간』(Starlight and Time) 78
봉투구조 (inclusio) 137
북미주기독과학자협회 (ASA) 194
비타민 K 180
『사마리아 오경』(Samaritan Pentateuch) 88
사실 주장 268
사이비과학 (pseudoscience) 314

사해사본 (Dead Sea scrolls) 265
살아있는 화석 198
상동기관 208
상사기관 208
생략에 의한 속임 (deception by omission) 38
생명속생설 (Biogenesis) 231
선아담인류론 (pre-Adamite hypothesis) 94
섬우주 (Island Universe) 64
『성경과 폭력』(The Sins of Scripture) 164
성경문자주의 43
성경적 우주론 64
『성경해석학 총론』 161
쇄기구조 (chiastic structure) 136
스콥스 재판 (Scopes Trial) 225
스파하츠 폭포 (Spahats Falls) 26
시카고 선언 175, 176
시카고 자연사박물관 (Field Museum of Natural History) 215
신격변론 (Neo-Catastrophism) 25
『신의 도성』 152
신정통주의 (Neo-Orthodox) 126
신천동설 58, 62
『신천문학』 294

신플라톤주의 (Neo-Platonism) 282
실라칸트 (Coelacanth) 198
아담 이전의 사람 (Pre-Adamite) 157
아일레스 (eyeless) 206
아일렘 (ylem) 54
아파르트헤이드 (apartheid) 159
아하스의 일영표 166
양성생식 216, 220
양자화된 적색편이 (quantized redshift) 64
영국기독과학자협회 (Christians in Science) 194
영웅족보 (Heroic Genealogy) 86, 89
옐로우스톤 국립공원 26
오파린-할데인 가설 231
와드잭 두개골 (Wadjak Skull) 264
요세미티 국립공원 26
우주공간의 늘어남 59
원핵생물 215
원핵세포 215
『유구한 인간』(The Antiquity of Man) 246
유사되새김질 180
유신론적 진화론 (Theistic Evolution) 53, 228
이스탄불 고고학 박물관 (Istanbul Archeology Museum) 93
『인구론』 153
일반상대성이론 (General Theory of Relativity) 59
자바인 (Java man) 261
자연발생설 107
『자연법칙에 의한 창조』(Creation by Natural Laws) 53
자연신학 (Natural Theology) 54
자연주의 진화론 224, 230
작업가설 (working hypothesis) 141
젊은 지구론 34, 302
정죄 (The Condemnation) 188
지식의 공개념 285
지적설계론 54
지평융합 (Horizontverschmelzung) 130
진리 주장 268
진핵생물 216
진핵세포 216
진행적 창조론 (Progressive Creationism) 54
『진화는 과학적 사실인가?』 46, 198
『창세기 대홍수』 39
창조과학 (creation science, scientific creationism) 33, 40

창조과학협회 (Creation Research Society) 194
창조론 오픈포럼 14, 32
『창조와 격변』 29, 33
『천구의 회전에 관하여』 146
축자영감설 145
충돌구조 (impact structure) 28, 232
칙술럽 운석공 (Chixulub Meteor Crater) 186, 233
캐나다기독과학자협회 (Canada Science and Christian Affiliation) 194
컬럼비아 계곡 (Columbia River Valley) 25
탄소 연대측정법 98
탈가이인 (Thalgai man) 264
트리니티 웨스턴 대학 (Trinity Western University) 30, 95, 194
팔로우스 폭포 (Palouse Falls) 25
평형파괴이론 (Punctuated Equilibria Theory) 231
폭스 실험 (Fox Experiment) 231
표준모델 (Standard Model) 36
『프로테스탄티즘의 윤리와 자본주의 정신』 289
프로젝트 모굴 (Project Mogul) 250

프로트롬빈 180
『프린키피아』 153
프톨레마이오스 (Ptolemaios) 66, 282
필트다운인 (Piltdown man) 240
하이델베르크 원인 (Heidelberg man) 242
학문적 게토 (academic ghetto) 189
한국창조과학회 46
행성 충돌설 121
『홍수 이후』 90
홍수지질학 (Flood Geology) 140
홍적세 칼데라 26
화학진화 (chemical evolution) 53, 107, 231
『흑인, 그들의 인종적 지위는 무엇인가?』 158